U0521169

雅
众
elegance

智性阅读　诗意创造

雅众·电影

西部往事

Conversations avec
Sergio Leone

莱昂内

谈电影

[意] 塞尔吉奥·莱昂内　[法] 诺埃尔·森索洛　著　　　　　李洋　译

中信出版集团 | 北京

图书在版编目（CIP）数据

西部往事：莱昂内谈电影/(意)塞尔吉奥·莱昂内，(法)诺埃尔·森索洛著；李洋译.—北京：中信出版社，2023.2
ISBN 978-7-5217-4892-5

Ⅰ.①西… Ⅱ.①塞… ②诺… ③李… Ⅲ.①莱昂内(Leone, Sergio 1929-1989)－访问记 Ⅳ.① K835.465.78

中国版本图书馆 CIP 数据核字 (2022) 第 204907 号

Conversations avec Sergio Leone ©Cahiers du Cinéma 1999
Simplified Chinese edition copyright © 2023 Shanghai EP Books Co., Ltd.
This translation published by arrangement with Cahiers du Cinéma SARL.
All rights reserved.
本书仅限中国大陆地区发行销售

西部往事——莱昂内谈电影
著者： [意]塞尔吉奥·莱昂内　[法]诺埃尔·森索洛
译者： 李洋
出版发行：中信出版集团股份有限公司
　　　　（北京市朝阳区东三环北路 27 号嘉铭中心　邮编　100020）
承印者：山东临沂新华印刷物流集团有限责任公司

开本：889mm×1194mm 1/32　　印张：12　　字数：276 千字
版次：2023 年 2 月第 1 版　　　　印次：2023 年 2 月第 1 次印刷
京权图字：01-2022-6550　　　　　书号：ISBN 978-7-5217-4892-5
定价：78.00 元

版权所有·侵权必究
如有印刷、装订问题，本公司负责调换。
服务热线：400-600-8099
投稿邮箱：author@citicpub.com

目 录

序 言 ——————— 1

1　莱昂内家族 / 1900 年那不勒斯的文化生活 / 文森佐·莱昂内变成罗伯托·罗贝尔蒂 / 第一部意大利西部片 / 弗朗西丝卡·贝尔蒂尼与歌剧名伶 / 法西斯主义
——————— 9

2　童年 / 学业 / 法西斯喜剧 / 木偶戏 / 了解电影 / 漫画
——————— 21

3　罗伯托·罗贝尔蒂的回归 / 那不勒斯 / 贝托里尼 / 罗马犹太区 / 墨索里尼之死
——————— 31

4　美国黑色小说 / 助理导演生涯 / 卡米纳·加隆尼 / 维托里奥·德·西卡 / 政治选择 / 新现实主义 / 马里奥·伯纳德 / 碧姬·芭铎
——————— 41

5　《木马屠城记》/ 罗伯特·怀斯 / 拉乌尔·沃尔什 / 奥逊·威尔斯和他的一部未完成影片 / 女人
————— 55

6　埃米尔·库奇奈 / 弗雷德·金尼曼 /《非洲》/ 亚历山大·特劳纳 /《宾虚》
————— 65

7　历史神话片编剧 / 安东尼奥尼 /《末日庞贝》/《罗德岛巨像》/ 马其斯特式角色的贬值 / 罗伯特·奥尔德里奇
————— 75

8　谈绘画 / 基里科 / 未来主义 / 罗曼式建筑 / 谈文学 / 帕索里尼 / 谈戏剧
————— 97

9　意大利电影危机 /《荒野大镖客》/ 黑泽明 / 伊斯特伍德 / 莫里康内 / 守护天使 / 悲观主义 / 意外的成功
————— 111

10　《黄昏双镖客》/ 赏金杀手 / 范·克里夫 / 启示性闪回 / 音乐的力量 / 新的成功
————— 133

11	《黄金三镖客》/ 美国内战 / 阿格和斯卡贝里 / 埃里·沃勒克 / 巴洛克奏鸣曲 / 伊斯特伍德的命运
	——— 149

12	《西部往事》/ 贝纳尔多·贝托鲁奇 / 亨利·方达 / 查尔斯·布朗森对阵沃伦·比蒂 / 杰森·罗巴兹 / 日本电影 / 母系世界的诞生 / 其他人的才能
	——— 163

13	《革命往事》/ 彼得·博格达诺维奇 / 詹姆斯·科本与罗德·斯泰格 / 巴枯宁与毛泽东 / 爱尔兰独立运动 / 约翰·福特 / 温柔与粗俗
	——— 181

14	制片生涯 / 特尼达和特伦斯·希尔 / 一些计划 / 广告片
	——— 199

15	《美国往事》/《小混混》/ 哈里·格雷 / 热拉尔·德帕迪约 / 罗伯特·德尼罗 / 大烟梦 / 地狱之旅 / 电影往事
	——— 213

16	等待文艺复兴 / 向约翰·福特致敬 / 今天的电影 /《列宁格勒九百天》
	——— 241

附录

    塞尔吉奥·莱昂内访谈 —————— 257

    马丁·斯科塞斯谈莱昂内 —————— 274

    莫里康内谈莱昂内（篇一）—————— 281

    莫里康内谈莱昂内（篇二）—————— 284

    达里奥·阿尔真托谈莱昂内 —————— 292

    贝托鲁奇谈莱昂内 —————— 295

    博格达诺维奇谈莱昂内 —————— 298

译后记 —————— 303

序 言

十五年的友谊是这本访谈录的基础。这场访谈断断续续地进行了十五年，地点在巴黎、戛纳和罗马。十五年，在罗马电影节或马莱的小茶馆，一些美味餐馆和一些人的家里；十五年，在Puces de Montre的散步，在巴黎或蓝色海岸的讨论和欢笑；十五年，在电话里谈论电影，或商讨在巴黎约见制片人；十五年的共同生活完成了这本书，就像一场顺理成章的婚姻。

作为密友，或者说推心置腹的挚友、同党，我有与塞尔吉奥·莱昂内一起出现在各种场合的机会：律师事务所、与让·迦本（Jean Gabin）的晚餐、社交晚会、制片会议、大都会夜晚街道上的闲逛和繁忙的电影拍摄现场。我看到了一个悲观、清醒、谦逊和忠于朋友的男人，以及他的回忆，看到了他面对阿谀奉承时的狡黠聪敏，尤其是他对他的孩子们的爱和对那些把毕生奉献给电影事业的人的敬重。他对卓别林、休斯顿（John Huston）、德·西卡（Vittorio De Sica）、卡萨维蒂（John Cassavetes）、戈达尔（Jean-Luc Godard）、让·迦本和约翰·福特[1]的热爱，亦如他对亨利·朗格

---

[1] 约翰·福特（John Ford, 1894—1973）是莱昂内最喜爱的西部片导演，被他视为个人的精神偶像，但莱昂内对其爱尔兰式的乐观精神进行了否定，参见本书第十三、十六章。——本书脚注均为译注

卢瓦（Henri Langlois）的尊敬。朗格卢瓦逝世时，他是在戛纳电影节出席由皮埃尔-亨利·德罗（Pierre-Henri Deleau）组织的纪念朗格卢瓦活动的三位导演之一，另两位是杜尚·玛卡维耶夫（Dusan Makavejev）和皮埃尔·卡斯特（Pierre Kast）……他是一个真正的影痴。戛纳电影节的一个晚上，我们与塞尔日·达内（Serge Daney）共进晚餐，很遗憾当时没有用录音机记录下他们精彩的谈话……那天晚上我重新发现了对电影的爱的对话，那些我们能够在里维特（Jacques Rivette）、毕荣（Patrick Brion）、德米（Jacques Demy）、厄斯塔什（Jean Eustache）、纳波里（Jean Narbori），以及刚刚离开法国电影资料馆的艾森切兹（Eisenschitz）等人身上找到的东西，我觉得莱昂内属于这个被塞尔日·达内称为"迷影家族"（famille de cinéfils）的群体……在那个年代，莱昂内正打算给西奥·安哲罗普洛斯（Theo Angelopoulos）出钱拍一部电影，且不停地称赞在《西部往事》中做编剧的贝纳尔多·贝托鲁奇[1]。他还谈到在电影节上看到的非洲电影和日本电影。他的好奇心并不局限在电影行业里，经常对时局发表尖锐的评论。最后，他热爱他的同行。在我把他介绍给塞缪尔·富勒（Samuel Fuller）时，我看到他像个非常害羞的孩子一样向富勒要了签名……

他有着让人难以置信的热情。如果一个年轻崇拜者在巴黎街道上认出他，他会倾听美言，也会用同样的热情听取他人的意见。

1986年某夜，在巴黎的一个里昂风情酒会上，当我们面对面吃晚餐时，我产生了做这本书的想法。塞尔吉奥刚刚读完我与让·纳波里合作完成的访谈录《塞缪尔·富勒往事》（*Il était une fois Samuel Fuller*），当我们评价这本书时，写一本莱昂内访谈录的

---

[1] 贝纳尔多·贝托鲁奇（Bernardo Bertolucci，1941—2018）参与了《西部往事》的故事策划工作，中途因执导新片而退出，但莱昂内仍在影片中为其署名。

想法便渐渐清晰起来。

那时,《美国往事》上映已经三年了,塞尔吉奥正在为《列宁格勒九百天》寻找投资,他给我讲述了剧本的写作进度,就像他在1971到1982年间拍摄《美国往事》时一样。我们决定在他罗马的家里住上三天,以完成采访录音。他后来读了初稿,没做多大改动,并告诉我把这本书的版权赠送给我,也就是说我对这本书有全部版权。塞尔吉奥始终非常大方。

本书出版两年后,塞尔吉奥·莱昂内因心脏病在六十岁时离我们而去,当时他正在看电视上一部罗伯特·怀斯(Robert Wise)的电影。

转眼快到1999年4月底,那已是十年之后了;离开我们的十年中,他在电影界的地位反而不断提高……公众没有忘记他。国际影评界始终一致地对他褒赞有加。电视台经常播放他的影片,而录像带、DVD的销量始终在上升,这几乎就是传奇。可惜……

莱昂内的人生充满波折,作为默片时代一位伟大导演的儿子,因意大利法西斯当政,在成为意大利最年轻的助理导演之前,他度过了悲惨的童年。他曾与德·西卡、斯泰诺[1]合作,为罗伯特·怀斯和拉乌尔·沃尔什(Raoul Walsh)的《木马屠城记》(*Helen of Troy*, 1956)做过助理导演,跟奥逊·威尔斯(Orson Welles)有一部没有完成的《阿卡丁先生》(*Mr. Arkadin*, 1955),制作过威廉·惠勒[2]的《宾虚》和弗雷德·金尼曼[3]的《修女传》(*The Nun's*

---

[1] 斯泰诺(Steno, 1917—1988),原名 Stefano Vanzina,意大利导演,曾执导《警察与小偷》(*Guardie e ladri*, 1951)等意大利喜剧。
[2] 威廉·惠勒(William Wyler, 1902—1981),1930 到 1950 年代最成功的美国导演之一。莱昂内是其作品《宾虚》(*Ben-Hur*, 1959)第一助理导演。
[3] 弗雷德·金尼曼(Fred Zinnemann, 1907—1997),奥地利裔美国导演,执导的西部片并不多,但本书提到的《正午》(*High Noon*)是西部片史上公认的杰作。

Story, 1959)。这些合约的巧合将他置于好莱坞与意大利新现实主义之间。不久以后，他成为导演，他在这个角色的面纱下不断工作，带着拍摄大众电影的愿望，质疑着欧洲对美国的想象。

从他的第一部影片《罗德岛巨像》[1]，误解就开始了。只有一部分影评人感到这个史诗故事有所不同，所有的评论都瞧不起这部电影，认为这是一部很差的历史片。观众则持有不同的态度，商业成功认可了莱昂内的努力。之后的很多年里，他拒绝所有的拍摄计划，他拒绝自我重复。

当他用笔名以《荒野大镖客》重返银幕时，制造了意大利电影界前所未有的商业事件，而那些"聪明"的影评人，则继续他们最深的蔑视和偏见。对"意大利西部片"（spaghetti western）的憎恶可能解释了为什么没有人意识到塞尔吉奥·莱昂内实际上是一位作者和风格家。这种令人伤心的局面延续到《黄昏双镖客》，这部影片被认为是一部微不足道的商业戏仿之作。

在1960年代末，公众与评论界之间的裂缝逐渐消失，这一切皆因《黄金三镖客》（*The Good, the Bad and the Ugly*, 1966）而生。让观众们惊讶的是，《电影手册》（*Les Cahiers du Cinéma*）和《正片》（*Positif*）捍卫了这部影片。而且，在《西部往事》上映时，他们延续了这种态度。然而很多影迷继续喜爱那些B级意大利西部片，程度超过意大利的大制作电影。毫无疑问，这是因为他们下意识地从这些影片中感到了他们试图摆脱的、让他们不安的现代性。

1970年代初，我经常在巴黎的街道电影院里见到雅克·里维特和让·纳波里在找寻莱昂内早期的电影来看，我们经常讨论他

---

[1] 《罗德岛巨像》（*Il colosso di Rodi*, 1961）是塞尔吉奥·莱昂内署名导演的第一部电影，是一部根据古代世界七大奇迹之一的希腊罗德岛巨像的故事改编的历史神话片。由于各种原因，影片署名的编剧有八位。

的影片，还有西尔维·皮埃尔（Sylvie Pierre）、米歇尔·德拉哈伊（Michel Delahaye）和格劳贝尔·罗恰（Glauber Rocha）……

《革命往事》的上映印证了一个事实：莱昂内是一位伟大的现代导演。直到这位《罗德岛巨像》的导演十年什么也没拍时，人们在这一点上达成了一致。

也是在那个时代，我开始写关于他电影的评论并与他相识。

我们最初的交流给我一种感觉，他试图让西部片所有的人物原型陷入危机，他的电影写作展现了这种距离，也为他所探索的意义而忧虑：一切都为观众提供最大的娱乐。他像个理论家，懂得如何在影片中实践他的构思并用高度的精确展开解释。

作为一个善于详述掌故的叙述者，他坚持一种话语，即在他的风格探索之上，以高度的精确去描述深入的现实。

还必须要说，莱昂内的电影大大影响了今天的电影。他作为热爱约翰·福特和霍华德·霍克斯[1]的人，是昨日之流行电影与今天商业电影的过渡和桥梁。史蒂文·斯皮尔伯格（Steven Spielberg）、弗朗西斯·福特·科波拉（Francis Ford Coppola）、迈克尔·西米诺（Michael Cimino）和马丁·斯科塞斯（Martin Scorcese）都在研究他的电影；克林特·伊斯特伍德[2]通过与他的合作开始对导演感兴趣；吴宇森经常承认莱昂内对他的影响；当《低俗小说》（*Pulp Fiction*, 1994）上映时，我遇到了昆汀·塔伦蒂诺（Quentin Tarantino），他说塞尔吉奥·莱昂内是一个对他影响难以估量的导演。

---

[1] 霍华德·霍克斯（Howard Hawks, 1896—1977），美国著名导演，创作几乎触及各个类型，其作品《赤胆屠龙》（*Rio Bravo*, 1959）等都是西部片的经典作品，对莱昂内的创作有很大影响。
[2] 克林特·伊斯特伍德（Clint Eastwood, 1930— ）早年在电视剧中做演员，后被莱昂内发现，通过出演"镖客三部曲"而成名。

最后，在很长时间里，《美国往事》成为一部灯塔式的电影（film phare），不仅对于黑色电影和黑帮片，对于所有电影来说都是如此……

塞尔吉奥·莱昂内的作品之所以有如此持久的影响力，有多方面的原因。

首先，他不遵守西部片这个类型的传统编码，但保留了对伟大作者完全的尊重。在他看来，影像与声音创造风格，电影首先存在于它自身的素材中，而这些素材足以推翻所有与这个类型有关的陈词滥调。

其次，他为那些高傲的杀戮游戏赋予了传奇的形式。他的故事在流浪汉小说中获得了来源，而新现实主义的道德则奠定了他的真实观。

最后，这是一场关于时间和空间的游戏，借用音乐的节奏，既不取自文学也不来自戏剧，其灵感来自建筑和绘画。

总之，塞尔吉奥·莱昂内电影的力量之一，来自他非凡的创造形式和创造"摄影机舞蹈"的能力，其中有着接近"意大利即兴喜剧"（comedia dell'arte）或漫画里有真实生命的人物。

对他电影的研究工作，展现出他如何不停地提纯形式的抽象意义，却为电影、为人带来一种锋利的目光。

因为莱昂内的电影也是一种回忆。他的多数影片拥有这样的结构：其骨架（armature）是一种秘密而反复的回忆，最终只能解释为一种"复调配器法"（orchestration polyphonique）。

这是对西部历史或走私贩酒时代的回忆，也是对展现这些历史的电影的回忆。

在他身上还有着一种伟大的纪实追求。布景、服装、武器都来自从那些时代图片资料里考察出的精微细节。

有趣的碰撞。如果时间——电影唯一的判断向量——证明了莱昂内电影的重要性，如果时间是他作品成功的动力元素，回忆则始终是首要的，回忆也是道德，这一点在他的生活中也是如此。

所以，有一天，在一家豪华美食餐厅享用美味的午餐后，我们两个人在巴黎闲逛，等待晚上去品尝另一个美食家的美味佳肴。我记得当时塞尔吉奥·莱昂内在午餐时做了一笔非常不错的投资生意（并非电影生意），而晚上，他必须谈判另一笔关于《美国往事》的生意。所以，我们在圣拉扎尔（Saint-Lazare）周围散步，塞尔吉奥·莱昂内强烈要求到一家廉价小酒馆喝杯咖啡。服务员绕过桌子端来一个满满的盘子，上面有气味难闻、油腻的炸薯条和加奶酪的热狗。塞尔吉奥说："我想吃这个。"他指着这些肮脏不堪的食物，补充道，"你也来尝尝。"在拒绝他之前，他已经提出了要求。塞尔吉奥吞下两根薯条和一小口热狗，把剩下的东西留在桌子上。于是我问他："塞尔吉奥，我们刚在餐馆吃完高档的东西，三小时后我们还有一顿精美的晚餐。为什么你还要吃这些破东西？"他回答："诺埃尔，我们中午吃了最好的东西，今晚还要重新开始另一桌好东西。今天中午，我做了一单漂亮的生意，晚上我还要做另一单。所以请理解我，我要吃这些肮脏的东西，好让我记得自己很久以前是个穷人。"

诺埃尔·森索洛，1998

1

莱昂内家族
1900年那不勒斯的文化生活
文森佐·莱昂内变成罗伯托·罗贝尔蒂
第一部意大利西部片
弗朗西丝卡·贝尔蒂尼与歌剧名伶
法西斯主义

塞尔吉奥·莱昂内：我1929年1月3日出生于罗马市中心，在一座名叫Palazzo Lazzeroni的皇宫里。我家不在罗马，我母亲偶然在这里生下了我。她的父亲来自伦巴第[1]，但他在罗马管理一间大酒店，叫"俄罗斯大酒店"（l'hôtel de Russie），当时就在西班牙广场上，今天这家酒店已经消失了。我的祖父是阿韦利诺[2]的一个乡绅，那里离那不勒斯很近。

我父亲在慈幼会[3]学习，都是专业神父来教学，那里比耶稣会更开放。在他们的学校里，还有一些不供神职的教师。我父亲因此能有机会结识许多优秀的老师。

诺埃尔·森索洛：您父亲喜欢做什么？

莱昂内：戏剧。但我祖父母不想听他谈这些东西。那是20世纪初的事儿了。我父亲出生于1879年。要知道，在那个年代，戏剧在他那种家庭里还属于"禁忌"的职业。如果有人说想成为

---

[1] 伦巴第（Lombardia）是意大利北部位于阿尔卑斯山和波河之间的大区名，首府为米兰。
[2] 阿韦利诺（Avellino）是意大利南部坎帕尼亚大区的城市。
[3] 全称"鲍思高慈幼会"（Societas Sancti Francisci Salesii），1857年由鲍思高神父创立于罗马，主要从事儿童、福利和教育事业。

艺术家，人们就会觉得他是个布奇奈拉[1]。就是一种耻辱！

所以我父亲去那不勒斯学习了法律。在第一次世界大战前，那不勒斯是整个意大利文化的中心。在上学的同时，我父亲经常出入那里的艺术圈，结交了很多朋友。其中有许多当时的重要人物，比如斯卡弗格里奥[2]，当时最优秀的艺术评论家，那时他写一篇文章就能颠覆整个政府……我父亲与诗人米歇尔·加蒂埃里（Michele Galdieri）和伊塔洛·布拉科（Italo Bracco）关系很好，他还跟加布里埃尔·邓南遮[3]关系不错，他们都是校友。当时邓南遮非常浪漫，风流倜傥，是著名女演员埃莱奥诺拉·杜塞[4]的情人。

森索洛：您父亲是怎么成为演员的？

莱昂内：在准备成为一个律师时，他业余从事戏剧表演，做演员和导演。有一天，伊塔洛·布拉科把他介绍给罗伯托·塔里（Roberto Talli），塔里有一个剧团叫"塔里-卡拉布莱斯剧团"（Talli-Calabrese-Drammatica），这个剧团在意大利做巡回演出，我父亲就加入了剧团。他后来获得了文凭，家里人都认为他在都灵做了律师。事实上，他是在舞台上工作。

在父亲巡演快结束时，杜塞向他提供了一份在她剧团工作的

---

1 布奇奈拉，英语中为"Pulcinello"，意大利即兴喜剧（Commedia dell'arte）中著名的喜剧角色，是一个来自农村的狡猾仆人，以奉承主人获得好处为生。这个喜剧角色在欧洲特别流行，曾被很多戏剧家改编和演绎。莱昂内受意大利即兴喜剧影响很大，此处用以指代对戏剧等艺术工作的贬低。
2 安东尼奥·斯卡弗格里奥（Antonio Scarfoglio, 1886—1969），意大利作家、艺术评论家。
3 加布里埃尔·邓南遮（Gabriele D'Annunzio, 1863—1938），意大利著名诗人、记者、小说家。
4 埃莱奥诺拉·杜塞（Eleonora Duse, 1858—1924），意大利著名戏剧演员，被誉为19世纪末最优秀的意大利女演员，红极一时。

五年合同。他签了。跟随杜塞的剧团,他知道他必然要到世界各地演出,这很难隐藏他的真实姓名,家里人该知道真相了,他们会把他驱逐出教会。所以,就像剧团里的演员吕格罗·吕格里[1]那样,我父亲也放弃了本名,给自己取了艺名"罗伯托·罗贝尔蒂"(Roberto Roberti)。当然,很多年后,我也在我的第一部西部片里给自己起了个艺名,叫"鲍勃·罗贝尔森"(Bob Robertson),意思是Robert'son,"罗贝尔的儿子"。

森索洛:当时您父亲都演什么角色?

莱昂内:都是些年轻新手的角色。但在四年后,他与杜塞的合同中断了,因为她跟邓南遮闹翻了,起因是邓南遮出版了小说《火》(Il fuoco)。杜塞以为那是一本写给她的精彩颂歌,结果她发现邓南遮根本没理她的茬儿。在心慌意乱中,她打算把一切都停下来。那时,我父亲在都灵执导了他的第一部电影,那是在1904年。都灵是意大利的"电影之都",电影艺术才刚刚开始。那部影片有二十五分钟,是一部通俗剧,影片在英国获得了极大成功。我父亲也是这部影片的演员。他的合作者就是我的母亲:碧斯·瓦莱里安(Bice Valerian),他们是两年前认识的。在遇到我父亲之前,她是瓦莱里安王储(Prince Valerian)的未婚妻,她的艺名就是这么来的。

她爱上我父亲,为了他而离开王储。很快,他们就相爱了。在戏剧中,她的专长是喜剧,但她在早期电影中主要演一些正剧。

---

[1] 吕格罗·吕格里(Ruggero Ruggeri, 1871—1953),意大利著名戏剧演员,二战期间出演过电影。

1904年以后，他们与乔万尼·帕斯托纳[1]进入了伊塔拉电影公司（Itala Films）。1913年，我父亲执导了第一部意大利西部片《印第安女吸血鬼》（*La Vampire indienne*, 1913），我母亲在影片中饰演那个印第安女人。但此前不久，我父亲在热那亚的码头发现一个码头工人，他就是巴托洛梅奥·帕加诺（Bartolomeo Pagano），后来，这个人因在《卡比利亚》（*Cabiria*, 1914）中扮演马其斯特[2]而成名。帕斯托纳的这部电影名噪一时，两年后，格里菲斯[3]拍了《党同伐异》。我父亲也执导过一部"马其斯特电影"。

森索洛：他在自己的影片中也演戏吗？

莱昂内：是的，直到1920年，从那以后，他专门从事导演工作。

森索洛：在第一次世界大战开始之前，电影才在意大利被当作一门严肃艺术？

莱昂内：的确。这才让我父亲与他的家族修复关系，但他始终保留着艺名。他是在这个名字下成功的。他工作非常勤奋。1915年起，我母亲不再演戏。我父亲开始和丽达·伯莱里[4]、皮娜·麦尼切里（Pina Menichelli）、伊塔丽娅·阿米兰特-曼奇尼（Italia

---

1 乔万尼·帕斯托纳（Giovanni Pastrone，1883—1959），即意大利电影先驱皮埃罗·弗斯科（Piero Fosco），集编、导、演于一身，在默片时代拍摄了很多大制作影片。
2 马其斯特（Maciste），电影人物，最早出现在意大利导演乔万尼·帕斯托纳的历史神话片《卡比利亚》中。该片成功之后，意大利出品了一系列以马其斯特为主人公的历史神话片。
3 大卫·W. 格里菲斯（David W. Griffith，1875—1948），美国电影先驱，被认为是对早期电影发展做出极大贡献的开创性人物，他最著名的作品包括《一个国家的诞生》（*The Birth of a Nation*, 1915）和《党同伐异》（*Intolerance*, 1916）。
4 丽达·伯莱里（Lyda Borelli，1884—1959），意大利著名戏剧演员和电影演员，电影生涯只有短暂的五年，却成为意大利默片时代的名伶。

Almirante-Manzini）等明星合作。[1]这些基本上都是取悦观众的爱情故事，但意大利电影工业在战争期间开始露出曙光。我父亲没有入伍服役，他的心脏不好。

这期间，他有好几个月什么戏也没拍。当时诞生了一位新星，"名伶中的名伶"：弗朗西丝卡·贝尔蒂妮[2]。她为巴拉托罗[3]工作，巴拉托罗刚刚创建了意大利联合电影公司。她的影片获得了极大成功。从1915年起，古斯塔夫·塞莱纳（Gustavo Serena）的《那不勒斯之血》[4]获得了成功，弗朗西丝卡·贝尔蒂妮成了大明星。说到这，还有个关于贝尔蒂妮的著名段子。有一天，费博·马利（Febo Mari）跟她演对手戏。费博·马利是当时很重要的演员，用意大利人的话说，那是个"长喇叭"（trombone），他的嗓音低沉但响亮，有点像维托里奥·加斯曼[5]。他有个能力就是想哭就能哭。有一场戏，费博·马利让贝尔蒂妮哭，但她哭不出来。她想要点洋葱或青柠檬，费博·马利不让，他要求她发自内心地哭。然后他给她做了个示范，他马上就能哭得像个喷泉。于是贝尔蒂妮对剧组所有人说："知道这个男人为什么哭吗？因为他在想他一部影片永远也赚不到两百万里拉。"

---

[1] 莱昂内此处提供的信息无法考证，没有资料显示罗伯托·罗贝尔蒂曾与这些演员合作影片。
[2] 弗朗西丝卡·贝尔蒂妮（Francesca Bertini, 1892—1985），意大利默片女明星，出演超过九十部影片，红极一时。
[3] 朱塞佩·巴拉托罗（Giuseppe Barattolo, 1882—1949），意大利制片人，创建了意大利最早的电影公司之一——意大利联合电影公司（Unione Cinematografica Italiana）。
[4] 《那不勒斯之血》（Assunta Spina, 1915），意大利默片时代著名影片，由古斯塔夫·塞莱纳执导，女主演弗朗西丝卡·贝尔蒂妮因该影片一举成名，她也参与了此影片的编剧。
[5] 维托里奥·加斯曼（Vittorio Gassman, 1922—2000），被誉为意大利最伟大的男演员之一。

在那个时代，两百万里拉可以买下整座罗马，是今天的二十亿里拉都不止，但贝尔蒂妮每部影片都能赚到这个数。她每部片子也就拍四个礼拜，一年能拍八部电影。

战争结束后，巴拉托罗创建了贝尔蒂妮电影公司（Bertini Films），他请来一个德国导演执导她的戏，造成了可怕的亏损。这让卡米纳·加隆尼[1]非常高兴，因为他正把贝尔蒂妮的冤家对头搬上银幕：索娃·加隆尼（Soava Gallone）。

我父亲必须接替巴拉托罗雇用的这位德国导演的工作，以力挽狂澜。他与贝尔蒂妮合作的影片《伯爵夫人莎拉》（*La Contessa Sara*, 1919）刷新了历史上的票房纪录，影片排映了三年多，史无前例。我还有一封演员安莱托·诺维里[2]给我父亲的信，信上描述了当时他陪着卡米纳·加隆尼一起看电影的情形。据他说，整座影院鸦雀无声，只有加隆尼不知疲倦地在电影院里喊，"她复活啦！她复活啦！"

到1928年，我父亲跟贝尔蒂妮合作了十多部片子：《裸体女人》（*La Donna nuda*, 1914）、《亡命狂蛇》（*La Serpe*, 1920）、《女人之爱》（*Amore di donna*, 1920）、《公主乔治》（*Consuelita*, 1921），等等。

森索洛：法西斯上台时，您父亲的反应是什么？

莱昂内：我父亲是意大利导演协会主席，他当时相当有名。但他也是个那不勒斯人，一个浪漫主义者……他像很多人一样相信了墨索里尼。但时间不长，他就变成了共产主义者。当时，

---

[1] 卡米纳·加隆尼（Carmine Gallone, 1885—1973），意大利著名默片导演和制片人，以指导音乐片和历史神话片著称，一生指导影片上百部。
[2] 安莱托·诺维里（Amleto Novelli, 1885—1924），意大利演员，以出演改编自莎士比亚戏剧的影片闻名，艺名"安莱托"即意大利文中的"哈姆雷特"。

他加入了法西斯党，时间非常短，只有四天，直到他们要求他再支付一次党费。当时的法西斯党满脑袋官司，因为会计卷款私逃了。我父亲说："行了！我明白了。你们跟贼没什么两样。到此为止吧，我退党。"他就再也不是法西斯了。

森索洛：从什么时候开始，法西斯开始迫害你父亲？

莱昂内：他是意大利导演协会的主席，于是问题马上就来了。他以后就不能工作了。除此之外，1925年，墨索里尼曾给我父亲一部他写的小说，想让他拍成电影。我父亲读了小说，然后委婉地拒绝了这个"馈赠"。我父亲说："这部小说就是臭狗屎！"墨索里尼记下了这笔账，把我父亲列入了打击名单。但他当时还能继续拍片。1925年，我父亲发掘了利多·马奈蒂[1]，让他在《美味佳肴》[2]中演男一号。这部影片之后，马奈蒂就去好莱坞发展了。福斯公司想让马奈蒂成为新的鲁道夫·瓦伦蒂诺[3]。只用三年时间，他就成名了。直到有一天，一辆汽车在片场门前把他撞死。这场谋杀就是那些与好莱坞有瓜葛的犹太黑手党干的。他们不希望一个意大利人来取代鲁道夫·瓦伦蒂诺……

1920年代末，很多德国导演和演员像刘别谦[4]一样去了好莱坞。面对这种人才流失，柏林方面想邀请一些意大利导演去德国

---

1 利多·马奈蒂（Lido Manetti，1899—1928），又名 Arnold Kent，意大利演员。
2 《美味佳肴》（*Fra Diavolo*, 1925），文森佐·莱昂内与马里奥·加尔吉洛（Mario Gargiulo）于1925年联合执导的影片。
3 鲁道夫·瓦伦蒂诺（Rudolph Valentino，1895—1926），意大利演员，在美国红极一时。
4 恩斯特·刘别谦（Ernst Lubitsch，1892—1947），德国著名导演，1922年起到美国工作，后移民美国，成为好莱坞最成功的喜剧导演之一，其独特的喜剧风格被誉为"刘别谦笔触"（Lubitsch touch）。

拍戏。因此波拉·奈格丽[1]建议我父亲去那里跟她合作。就在这个节骨眼儿上，我妈妈怀上了我。他们结婚整整十四年，一直没有孩子，这简直是奇迹……这需要抉择：或是移民国外与波拉·奈格丽合作，或是留在罗马。是我妈妈不希望离开意大利，我父亲就没跟波拉·奈格丽签合同，因此我降生在罗马。

森索洛：您的教父是马里奥·卡梅里尼[2]？

莱昂内：是的，他能进电影圈得益于他的表兄奥古斯托·杰尼纳[3]。后来，我父亲用他当助理导演。当我出生时，他正好刚刚独立拍片。他在30年代成为意大利非常重要的导演。

森索洛：1930年，意大利发生了重大的经济危机……

莱昂内：没钱了，电影受到了明显的影响。作为导演协会的主席，我父亲向博塔伊[4]提出建立并出台合作机制。博塔伊非常生气，他认为这就是一个共产主义计划。我父亲受到了流亡的威胁，这时，他小时候的一个朋友介入这件事，救了我父亲，此人就是福尔热·达文扎蒂[5]，意大利法西斯政权中唯一诚实的部长，我父亲因此摆脱了流亡，但没有摆脱烦恼……

---

1 波拉·奈格丽（Pola Negri, 1897—1987），波兰著名默片女星，后移民美国。
2 马里奥·卡梅里尼（Mario Camerini, 1895—1981），意大利导演，他曾与许多意大利著名电影人合作，与塞尔吉奥·莱昂内的父亲文森佐·莱昂内是至交，是塞尔吉奥·莱昂内的教父。
3 奥古斯托·杰尼纳（Augusto Genina, 1892—1957），意大利电影先驱，导演、制片人。
4 朱塞佩·博塔伊（Giuseppe Bottoi, 1895—1959），意大利法西斯政府核心人物之一，1929至1932年任意大利政府劳动合作部部长，后任罗马市长、意大利教育部部长等职。
5 朱里奥·福尔热·达文扎蒂（Giulio Forges Davanzati），意大利摄影师，曾任意大利法西斯政府的文化部部长。法西斯政府垮台后继续从事电影摄影工作。

就在这时,他开始结识左翼知识分子。他经常去阿拉诺(Aragno),一个全罗马的知识分子都去的咖啡馆,左翼人士经常在那里的红房间(Chambre Rouge)聚会。整个房间都被帷幕遮住,但我父亲每次去那里,后面都有便衣警察跟踪。

他直到1941年才再次拍片。

2

童年

学业

法西斯喜剧

木偶戏

了解电影

漫画

森索洛：你能记住的小时候的事是什么？

莱昂内：最初几年我是在我父亲的故事里度过的。每个星期天，我都陪着他去阿拉诺的红房间参加聚会。我看见便衣警察整个下午都跟着我们。正因如此，我不得不把这些盖世太保看作黑猩猩（bêtes noires），尽管我并没有真正接触过他们。

作为导演，我父亲赚了很多钱，但由于"强制性失业"，他把这些钱都花了。他喜欢收藏精美的东西,但为了让我们吃上饭，他把它们都卖了。今天，如果说我非常喜欢古董，就是因为我曾看着家里的好东西是如何一样一样消失的。那时我们需要生存。

正是因为父亲的牺牲，我才能到让·巴蒂斯特教会中学（Saint-Jean-Baptiste-de-La Salle）学习。对我来说，去他们那里学习格外重要，因为这样我可以免于参与"法西斯星期六"（samedis facistes）。正常来讲，当时的青少年都必须参加，那就是墨索里尼的童子军，遍布意大利的所有城市。这种童子军还分成几个队：狼崽队、火枪队和少先队。为了逃避这种政治灌输，我父亲让我在学校里学剑术。我每周六都去练剑，才不必学习那些法西斯的破烂玩意儿。

森索洛：您是个好学生吗？

莱昂内：不是。与其说我在生活中不是个好学生，不如说我总能把学业念下来。我正好做到能让我不被退学或者留级的程度。我有计划地让自己别学太多，我只学得比中等生稍微强那么一点儿。

森索洛：您喜欢学哪科？

莱昂内：我讨厌古拉丁语。我喜欢意大利语、哲学和地理，最喜欢历史。当然，在法西斯统治下，历史教材都不真实。我们知道那都是假的。在独裁时期，谎言成为教育的内容，但媒体也从不说真话。我们读报纸就是为了寻开心，因为我们知道在公开出版的文章里没有一丁点儿是真的。我呢，经常给我的历史老师出难题，我经常向他问一些根本不可能真正回答的问题。

森索洛：您班里有没有同学的父亲参加过埃塞俄比亚战役？

莱昂内：当然。所有人都必须参战。但意大利人从来不愿意打仗，他们总是忙着找个借口回家。他们希望战争越早结束越好。他们根本不在乎做所谓的"第一罗马帝国的历史英雄"。

森索洛：您怎么定义墨索里尼的法西斯主义？

莱昂内：我认为法西斯主义就是人们看得过于严肃的狗屎，你要知道，墨索里尼一开始是为社会主义阵营而战斗的……但我要给你讲几件事，让你明白我想说什么。

第二次世界大战结束后，一个作家变得比墨索里尼还恶劣，他就是格里埃默·加尼尼（Guglielmo Giannini）。他曾为我父亲工作，专门写喜剧电影的剧本。他是一个西西里人和英国人的混血儿，血统已经不那么纯粹，他还主编过电影杂志 Kines。

有一天他对我父亲说他要从政，他想创建一个无党派人士的政党，叫"任意人党"（L'Uomo Qualunque）。然后他真这么做了，还办了一份同名的报纸。他主编 Kines 时，就曾在专栏里发动电影人搞运动，在《任意人报》上也继续这么做。但这次，他变成一只攻击所有政治人物的大苍蝇。这东西特别讨好，很多人跟随他。他在政坛突然变得非常重要。他开始组织聚会，人们向他致敬，他的影响非常大。于是乎，有一次他要做一个五千人的演讲，电视台也去了，在整个意大利非常轰动。突然，意大利最聪明的人之一登上了讲台，就是共产党领袖陶里亚蒂（Palmiro Togliatti），这是加尼尼平时最喜欢批评的人物，他向这个"任意人党"领袖伸出了手。加尼尼这么骄傲和充满野心的人，不可能拒绝这只手，于是他当着五千人的面与陶里亚蒂握手了，电视台向整个半岛播放了这个动作，所有人都看到了，而格里埃默·加尼尼的政治生涯就这么结束了。就这么握了一下手。陶里亚蒂给了"任意人党"致命的一击。以后再也没人看得上这个蠢货了，这个新墨索里尼完蛋了。如果说墨索里尼带来什么真实的东西的话，那就是法西斯主义再也不可能长久了。但要知道，墨索里尼当初也受到了都灵和米兰的大工业家的支持，没有他们就没有墨索里尼。

森索洛：您小时候就知道这些事吗？

莱昂内：我的家庭环境让我了解这些事。但公正点说，今天我知道法西斯跟纳粹还不一样。如果我们生在德国，早被关进集中营了。

今天，如果我重拾起那个时代的记忆，我可以向你描述一下那个时代法西斯党徒的样子。就跟费里尼的《阿玛柯德》

（*Amarcord*）里一模一样。他们游行的样子就像在那不勒斯喜剧里表演坏人一样，其实他们胆小得要命。他们就像殖民野心家的充气木偶。埃塞俄比亚战役证明了这一点。然而，我认为墨索里尼跟他们还有区别，当他想在非洲地区扩大意大利版图时，他是真诚的，与跟随他的那些人相比，他还不算小偷，他是真诚的。危险、愚蠢，但是诚实。但最终，他是最坏的。

森索洛：您认识电影是因为您父亲是导演吗？

莱昂内：遇到电影之前，我接触到一个更重要的东西：布拉蒂尼（les Burattini），即那不勒斯木偶戏（marionnettes napolitaines）——阿莱昆[1]、布奇奈拉等都是其知名角色。在吉亚尼科罗（Gianicolo），有两个地方演木偶戏，大人们经常带我去那儿。一天下午，我发现了一桩非常奇怪的事。两个木偶打完架之后，另外一场打架开始了。剧院经理和他老婆吵起来了，这场争吵特别有人情味儿，特别具有那不勒斯特色。我先是看那些木偶大打出手，现在，则是这对操纵木偶的人打了起来。很显然，在戏剧故事的背后，还存在一个更加严肃、更加难解、甚至更加微妙的现实。通过这种混乱的方式，我感到在现实与虚构之间存在着一种关系，我这才明白这种表演方式的本质。

对于电影，情况有所不同。我在二战开始之前就开始看电影，那时我只有九岁或十岁。我跟我的小伙伴们一起去。我们组成一个小团伙，我们都是惹是生非的孩子。待在家里时，我们都是杰基尔博士一样的乖孩子，受着良好的教育；一旦到了外面，就变

---

1 阿莱昆（Harlequin），意大利喜剧中著名的小丑形象，身穿花格小丑装，运用聪明才智同时侍奉两个主人，故他的故事也被称为"一仆二主"。

成了活生生的海德先生，简直就是小流氓。[1]但是我们就像一个大家庭，我们生活在塔斯特韦尔[2]。在这个街区界限比较分明，从但多罗（Dandolo）到吉亚尼科罗，是罗马最高的高地之一，围绕着加里波第[3]的塑像建造的。那是一个非常漂亮的街区，住着许多自由职业的犹太布尔乔亚。两百米以外，住的都是穷人，那里是小混混的王国。我们就跟他们打架，就在去Viale Glorioso[4]的石阶上。

后来，当我十九岁时，我写了一个剧本把这些事都写进去了，名字就叫"*Viale Glorioso*"，《童年往事》[5]。但在看过费里尼的《浪荡儿》（*I Vitelloni*, 1953）之后，我就把这个剧本毁了。

森索洛：这个剧本讲了什么？

莱昂内：跟费里尼这片子里的东西是一样的……就是展现我们的生活：打架、友情、阴谋、追女孩、在戏院里起哄……我想强调我们内部的不同等级，有十多岁的小子、十四岁的少年和十七八岁的半大小子。我们差不多是一个有组织的团伙。比如，当我们去电影院时，我们差不多有二十多人。

1　杰基尔博士和海德先生是英国作家史蒂文森著名小说《化身博士》（*Dr.Jekyll and Mr.Hyde*）中的同一个人物，平时是博学绅士的杰基尔博士，服用化学药剂后变身野性大发的海德先生。这个人物被反复搬上银幕，并且是众多美国卡通形象的原型。
2　塔斯特韦尔（Trastevere）是罗马的二十二个城区之一，位于台伯河的右岸、罗马西部的高地之上。
3　朱塞佩·加里波第（Giuseppe Garibaldi，1807—1882），意大利政治家，献身于意大利统一事业，领导了许多军事战役，是意大利建国三杰之一。
4　Viale Glorioso，罗马一处著名的别墅式建筑，位于高地之上。
5　剧本取名于罗马地名，没有通行译法，但由于莱昂内在本书中多次提到，为方便起见，暂译为《童年往事》。

森索洛：您小时候喜欢打架吗？

莱昂内：不，我不喜欢打架。实不相瞒，我们主要是模仿我们看过的美国电影里的主人公。我们特别喜欢美国电影。我们总是模仿埃洛尔·弗林[1]和加里·库珀[2]。有时，一个朋友说某部影片不好看，他就会说："主角到最后都死了。"对他来说，这是最愚蠢的。那时我们的世界就在街道和电影院，尤其是好莱坞电影。我从不看法国影片或意大利白色电话电影[3]，这些电影我都是在二战结束后，通过我的教父马里奥·卡梅里尼才接触到的。

森索洛：从童年时，您就对美国感兴趣，喜欢好莱坞电影里展现的美国……

莱昂内：正是如此。我现在还能完全记起当时我看过的第一部电影，一部陈查理探长[4]的冒险片，意大利名叫《凶杀时刻》。在这个故事里，每次钟表指向午夜时分，就有个人拿着一把刀出现。我特别喜欢，接下来我打算把所有的陈查理电影都看完。

1　埃洛尔·弗林（Errol Flynn，1909—1959），澳大利亚裔美国演员，在20世纪三四十年代以主演骑士游侠电影著称，如《罗宾汉历险记》（*The Adventures of Robin Hood*, 1938）、《英烈传》（*The Charge of the Light Brigade*, 1936）等。
2　加里·库珀（Gary Cooper，1901—1961），美国著名演员，曾主演多部西部片，莱昂内在本书中多次提到他及他的表演。
3　意大利白色电话电影（Italian White Telephone Film），一种以豪华生活环境为背景、专事描写资产阶级生活方式的意大利影片，流行于意大利法西斯政权当权时期。因影片中富有家庭所使用的白色电话而得名。
4　陈查理探长（Charlie Chan）是一个小说、电影和漫画中的虚构人物，最早由美国作家厄尔·德尔·比格斯（Earl Derr Biggers）于1925年创作出来。这是一个华裔探长，他与妻子及十四个孩子居住在火奴鲁鲁。他体型臃肿但活动敏捷、断案精明，然而英语经常说错，最典型的话是"孔子曰"，是美国电影中最早的华人形象之一。他的故事从1920年代末起被拍成十几部系列影片，在当时颇有影响。

森索洛：那时候您看漫画（fumetti）吗？

莱昂内：我特别着迷！尤其是那些来自美国的漫画，比如《孟加拉幽灵》[1]、《飞侠哥顿》[2]、《魔法师曼卓克》[3]等。我最钟爱的是里曼·杨（Lyman Young）的《蒂姆·泰勒历险记》[4]，讲述两个少年在丛林中的友谊。我特别喜欢讲述友谊的故事。

森索洛：战争期间，所有关于美国的东西都被禁了：小说、漫画、电影。所以，有意大利人开始模仿美国，当时你是怎么想的？

莱昂内：我讨厌这些抄袭之作。非常可恶！……幸运的是还有黑市，在那里我们能找到所有被禁的东西，美国小说和漫画都是偷着卖的，不过人们读得不多。我们等着真正的美国人——美国军队——到来。罗马到处是饥荒。我只有十三岁，我把父亲的旧鞋换了二十五千克面粉。这在当时是相当危险的，要偷着换。我得绕开法西斯的保安队。那个时候要处处小心，要藏起来，危机四伏。我记得我父亲站在我家的台阶上等着我回来，他看见我回来了，扛着面袋子，就知道我去做什么了，他把脸转过去，哭了。

---

[1]《孟加拉幽灵》（*The Phantom*）是美国1936年起出版的漫画，作者李·菲克（Lee Falk），这个漫画至2008年仍在连载。李·菲克1999年逝世后，由托尼·德保罗（Tony DePaul）主笔。
[2]《飞侠哥顿》（*Flash Gordon*）是漫画家亚历克斯·雷蒙德（Alex Raymond）的作品，1934年起出版。
[3]《魔法师曼卓克》（*Mandrake the Magician*）的创作者也是李·菲克，最早出版于1934年。
[4]《蒂姆·泰勒历险记》（*Tim Tyler's Luck*），最早出版于1928年。

3

罗伯托·罗贝尔蒂的回归

那不勒斯

贝托里尼

罗马犹太区

墨索里尼之死

森索洛：战争带走了你们的青春。

莱昂内：这毫无疑问。但也发生一些很特别的事儿。在经历二十年的"强制性失业"后，我父亲经一位神秘人物介绍，拍了一部电影。剧本作者就是那个"任意人党"的加尼尼。这是一部喜剧片，《街头故事》(*La Bocca sulla strada*, 1941)，讲一个米兰人打算买下那不勒斯一个侯爵的城堡。这个米兰人谨慎小心，他靠生产西红柿罐头起家，跟他打交道的是一个有着王子气质的城堡守门人，阿尔芒多·法尔科尼[1]扮演了这个守门人。

我父亲非常惊讶能被安排公开导演这部电影，那时候还在打仗，法西斯执政。人们把曾长期拒绝让他做的一切又都还给了他。那是1941年，我十二岁。我去看我父亲工作。拍摄在那不勒斯进行，那是一个可怕的年代。我还能回忆起看到轰炸城市的情形，当时我正在怡东酒店（Hotel Excelsior）的阳台上。

在那不勒斯，我父亲重新找回他的童年。尽管是那不勒斯人，但他主要在都灵和罗马生活，说着一口完美的意大利语。但到了那不勒斯，他就只说那不勒斯话。那是一种本能反应，没有原因，

---

1 阿尔芒多·法尔科尼（Armando Falconi，1871—1954），意大利著名戏剧演员、电影演员。

我当时非常惊讶。

森索洛：那时候那不勒斯什么样？

莱昂内：饥荒，但有一种那不勒斯气质。当我到那儿时，我父亲叫了一辆出租马车。一匹马拉着车，走得不快，马的状态不好，能透过皮看到鼓出来的骨头。我们走得很慢。我父亲很不高兴，他对车夫喊让他快点。车夫看了看我父亲，然后说："先生，您还想怎么样？我的马都大汗淋漓了。"

森索洛：您知道为什么会让您父亲导演这部影片吗？

莱昂内：制片人是O.V.R.A.[1]里一个手眼通天的人物，但他给我父亲全部的艺术创作自由。《街头故事》就是一部喜剧片，这被后来出色的发行证明了。艾伯托·拉杜阿达[2]未来的妻子卡拉·德尔波齐奥[3]在这部影片中崭露头角。还有朱塞佩·里纳尔迪（Giuseppe Rinaldi），一个非常差的演员，我父亲都想把他换掉，可讽刺的是，后来他成为意大利的配音之王，专门给马龙·白兰度配音，也不演戏了，专门为录音棚工作，简直是命运大逆转。

森索洛：您对您父亲的拍摄有印象吗？

莱昂内：我知道他是拍电影的，但这对那时的我来说是比较抽象的事儿。所以当我亲眼看到他指导拍戏时，我很受震动。但

1　即Organizzazione di Vigilanza e Repressione dell'Antifascismo的缩写，意大利法西斯执政时期的秘密警察组织，1927年成立。
2　艾伯托·拉杜阿达（Alberto Lattuada, 1913—2005），意大利著名电影人，曾从事导演、编剧、制片人、演员等工作，他最早发现费里尼并将其带入电影界。
3　卡拉·德尔波齐奥（Carla del Poggio, 1925—2010），意大利女演员，1945年与艾伯托·拉杜阿达结婚，1960年代结束演艺生涯。

最早的一次不是在1941年，而是在1939年，那一年他拍了一部片子，但没有署名，叫《合伙人》(*Il Socio Invisibile*, 1939)。我父亲跟巴拉托罗有过一份旧协议，必须遵守规则。这个计划在法西斯到来之前就签了，没人干扰他的拍摄。制片方以合同为借口回避与当权者的争论，但一切都是秘密进行的，非常小心。

森索洛：影片是关于什么的？

莱昂内：一个人编造了一个假的合伙人想赚钱，但他无法摆脱这个假身份的困扰，最后只能让这个人死去。当他出席葬礼时，听到了人们跟在灵车后的评价，明白了生活的全部真相。这是一部非常好看的影片，由巴拉托罗公司的全部班底出演：艾维·马尔塔格里亚蒂[1]、马莱拉·洛蒂[2]、克拉拉·卡拉梅[3]。对于他们来说，就好比在好莱坞，年年都有合约，必须演一定数量的影片。发行时还有一位配音演员：卡洛·罗马诺（Carlo Romano）。二十年后，他在《黄金三镖客》中为图可[4]配音，后又在《西部往事》中为夏延[5]配音。但在1939年，罗马诺主要是个了不起的戏剧演员。

---

[1] 艾维·马尔塔格里亚蒂（Evi Maltogliati, 1908—1986），意大利早期电影演员。
[2] 马莱拉·洛蒂（Mariella Lotti, 1921—2004），意大利女演员，意大利默片著名演员卡罗拉·洛蒂（Carola Lotti）的妹妹。
[3] 克拉拉·卡拉梅（Clara Calamai, 1909—1998），意大利著名女演员，是最早在电影中表演露胸镜头的意大利女演员。
[4] 图可（Tuco），莱昂内影片《黄金三镖客》里的主人公之一，即影片英文片名中的"丑人"（The Ugly）形象，由美国演员埃里·沃勒克（Eli Wallach）主演。这是一个生活在美国和墨西哥边境的狡猾但善良的抢匪形象，西部片历史上重要的喜剧角色之一。参见本书第十一章。
[5] 夏延（Cheyenne），莱昂内影片《西部往事》中的主人公之一，妓女之子，是一个浪漫的匪帮团伙首领，由美国演员杰森·罗巴兹（Jason Robards）饰演。该角色的英文名字"Cheyenne"是美国西部对印第安人的称呼。参见本书第十二章。

森索洛：在那个时期，您父亲主要跟哪些电影人打交道？

莱昂内：他经常去看奥古斯托·杰尼纳、马里奥·卡梅里尼和阿尔多·维尔加诺[1]。他跟马里奥·伯纳德[2]关系尤其好。当伯纳德还是个演员时，我父亲就导过他的戏。我父亲结交甚广，贝托里尼[3]也曾是我父亲的好友之一。可惜啊，我只能通过影片和录像带去认识这位伟大的喜剧演员了。他去世的时候我还非常小。临终时，他久久地注视着医生，然后自言自语道："五十岁，如果这样死去不算一种耻辱……"

森索洛：您父亲对当时的新导演感兴趣么，比如说罗西里尼[4]或维斯康蒂[5]？

莱昂内：他本人并不认识他们，这些新导演也不知道我父亲。他们很久之后才交往。但我认为我父亲离他们的美学概念并不远。他始终是一个恪守现实主义的人。最近我看了《柴刀》[6]的片段，这是一部接近自然主义的作品，《美味佳肴》里的背景也是非常现实主义的。我还记得我父亲对《沉沦》特别感兴趣，这也是他

---

1 阿尔多·维尔加诺（Aldo Vergano, 1891—1957），意大利电影编剧、导演。
2 马里奥·伯纳德（Mario Bonnard, 1889—1965），意大利导演、编剧，也是意大利默片时期的著名演员，莱昂内长期担任他的助理导演，他的《末日庞贝》实为莱昂内执导，但莱昂内没有署名。参见本书第七章。
3 艾托尔·贝托里尼（Ettore Petrolini, 1884—1936），意大利著名喜剧演员。
4 罗伯托·罗西里尼（Roberto Rossellini, 1906—1977），意大利著名导演，意大利新现实主义的代表人物之一。作品有《罗马，不设防的城市》（*Roma, città aperta*, 1945）、《德意志零年》（*Germania anno zero*, 1948）等。
5 卢奇诺·维斯康蒂（Luchino Visconti, 1906—1976），意大利著名导演，有《沉沦》（*Ossessione*, 1943）、《大地在波动》（*Terra trema: Episodio del mare*, 1948）、《豹》（*Il Gattopardo*, 1963）等作品。贝纳尔多·贝托鲁奇认为塞尔吉奥·莱昂内的风格可受到维斯康蒂影响。
6 《柴刀》（*La Serpe*, 1920），文森佐·莱昂内拍摄的默片，由意大利默片女星弗朗西丝卡·贝尔蒂妮主演。

唯一看得上眼的维斯康蒂电影，他认为维斯康蒂的其他影片太布景化了。

森索洛：战争期间，您继续上学吗？

莱昂内：正常来讲我继续读书。当然，战争改变了一切。我父亲成为真正的左派，他敢于承担风险。我们住在犹太街区，他竭尽全力去救助一些被威胁运到德国的犹太人。其中有一个被纳粹抓住了，我父亲出面证明此人是他的侄子。这是相当危险的，因为盖世太保完全可能调查此事，而我们全家都可能被送到集中营。但他固执己见，他硬是把这个人从他家里拉出来，让他搬到我家。

森索洛：在意大利，"莱昂内"这个名字会让人认为有犹太血统。

莱昂内：这确实给我们带来不少麻烦。我们是基督徒和意大利人。这个名字来自西班牙。在那里，很多犹太人用城市或动物做名字。甚至有一座城市就叫作"阿拉贡的狮子"（Leone d'Aragon）。"莱昂内"（Leone）就是指"狮子"（lion）。毫无疑问，我们家来自一个犹太家族的分支。很多西班牙人迁移到意大利各地：西西里岛、那不勒斯和都灵等。因为我父亲是西班牙人后代，所以我们家祖上可能有犹太血统。但是，我们可以证明我们是基督徒，而且在罗马，犹太人的名字是"莱昂尼"（Leoni）。这个很小的区别回避了许多怀疑。但那个时期非常可怕，主要是有告密的，他们以靠向法西斯揭发犹太人来赚钱。

森索洛：但是，也有一些罗马人帮助犹太人，帮助他们支付

赎金以逃避迫害。

莱昂内：卡洛·里扎尼[1]就拍过这样一部电影：《罗马之金》（*L'Oro di Roma*, 1961）。德国人曾经承诺，如果犹太人能交出跟他们体重相等的金子，就会放了他们。因为那时候没有账，很多罗马人帮助犹太人支付这些金子。但到后来，关到集中营的事情还是发生了。

森索洛：战争快结束时情况如何？

莱昂内：非常窘迫。我们生活在空袭和美军即将到来的消息中。我们等他们，但他们没有来。法西斯始终当权。饥荒蔓延……每天都在挣扎。但是，我们感到解放之后会涌现新的社会和意识形态运动。我也跃跃欲试，我只有十四岁，就想参加抵抗运动了。我和我的朋友们，我们都准备好到山上去集合了。后来大家把我劝住了，主要是因为我母亲，她会为此而死的。那是最后时刻了，然后就解放了，到处都在庆祝。

森索洛：当宣布墨索里尼已死时您有什么反应？

莱昂内：我可以给你讲个真事儿，我觉得这能解释一切。墨索里尼死时，我陪着我父亲去罗萨蒂（Rosadi）家，我们跟奥古斯托·杰尼纳、马里奥·卡梅里尼在一起。我们评论着墨索里尼。我们看到亚历桑德罗·布拉塞蒂[2]也来了，他曾为鼓吹法西斯主义卖过很多力气，我们非常感兴趣他会说些什么。他不加掩饰地

---

[1] 卡洛·里扎尼（Carlo Lizzani, 1922—2013），意大利导演、编剧，他的影片曾多次在奥斯卡奖、戛纳电影节、威尼斯电影节、莫斯科电影节中获得提名或奖项。
[2] 亚历桑德罗·布拉塞蒂（Alessandro Blasetti, 1900—1987），意大利电影导演，曾影响过意大利新现实主义，1967年任戛纳电影节评委会主席。

说:"太可怕了!这么多年我们都犯了严重的错误。法西斯主义让意大利陷入了悲剧。现在,我们需要重新振兴我们的国家。我们唯一的希望,是需要有一个人懂得如何把一切掌握在手中。一个强者,拥有无限的智慧和胆量……"我父亲马上打断他,反问道:"一个像墨索里尼一样的人?"布拉塞蒂没考虑就说:"对!"但之后,他脸色就变了,开始反悔,支支吾吾了。但当时整个意大利都是这么想的,没有人想再要一个墨索里尼,但在意识深处,还是同样的狗屎。他们根本不理解,至少需要两三年时间才能走出这种悲剧。

4

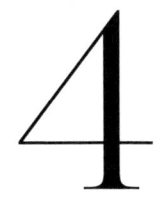

美国黑色小说

助理导演生涯

卡米纳·加隆尼

维托里奥·德·西卡

政治选择

新现实主义

马里奥·伯纳德

碧姬·芭铎

森索洛：战争结束了，您继续您的学业了吗？

莱昂内：是的，一直到十八岁。我父亲想我让读法律。他不希望我成为艺术家。他对电影界的一切感到害怕。这跟他在1920年代熟悉的已迥然不同……完全是另外一种气氛。尽管法西斯倒台了，按他的方式工作还是会有问题。这很好理解，他毕竟是个世纪初的人，他已经习惯了口头应允合同。在他那个时代，忠诚说了算，握手比签字更重要。二战结束后，一切都变了。

森索洛：解放以后，美国电影、漫画和小说又回来了。

莱昂内：这造成了严重的消化不良，但确实不错，对于许多少年来说那都是做梦都想看的东西。美国电影又回来了！电影院天天爆满，更不用说书店了……我们挤破了头想看看这四年来，我们喜欢的人物有了哪些新的冒险故事。那些商人都赚翻了！

我也发现了很多伟大的黑色小说作家，我那时就读了达希尔·哈米特[1]的小说。打仗的时候都是偷偷卖的。现在，我可以读他所有的作品。当然，还有雷蒙德·钱德勒、霍勒斯·麦

---

[1] 达希尔·哈米特（Samuel Dashiell Hammett, 1894—1961），美国硬派小说家、编剧，他的许多小说作品被改编成电影，如《马耳他之鹰》等。

科伊[1]、詹姆斯·M. 凯恩[2]，等等，我的书架都填满了，我的脑袋也是……

森索洛：那时候您就喜欢西部片吗？

莱昂内：我对电影狂热无比。西部片只是一部分，我更喜欢"黑色电影"：霍克斯和亨弗莱·鲍嘉（Humphrey Bogart）的《长眠不醒》……

我们也看一些罗伯特·多纳特[3]的轻喜剧，还有刘别谦的作品！我特喜欢《妮诺契卡》(*Ninotchka*, 1939)、《你逃我也逃》(*To Be or not to Be*, 1942)和《天堂可待》(*Heaven can wait*, 1943)[4]。《自由万岁》[5]也很得我心。还有约翰·休斯顿的《夜阑人未静》(*The Asphalt Jungle*, 1950)，不过那是之后了……

森索洛：那时候您就打算做导演吗？

莱昂内：不！直到1950年我才考虑这一点，在我父亲停止了工作之后。我写了《童年往事》的剧本，然后费里尼拍了他的《浪荡儿》。我的故事发生在罗马，而他的故事在里米尼（Rimini），但精神是相同的。我于是放弃了把它改编成电影的念头。我很高

---

[1] 霍勒斯·麦科伊（Horace McCoy，1897—1955），美国硬派小说家、编剧。
[2] 詹姆斯·M. 凯恩（James Mallahan Cain，1892—1977），美国记者、作家，他的小说通常与硬派犯罪小说并称，被认为是"黑色小说"的代表人物之一。
[3] 罗伯特·多纳特（Friedrich Robert Donat，1905—1958），英国电影和戏剧演员，二战前以扮演带有平民色彩的英国绅士闻名，1939年因《万世师表》(*Goodbye, Mr. Chips*)获奥斯卡最佳男演员奖。
[4] 均为刘别谦的作品。
[5] 《自由万岁》(*Viva Villa*, 1934)是由好莱坞著名制片人塞尔兹尼克制作、杰克·康威（Jack Conway）执导的西部片，霍华德·霍克斯和威廉·韦尔曼（William Wellman）参与导演工作，但未署名。

兴成为一个助理导演。

森索洛：您是什么时候开始做助理导演的？

莱昂内：在我高中时代。我在假期打工，我做助理导演能赚一点零钱花。我学法律的时候逃了一些课，为了能有更多时间去拍电影。一般来说，我要从6月工作到11月。实际上，我从1945年就开始干这活儿了。后来是在我父亲拍的一部电影《圣玛蒂诺的疯子》（*Folle di Marechiaro*, 1952），阿尔多·西尔瓦尼[1]主演，作为助理，我跟了影片的全部拍摄，还在里面演了个年轻的美国下士，那时候我不过才十六岁，但看上去可老多了。

接着，我父亲把我介绍给卡尔米纳·加隆尼，我跟着他拍了一系列歌剧电影：《命运》（*La Forza del destino*）、《浮士德》（*Faust*）、《游吟诗人》（*Il Trovatore*），等等。我烦歌剧，到今天也是。大家建议我也上去指导一下，我不行，那玩意儿太容易让我发笑了。当我看到一个男演员一边骑着马一边唱歌剧，我就喷笑不止，简直太滑稽了！

森索洛：那几年，您一直是业余的助理导演吗？

莱昂内：我当时就把这活儿当成纯糊口的营生了。1946年的时候，有这么一个有趣的段子。我有个朋友认识德·西卡，向他提到了我。完全是偶然的。我就去看他。当德·西卡知道我是罗伯托·罗贝尔蒂的儿子，就雇我到他正筹备的片子中当助理。他事先说明不会付钱给我，但我可以在片中演个小角色，这样我还能有点工钱。我同意了。结果事儿就来了。我必须穿神父的衣服，

---

[1] 阿尔多·西尔瓦尼（Aldo Silvani, 1891—1964），意大利电影演员，1934到1964年间曾在百余部影片中出演角色。

在这个衣服里面，我穿了一件全新的毛衣，黄色的。结果拍戏的时候，剧情需要下雨，我的红外套褪色了，把里面的黄毛衣染了，最后我的衣服就变成一道儿红、一道儿黄。大家都拿我寻开心，他们说我应该去演罗马火炬，因为火炬就是这个色儿的。我觉得一点都不好笑，因为我的毛衣完了，而德·西卡又不会给我报销。我费了好长时间跟他们说理，最终他们还是付给我钱了。这部电影就是《偷自行车的人》(*Ladri di biciclette*, 1948)。

森索洛：给你父亲演士兵，给德·西卡演神父，您那个时候没想过要当一个演员吗?

莱昂内：不算吧。这些经历让我知道我到底能做什么。我在自己身上寻找我真实的东西。这应该是某种无意识的对于我父亲曾经是个演员的反射。我熟悉他那些作为演员和导演的照片，我想做他做过的一切。这对于一个少年来说也是自然的。

森索洛：作为助理导演，您还拍过别的片子吗?

莱昂内：太多了！我跟随我的教父一起工作，就是马里奥·卡梅里尼。他人非常好。他给我留下了太深刻的印象！亚历桑德罗·布拉塞蒂也一样，人非常不错。1948年时，我协助他拍摄了《罗马屠城记》(*Fabiola*)。不过，老实说，所有导演都让我印象深刻。他们的优点和缺点都给我留下同样多的印象。所以，我很快就知道什么东西应该做，而什么东西不应该去做。

森索洛：您那时有什么爱好吗?

莱昂内：很少。我的主要时间都用来做助理导演和完成学业，很难再做别的事儿。我经常去看我小时候的朋友，但我已不再是

"流浪儿"了。从十四岁开始我就不玩了,我经常见的朋友,就像女朋友一样,是那些我在拍电影时遇到的朋友。而我唯一的爱好,就是看电影。

森索洛:当时您从事政治活动吗?

莱昂内:我父亲曾是共产党。他跟《村庄报》[1]的总编关系很密切,就是托马索·施密特[2]。而我则倾向于社会党[3],但这并不容易,因为南尼[4]还在跟共产党打交道的时候我就讨厌他,社会党的头儿,他创建了基督教民主党[5]。如果没有共产党的联盟,这个党就不可能存在。我可以说我太了解作为一个社会党人的失望了。我在《革命往事》中表达了这种幻灭感。

森索洛:您喜欢新现实主义所追求的东西吗?

莱昂内:我预感到了这场运动的重要性,与其他电影之间有相当大的区别……这是一些非常必要的影片,它们讲述真实的东西,这在法西斯统治二十年后是非常有益健康的东西。但这不是我钟爱的电影。安东尼奥尼[6]的影片让我打不起兴趣。后来,我很喜欢他的《放大》(*Blow-up*, 1966),但那是另外一种东西了。

---

[1] 《村庄报》(*Paese Sera*)是1948年1月由意大利共产党创建的罗马日报。莱昂内在本书中还讲述了他与该报一位影评人的故事,参见第七章。
[2] 托马索·施密特(Tomaso Smith, 1886—1966),意大利记者、作家和编剧。
[3] 意大利社会党(PSI, 即 Partito Socialista Italiano),创建于1892年,1925年被意大利法西斯党解散。二战后参与政府,1947年成为反对党。
[4] 即意大利社会党领袖乔万尼·里希维托(Giovanni Ricevuto),人称"南尼"(Nanni)。
[5] 基督教民主党(DC, 即 Democrazia Cristiana)创建于1942年,是二战后意大利执政时间最长的政党(1944—1994)。
[6] 米开朗琪罗·安东尼奥尼(Michelangelo Antonioni, 1912—2007),意大利电影大师。

可是我认为卢奇诺·维斯康蒂是一位伟大的导演，但我又不认为他是一位作者。我们可以拿他与托斯卡尼尼[1]做比较。他很杰出，但他不是威尔第[2]。维斯康蒂的影片真的非常精彩，但我认为他没有什么可说的。我也很喜欢皮亚托·杰尔米[3]和罗西里尼，尤其是德·西卡，对我来说，德·西卡是他们中最优秀的。

森索洛：您是什么时候放弃学业的？

莱昂内：1949年。我父母离开了罗马，我一个人留下来。我决定在电影界全职工作。在1945年，我是意大利最年轻的助理导演。四年后，我成为职业助理导演。

我在马里奥·卡梅里尼《黑狱香魂》（*Il brigante Musolino*, 1950）的剧组工作。阿美迪奥·纳扎里[4]是主演，西尔瓦娜·曼迦诺[5]跟他演对手戏。她给人感觉完全不在乎电影，这似乎来自她内心的感情。可一旦摄影机开始工作，她就能表演得异常准确。这就是本能。正如她成为一种"上镜现象"（phénomène photogénique），她

---

[1] 阿尔图罗·托斯卡尼尼（Arturo Toscanini，1867—1957），意大利著名指挥家、大提琴演奏家。

[2] 威尔第（Giuseppe Fortunino Francesco Verdi，1813—1901），意大利歌剧复兴时期最具代表性的作曲家。莱昂内此处用作曲家和指挥家的区别来阐述他对维斯康蒂的评价。

[3] 皮亚托·杰尔米（Pietro Germi，1914—1974），意大利导演、演员、编剧，他的早期作品属于意大利现实主义作品，后期以拍摄意大利式喜剧闻名。作品有《铁路员工》（*Il Ferroviere*, 1956）、《意大利式离婚》（*Divorzio all'Italiana*, 1961）等。

[4] 阿美迪奥·纳扎里（Amedeo Nazzari，1907—1979），意大利演员。曾在费里尼的《卡比利亚之夜》（*Le notti di Cabiria*, 1957）中扮演他自己。

[5] 西尔瓦娜·曼迦诺（Silvana Mangano，1930—1989），意大利女明星，早年是模特，1946年赢得"罗马小姐"选美比赛，后成为电影演员。莱昂内在后文中提到曾暗恋她。

被所有的表演学校所研究,包括美国的演员工作室[1]。

为了验证这种奇迹般的表演,我特地到德·西卡的《终站》(*Stazione Termini*, 1953)剧组探班。德·西卡给蒙哥马利·克里夫特[2]拍一个镜头。这个演员体现出一种令人震惊的感染力,一种叵测的绝望感。当这个镜头拍完,德·西卡把头凑过来,对着我耳朵小声说:"你知道他在想什么吗?我告诉你,他在想自己的脚很难受。"但在克里夫特的脸上,我们只能感受到那种独特的表情。

森索洛:您为吕奇·科曼奇尼[3]做过助理吗?

莱昂内:做过好几次。在1940年代末,人们认为他是一个非常奇怪的导演。他能拍出非常好的电影,也能拍出非常差的电影。通过他,我认识了迪诺·德·劳伦蒂斯[4],我跟他非常谈得来。所以,他在他制片的好几部电影里都用我做助理导演,比如说给马里奥·索尔达蒂[5]……

---

1 演员工作室(Actors Studio)是美国职业演员、戏剧导演和剧作家的成员组织,1947年由伊利亚·卡赞(Elia Kazan)、谢里尔·克劳福德(Cheryl Crawford)、罗伯特·刘易斯(Robert Lewis)和安娜·索克洛(Anna Sokolow)创建于美国纽约。该组织专门从事职业演员训练,以培养演员和研究表演方法著称,曾对1950年代的美国戏剧和电影产生相当大的影响。培养了大量的著名演员,如马龙·白兰度、保罗·纽曼、阿尔·帕西诺等。莱昂内在本书中提到的许多演员如埃里·沃勒克、罗德·斯泰格、特伦斯·希尔等也来自这个组织。
2 蒙哥马利·克里夫特(Montgomery Clift, 1920—1966),美国演员,一生拍摄过十七部影片,曾获四次奥斯卡奖提名,作品有《郎心似铁》(*A Place in the Sun*, 1951)和《乱世忠魂》(*From Here to Eternity*, 1953)等。
3 吕奇·科曼奇尼(Luigi Comencini, 1916—2007),二战后意大利喜剧片的重要导演,作品有《面包、爱情和幻想》(*Pane, amore e fantasia*, 1953)、《木偶奇遇记》(*Le Avventure di Pinocchio*, 1972)等。
4 迪诺·德·劳伦蒂斯(Dino De Laurentiis, 1919—2010),二战后最活跃的意大利制片人,与意大利制片人卡尔罗·庞蒂齐名,为意大利电影走上国际舞台做出了贡献。
5 马里奥·索尔达蒂(Mario Soldati, 1906—1999),意大利作家、导演。

森索洛：您跟马里奥·伯纳德的合作特别多。

莱昂内：我非常喜欢他。他拍片时，总有一种特殊的气氛，一种非常活跃的东西……马里奥·伯纳德来自默片时代。在当导演之前，他曾是一位非常伟大的演员和明星，简直是意大利的鲁道夫·瓦伦蒂诺……他曾跟许多了不起的女演员演戏，确切地说，他主要是跟丽达·伯莱里，他名扬世界。在国外，人们预定马里奥·伯纳德的片子从来不讨价还价，故事根本不重要。很简单，只要伯纳德的名字在上面，就足以吸引老百姓了。后来，他做了导演，甚至在德国电影的黄金时代为乌发（UFA）拍片。因此1920年代末，他准备在柏林拍电影。他曾宣称玛琳·黛德丽根本演不了喜剧，过了不长时间，人家成了"蓝天使"。[1]事实上，伯纳德没受过多少教育，比较天真……他喜欢情节剧。在另一方面，他具有一种典型罗马式的精神和智慧。他曾是贝托里尼的挚友，跟阿尔多·法布里齐[2]也特别熟。他特别善于感受罗马，其实，是他导演了第一部意大利新现实主义作品《商贩与女人》（*Campo di fiori*, 1943）。费里尼曾经研究过这个剧本，法布里齐和安娜·马尼亚尼（Anna Magnani）任主演，那是在1943年。他一直表现不错，因为他是个非常结实的匠人，尽管他很晚才有了风格的概念。他是个保守主义者，哪怕是在技术语言上。因为他在法国拍摄了很多年，所以他总是把术语弄混。我第一次跟他干活时，他让我把摄影机架好，给女演员拍一个"景"（tableau），我没明白，但也不敢问，我只好跟他过去的助手打听，结果，对于伯纳德来

---

[1] 玛琳·黛德丽（Marlène Dietrich, 1901—1992）默片时期出演过十八部影片但始终默默无闻，后因《蓝天使》（*Der Blaue Engel*, 1930）一举成名，成为炙手可热的明星。莱昂内这句话是双关语。

[2] 阿尔多·法布里齐（Aldo Fabrizzi, 1905—1990），意大利著名演员、导演。

说，所谓"景"就是特写。这需要逐渐熟悉才知道。

跟他在一起拍戏，我们经常忙得团团转。我们早上8点开工，到下午3点才能收工，中间没有休息。之所以3点能收工，还是因为伯纳德下午三点半要到床上休息一会，他要吃一个三明治，再一直睡到下午6点，接着，他会一直干到凌晨2点。当我们拍根据萨尔瓦多·迪·贾科莫[1]小说改编的《祝愿》（*Il Voto*, 1950）的外景戏时，发生了这么一件事。我们要拍一艘船在人群簇拥下离岸。第一次拍摄时，中间赶上他要停一会儿，吃点早餐，我们知道他特喜欢吃一种特别费事的贝类，就给他订了一大堆。他明白我们这么干是为了能休息久一点，他说："兔崽子们，你们还跟我耍心眼儿。我用餐的时候，你们全去给我铺平移镜头的轨道，然后调整镜头。这是今天最后的活儿，直到你们就绪了，我才回家。"吃完了所有的贝壳，他又回到拍摄地。我负责指导群众演员的表演，例如那些表演敬礼的，表演哭的，表演飞吻的，表演相互说话的，等等。但伯纳德打断我，喊着说马上开拍。但是操机员反对，他说他还不知道该怎么拍，应该再排练一遍，才能拍好这个平移镜头。伯纳德把他给骂了，命令我们开机，然后推轨。整个剧组都惊呆了。我解释说我还没指导完群众演员。伯纳德怒了："没什么好解释的了！"他拿起一块手绢在人群前挥舞着，"大家都看我，我就是船……开机！……大家都看我，我就是船……"他重复着这个奇怪的句子，在码头上跑着。但他没看到我们铺的轨道，一直在说："大家都看我，我就是船！"结果他一下子被轨道绊倒了，跌到了河里。他不会游泳，他从水里冒出来时，吐了一口水后喊道："大家都看我，我就是蠢货！"然后又沉了下去。

---

[1] 萨尔瓦多·迪·贾科莫（Salvatore di Giacomo，1860—1934），意大利那不勒斯诗人、编剧和歌词作者。

我们赶快下水把他救上来。

还有一次，我们准备拍《爱的夜晚》(*Tradita*, 1954)。我们在选角上遇到点问题。当时，法国男演员皮埃尔·克莱索瓦[1]和意大利女演员露西亚·波赛[2]已经定下来了，但我们正犹豫用谁做第二女主角。我们需要一个年轻漂亮的女孩，有人介绍女新人维尔娜·利西[3]。这是一部很重要的电影，是尼诺·诺瓦雷塞[4]写的剧本，所以我们需要马上做决定。

我去经纪公司时，看到一个年轻女孩正从他们公司的楼里走出来。她长得非常漂亮，扎着两根小辫子。见到经纪人后，我说一个真正的美女就住在他们这个楼里。我讽刺他说，你们天天见面，却没发现人家就是大美人。然后我描述了一下她的样子，经纪人听我说完，噘着嘴拿出一张照片。他嘟囔道："这是一个法国小演员，人家是陪着丈夫来罗马的。她丈夫在罗马影城[5]给马克·阿雷格莱[6]的《永远的女神》(*L'Eterna Femmina*, 1954)做助理导

1　皮埃尔·克莱索瓦（Pierre Cressoy，1924—1980），法国演员。
2　露西亚·波赛（Lucia Bosé，1931—2020），意大利女演员，1947年"意大利小姐"，在朱塞佩·德·桑蒂斯（Giuseppe De Santis）的《橄榄树下无和平》(*Non c'è pace tra gli ulivi*, 1950) 中初登银幕，曾在安东尼奥尼的《爱情纪事》(*Cronaca di un amore*, 1950) 等影片中任主演。
3　维尔娜·利西（Virna Lisi，1936—2014），意大利女演员，早年以饰演美丽性感的角色闻名，1970年代复出，开始扮演恶毒及复杂性格的女性角色，并因法国影片《玛戈皇后》(*La Reine Margot*, 1994) 获得法国电影恺撒奖最佳女配角奖和戛纳电影节最佳女演员奖。
4　维托里奥·尼诺·诺瓦雷塞（Vittorio Nino Novarese，1907—1983），意大利著名时装设计师兼编剧，后移居好莱坞，1963年因约瑟夫·L. 曼凯维茨（Joseph L. Mankiewicz）的《埃及艳后》(*Cleopatra*) 而获得最佳服装设计奖。
5　罗马影城（Cinecittà），意大利规模最大的电影制作中心，创建于墨索里尼时期的1937年。1950年代，美国史诗片盛行时期，许多好莱坞大制作在这里拍摄，如《宾虚》等。
6　马克·阿雷格莱（Marc Allégret，1900—1973），法国作家、导演。他以发掘和培养一批电影演员和导演而闻名。

演，叫罗杰·瓦迪姆[1]，那个女的叫碧姬·芭铎。"

我会见了她，并把她介绍给马里奥·伯纳德，他在影片中给了她一个角色。不久以后，我在跟罗伯特·怀斯拍《木马屠城记》时，又想到了她，让她在片中演一个女奴，一份只有八天的合约。可仅仅几个月后，她就通过她丈夫的电影变成了家喻户晓的大明星。

---

[1] 罗杰·瓦迪姆（Roger Vadim，1928—2000），法国记者、作家、导演和演员，曾执导《上帝创造女人》(*Et Dieu... créa la femme*, 1956) 等影片，曾先后与碧姬·芭铎、卡特琳娜·德纳芙、简·方达等女演员恋爱或结婚。

5

《木马屠城记》

罗伯特·怀斯

拉乌尔·沃尔什

奥逊·威尔斯和他的一部未完成影片

女人

森索洛：在《木马屠城记》之前，您为美国电影工作过吗？

莱昂内：1950年，我参加了默文·莱罗依[1]的《你往何处去》(*Quo Vadis*, 1951) 的拍摄。当时需要很多助理导演去处理大量的意大利群众演员。人太多了，每天大概有两千多人。我不会说英语，不过这根本不重要。我的工作就是指导群众场面和战争场面。那时候我跟默文·莱罗依之间没签任何协议。到了《木马屠城记》，我跟罗伯特·怀斯建立了友谊，我们在一起聊过很多东西，因为他能说法语。他希望我能学英语，希望我给他接下来的几部影片做副导演。他甚至建议我跟他去美国，这显然不是一时头脑发热做出的决定。怀斯特别感激我帮他处理了群众演员的问题。影片刚开拍的时候，这群浑蛋简直乱成一锅粥，完全没纪律。当我到剧组时，他们让我随便怎么管理，制片方也同意这么做。两天后，他们就全老实了。

森索洛：您是怎么做的？

莱昂内：在当时，我是意大利最好的助理导演，总是能接到

---

[1] 默文·莱罗依（Mervyn LeRoy, 1900—1987），美国导演、演员，曾执导《魂断蓝桥》（*Waterloo Bridge*, 1940）。

片子。我有手腕专门对付那些爱惹事的群众演员。因为他们知道最好不要惹我，换句话说，如果我不要他们，他们可能从我这里再也接不到戏了。所以他们怕我，我收拾他们绰绰有余。

森索洛：您是在拍这部片子时认识拉乌尔·沃尔什的吗？

莱昂内：他负责指导战斗场面，跟他在一起干活非常舒服。对我来说，他就是电影的同义词。我特别喜欢他的电影。他刚来时对我说："我知道你跟怀斯关系不错。"接下来，我们一起研究了几场战争戏，他希望能拍得真实一点。他成功地得到了这种现实主义效果，也正因如此，两个人在拍摄中丧命。

森索洛：他知道您认为他是好莱坞最好的导演之一吗？

莱昂内：我跟他说过。他清楚人们非常喜欢他的电影，他很在乎这个。但是他想表现出与别人没什么差别。别的不说，首先他是非常专业的。拍这部片子时,他真诚地说："我就是干我的活，仅此而已。"在工作时间之外，他的生活非常丰富，喝酒、女人、打架。无论发生什么，他第二天肯定会准时出现在片场，总是那么准确，总是那种效率。一种本性……

森索洛：那时候您还接触过其他美国电影界的人物吗？

莱昂内：当然，奥逊·威尔斯。我是《男人，野兽与美德》（*L'Uomo, la bestia e la virtù*, 1953）的助理导演，这是斯泰诺的一部片子。威尔斯扮演三个主人公中的一个，但他受不了制片主任，他恨死他了。

一天晚上，威尔斯找我，问我愿不愿意给他一部明天就开拍的片子做助理和制片主任，他要做导演。我说我们得先把斯泰诺的片子拍完。他解释道："迪诺·德·劳伦蒂斯正为这个片子的摄影犯愁呢。爱克发彩色（Agfacolor）洗出来的效果极差，画面上的大海是红色的。我们都停工五天了。"

在那时候，威尔斯的片酬是一百万意大利里拉。他已经跟制片方商量好一笔买卖，如果给他一个剧组让他做导演，他可以用五份片酬来交换。德·劳伦蒂斯已经同意了，拍摄马上就要开始了，但只有威尔斯知道要拍什么。

他对我说："给我找一个人，有一张世界上最难以想象的可怕的强盗脸。"我认识一个小男孩，长得跟墨索里尼一模一样，另外，他脸上有出过天花的痕迹。当我把他介绍给威尔斯时，他马上就想到了墨索里尼："完美！就冲他长得像世上最大的强盗，我就用他了……"他还让我帮他找十几个人扮演追捕他的警察，另外还要一辆真的火车。第一场戏开拍了：警察追强盗，为了逃走，他跳上了一辆正在行驶的火车。

这场戏拍了三个晚上。每次重拍，威尔斯都要那个强盗跑得再离火车近点儿。总是再近点儿，再近点儿……三天后，这个可怜的家伙到我家找我。他颤抖着对我说："莱昂内先生，行行好吧！对威尔斯先生说，我拍电影是为了活着，不是为了找死。"

森索洛：其他镜头拍完了吗？

莱昂内：没有，后来变得非常神秘。威尔斯要用四个小时化装，他自己给自己设计服装。他到片场的时候就戴着一个蓝胡子，披着一个红蓝相间的大斗篷。但他从来不到摄影机前。我后来问他为什么打扮成这样，他对我说："我也不知道。我可能要给自己拍一个特写。一会儿，可能吧……"他从来不说明白话。

森索洛：那时，他是一个神话。

莱昂内：毫无疑问！而且他脾气也特倔，总是发火，摔电话。他还嗜酒。但他也可能变得挺温柔。他迷恋保拉·莫里[1]，他本该马上就娶她的。无论如何，威尔斯很让我着迷，我对他的场面调度充满无限的崇敬。我们此后再也没合作过。但很多年后，我们在布尔戈斯[2]的一家餐馆里相遇，我正在那里拍《黄金三镖客》里几场战争的戏，我给他讲了这个故事，他说我疯了，竟然打算拍一部关于美国内战的电影。除了《乱世佳人》(*Gone with the Wind*, 1939)，所有关于美国内战的电影在商业上都赔个底儿掉。我跟他说我就是要打破这个厄运。那一次，是我说对了。

森索洛：那个时期，您跟哪些女人来往？

莱昂内：在结婚以前，我确实很迷女人。我是跟女人在一起才学会说谎的。实际上，我年轻的时候，同时跟很多女人有关系。分别同三个女人约会，还不让她们知道彼此的存在，这是一件非常复杂的事儿。我需要研究怎么说才能把我一天之内的行程和活动编清楚。这种情况让我感觉非常不自在。每天早上起来，我都需要想象一个新剧本，我设计这些故事，就像拍戏似的：11点，我去看这个女孩，但需要找一些事由，好在下午一点半见第二个情人。我还需要一个完美的不在现场证明，因为第一个女孩还要打电话去核实。她不应该猜到我真正的时间安排……以此类推，这个剧本将没完没了……我是拍电影的，干这行很容易就接触到女孩子，新人、小明星、甚至大明星。我主要是被她们美丽的

---

[1] 保拉·莫里（Paola Mori, 1928—1986），美国女演员，曾在奥逊·威尔斯的《阿卡丁先生》《审判》等影片中饰演角色。
[2] 布尔戈斯（Burgos）是西班牙北部的城市。

身体吸引,我对女人的智力不感兴趣,但这不等于鄙视女性,而是一种自我保护的方式:不要迷恋她们的智慧。这些女人都是我生命的过客,仅此而已。这就是我的选择。我甚至喜欢与那些充满智慧的漂亮女人仅仅保持友情关系。我还没准备好做别的事儿。

跟电影界的女人在一起,关系非常明确。我知道她们想干什么。我也知道我会走到哪里。尽管我们经常交汇,但恋爱是没用的。我们知道我们关系的准确含量。首先,我喜欢美人。然后,我知道这些电影界的美女都命运叵测。

森索洛:您是否爱上过一个您无法企及的大明星?

莱昂内:我得承认我曾经疯狂地爱过西尔瓦娜·曼迦诺。她始终不知道。我知道我们根本不可能,我只是偷偷地爱她。

森索洛:除了碧姬·芭铎,您还发现了哪些后来成为明星的女演员?

莱昂内:这种事完全是自动的,尤其在电影界。如果你重看一遍格雷戈里·莱托夫[1]的《黑魔王》(*Black Magic*, 1949),你会发现奥逊·威尔斯周围总是那几个小的女性角色,她们是西尔瓦娜·曼迦诺、艾莲诺拉·罗西-德拉格[2]、西尔瓦娜·潘帕尼尼[3]、吉

---

1 格雷戈里·莱托夫(Gregory Ratoff),俄罗斯裔美国导演、演员。
2 艾莲诺拉·罗西-德拉格(Eleonora Rossi-Drago, 1925—2007),意大利电影演员,曾主演安东尼奥尼的《女朋友》(*Le Amiche*, 1955),并曾主演杰尔米、祖里尼等导演的作品,1970年代后息影。
3 西尔瓦娜·潘帕尼尼(Silvana Pampanini, 1925—2016),意大利女演员,1946年意大利小姐,主要活跃在1950年代。

雅娜·玛利亚·卡纳尔[1]、吉娜·劳洛勃丽吉达[2],她们后来都成为意大利最大腕的明星。

森索洛:在那个年代,索菲亚·罗兰[3]和吉娜·劳洛勃丽吉达成为美的象征,您对她们怎么看?

莱昂内:她们都拥有一种天然的智慧。她们魅力的本质都来自一种原生性。一个是那不勒斯人,另一个也差不多,但她俩就像所有漂亮而且知道自己漂亮的女人一样,都是有害的,而且她们非常正确。她们非常清楚自己要走的路。吉娜可能没有索菲亚那么果断,她非常爱她的丈夫,一个东欧的医生,他引导着她。然而,索菲亚·罗兰都是自己做决定。卡尔罗·庞蒂[4]是在她最出名的时候走进她的生活的,尤其在拍《阿依达》(*Aida*, 1953)和乔万尼·罗卡迪[5]的《水底下的非洲》(*Africa sotto i mari*, 1953)之后,她开始有些国际影响了。庞蒂和她走到一起,她的事业于是锦上添花……

---

1 吉雅娜·玛利亚·卡纳尔(Gianna Maria Canale,1927—2009),意大利女演员,1947年意大利小姐选美中输给露西亚·波赛,获第二名,后与导演里卡多·弗雷达(Riccardo Freda)结婚。
2 吉娜·劳洛勃丽吉达(Gina Lollobrigida,1927—),1950年代意大利最耀眼的明星。1970年代后淡出电影界,从事摄影报道工作,曾拍过保罗·纽曼、萨尔瓦多·达利等名人的肖像照。
3 索菲亚·罗兰(Sophia Loren,1934—),意大利最著名的女演员之一,国际性感偶像。
4 卡尔罗·庞蒂(Carlo Ponti,1912—2007),意大利著名制片人,一生制作过一百五十多部影片,曾与大卫·里恩、费里尼、安东尼奥尼、阿涅斯·瓦尔达、让-皮埃尔·梅尔维尔、戈达尔等导演合作。
5 乔万尼·罗卡迪(Giovanni Roccardi,1912— ?),意大利导演,作品不多,主要活跃于1950年代。

森索洛：您当时去过妓院吗？

莱昂内：我年轻时去过妓院。之后，《梅里尼法案》(Loi de Merlini) 禁止了妓院。我当时经常去一个秘密的风化场所，你能在那儿看到很多难以想象的大人物，女孩都像好莱坞明星一样漂亮，她们都是享有很高声誉的人。有时，一个大地产商会包场搞狂欢，或者让某个将军秘密光临。有两次，我喜欢上了风尘女。对我来说，她们都有着倾国倾城的美貌，那时我还是少年，我就想离家出走跟她们生活在一起。但她们都劝我，不应该就这样放弃一切……只要我想的时候去看她们就好。她们都比我世故，她们都非常美……

森索洛：您是否失恋或热恋过？

莱昂内：在我结婚以前，我跟一个女人一起生活了八年，索马里小姐（Miss Somalie）[1]，一个克罗地亚和坦桑尼亚克里奥尔人的混血儿，她后来成为意大利小姐。非常美，拥有完美的线条，就像一个雕塑，一件艺术品。女性之美的顶点。正因如此，我们不能一起去海滩，她一走出更衣室，外面就得打起来，我必须面对脏话和挑衅。但我真的不嫉妒。当我感到自己嫉妒时，就试着说服自己。如果实在不行了，我会分析解决问题的可能性。一旦这些行不通了，那最好是分手了。

森索洛：您是什么时候结婚的？

莱昂内：1960年，跟卡尔拉（Carla Leone）。我是十三年前认识她的，那时我只有十九岁，她只有十六岁，但她那时看上去还

---

[1] 即索马里共和国小姐，莱昂内始终没有透露她的姓名，很难考证其真实身份。

不到十二岁。我的一个童年伙伴向她献殷勤,我那时说他追那么小的女孩简直有病。他辩解说她根本没有看上去那么小。之后的十一年里,我没见过这个卡尔拉。

一天晚上,我要参加一个晚宴,应该有一个金发女郎陪着我,一个非常美的美人儿。有一辆车到罗马影城接我们,开车的就是卡尔拉。我都没认出来她,但她认出我来了,她还想起我们过去跟她见面的事儿。这有点像一见钟情,整个晚宴,我把那个漂亮的金发女郎丢到一边,跟她聊了起来。我还不怎么了解她呢,我们的关系就开始了。当我告诉那个童年伙伴我要娶卡尔拉时,他张大嘴巴说不出话来。他觉得这简直太棒了!

森索洛:当时,卡尔拉也从事电影工作吗?

莱昂内:不是。她是芭蕾舞演员,她有着惊人的舞蹈天赋。她一登台,范儿一下子就能亮出来。她是一个不幸长得很矮的伟大艺术家,在那个时代,如果没有模特般的个头儿,很难成为明星。

6

埃米尔·库奇奈

弗雷德·金尼曼

《非洲》

亚历山大·特劳纳

《宾虚》

森索洛：1960年以前，您有自己的拍片计划吗？

莱昂内：《童年往事》的事情给了我一点打击，如果是我自己做导演，我一定要找一个能让我产生热情的题材。但还有别的事要做……今天，所有人都想马上变成导演，而这几乎不可能。在那个时代，助理导演都有另一个念头，包括培特利[1]、罗西[2]、泽菲雷里[3]或者我自己，我们属于另一派。首先，我们害怕拍出一部不卖座的电影，因为那样可能就再也不能做助理导演了；再者，我们面对制片人时顾虑重重，不想拍一部不成功的处女作而把他们给毁了。

森索洛：那您是否做过超出助理导演职责的工作呢？

---

1 艾利欧·培特利（Elio Petri, 1929—1982），意大利导演、编剧，早年为朱塞佩·德·桑蒂斯等导演做助理导演（《罗马十一时》），其作品《对一个不容怀疑的公民的调查》（*Indagine su un cittadino al di sopra di ogni sospetto*, 1970）曾获第43届奥斯卡金像奖最佳外语片奖。
2 弗朗西斯科·罗西（Francesco Rosi, 1919—2000）早年为维斯康蒂等导演做助理导演（《大地在波动》）。曾参与《西部往事》的剧本工作。
3 佛朗哥·泽菲雷里（Franco Zeffirelli, 1923—2019），意大利导演、编剧、制片人，以改编莎士比亚戏剧作品闻名，作品有《罗密欧与朱丽叶》（1968）、《奥赛罗》（1986）、《哈姆雷特》（1990）等。

莱昂内：我有一次薪酬比导演还高，当时制片人知道是我指导了一些戏。那是一个阿尔多·法布里齐的片子，我几乎导了所有的戏，他是演员，但影片的导演署名是他。

森索洛：那时您接触过外国演员吗？

莱昂内：我跟法国演员皮埃尔·克莱索瓦是非常好的朋友。我是通过伯纳德跟碧姬·芭铎拍的那部片子认识他的。他当时还只是非常年轻帅气的新人，一个出色的演员。他曾是很多大牌女明星的情人，很多意大利导演特别喜欢他。我做助理导演时，他非常信任我。他看着我，好知道戏演得是否到位。克莱索瓦也是一名医生，他知道他得的是癌症，因为他熟悉那些症状。他以一种高度的清醒与这种疾病生活在一起。自知生命将尽时，他跟我暗示过。我们始终是最好的朋友，直到他逝世。

森索洛：那时您觉得哪个制片人最有趣？

莱昂内：埃米尔·库奇奈[1]，我曾给他的《幻影码头》（*Quai des illusions*, 1959）做过意大利助理，那是一部路易·塞涅[2]和法兰西剧院（Comédie Française）实习生联合出演的悲喜剧。我到达波尔多时，拍摄已经开始了。库奇奈非常高兴，因为他第一次用西涅玛斯科普[3]来拍，他确信他导的戏在宽银幕上会更加精彩。他

---

[1] 埃米尔·库奇奈（Émile Couzinet, 1896—1964），法国导演、制片人、电影实业家，曾在法国拥有自己的制片公司和院线。
[2] 路易·塞涅（Louis Seigner, 1903—1991），法国戏剧演员、电影演员，毕业于法兰西剧院。
[3] 西涅玛斯科普（CinemaScope）是一种宽银幕镜头，1927年由法国物理学家亨利·雅克·克雷蒂安研究并发明的技术。这是一种变形宽银幕镜头，可使影像产生横向变形，使画面获得更大的展宽，为宽银幕的诞生奠定了技术基础。该项专利最早于1952年被20世纪福克斯公司购买并应用到电影拍摄中。

让我来看前两天拍好的几条胶片。我们只能看清景深和景深处的几个阴影。库奇奈愤怒了,大呼他用错了西涅玛斯科普。我不明白,他就炸锅了,把拍好的画面给我看。我跟他解释说这很正常,因为你用的是25毫米的镜头。他咆哮起来:"那……那西涅玛斯科普是什么玩意儿?我把机器放到最远的地方,尽可能把景拍得更大。但根本不行,我上当了。"我当时很无奈,我明白了,原来他以为西涅玛斯科普就是变形放大器呢……所有工作都停了下来。之后,影片在更加严肃的气氛中重新开机了。我们是不是可以这么说……库奇奈真是一个活宝人物。每条拍完,他都要用他的大嘴巴发出一些声音,听起来像放屁一样:"卟!卟!太好了!卟!卟!太他妈棒了!"

森索洛:跟他在一起拍片应该跟其他美国导演感觉不一样。

莱昂内:这根本不用说。但一些大制作我也没问题。在拍《木马屠城记》之前,我也跟着布拉塞蒂和加隆尼拍过类似的片子,歌剧电影或历史神话片,比如《东方智慧和妓女》(*Frine, cortigiana d'Oriente*, 1953)或《爱情女神阿佛洛狄忒》(*Afrodite, dea dell'amore*, 1958)。我已经知道如何指导群众演员了。当然,美国大片厂有更多的手段。他们来的时候就像个军队,他们的头儿就是制片人。但《宾虚》除外,导演威廉·惠勒被允许可以随便拍,这很疯狂。每拍一个画面,都要带着那些马试三次戏……

他们把一切建立在一种我们可以定义为所有组织者中最完美的组织上。一切都被系统化地分割了,直到极限。我是第一助理导演,如果我跟负责武器的道具师要一把剑,他必须经过总道具师的同意才能给我,必须找到后者。当我们找到总道具师时,我说我要一把剑,他把剑交给一个职员,再让那个职员交给我。这需要一个多小时!

森索洛：您是怎么加入《宾虚》剧组的？

莱昂内：当时我是参与大场面电影拍摄最多的意大利助理导演。尽管我英语说得不太好，但那些说得好的人不如我熟悉这个工作。关键是他们请我来做，我的薪水非常高。他们愿意给我提供一个翻译，以便我与导演沟通。因为怀斯和沃尔什都对我非常满意，所有美国人都这么说。只要影片在意大利的土地上拍摄，我就会被告知去做助理导演。所以在拍《宾虚》之前，我跟弗雷德·金尼曼拍了《修女传》。

森索洛：您喜欢他的其他片子吗？

莱昂内：我很喜欢《乱世忠魂》。弗兰克·辛纳特拉[1]确实很了不起，在制片方的一片反对声中，他赢得了这个角色。科波拉在《教父》（*The Godfather*, 1972）中讲了这个故事。《正午》的特征让我很感兴趣。尽管有加里·库珀出演，但没有人愿意放映这个西部片。人们不觉得这片子能卖好，是首席剪辑师挽救了它的命运。他拍了铁轨、空空的车站和钟表。接下来，他把这些镜头剪在片子里，以提供一个时间、地点和行动彼此统一的印象，一种真实时间……这成功了。个人来讲，《正午》让我感兴趣的是它的双重含义。编剧是"黑名单"里的达尔顿·特朗勃[2]，他无法在

---

1 弗兰克·辛纳特拉（Frank Sinatra, 1915—1998），意大利裔美国著名爵士歌手、演员，被公认为20世纪美国最重要的流行歌手，曾十次获得格莱美奖。
2 达尔顿·特朗勃（Dalton Trumbo, 1905—1976），美国编剧、小说家，作品有《斯巴达克斯》（*Spartacus*, 1960）、《出埃及记》（*Exodus*, 1960）等。麦卡锡主义时期曾被列入黑名单，是"好莱坞十君子"之一。

影片中署名。所以，他是在通过一个牛仔故事谈论麦卡锡主义[1]下的美国局势。非常吻合：朋友的背叛，那些对你紧闭大门以免受牵连的人……那是一部真正的政治寓言。

森索洛：《修女传》的拍摄是在非洲……

莱昂内：撒哈拉沙漠以南的非洲对我来说是一次剧烈的碰撞（choc）。刚果是一个神奇的国家。我甚至在那里见到了卢蒙巴[2]。他拿着推荐信正在邮局投递……那是在斯坦利维尔[3]，三千白人管理着十万黑人。白人住的都是豪华别墅，有巨大的游泳池……而黑人们则生活在困苦中。我跟土著人一起工作，就因为我看出他们患了疟疾，然后到医院找一些药给他们，他们就视我为圣人。从来没有白人给他们哪怕一片阿司匹林。他们过着连动物都不如的生活。所以那里发生暴力叛变合乎情理。人们感到这样一种状态无法再继续下去了。我对那些白人殖民者说："您不知道，但是，您已经死了，您就是尸体。您甚至连一片阿司匹林都不肯给这些人，人们不能这样生活下去。他们会反抗您，而他们会胜利。"事实上，这件事没过多久就发生了。

森索洛：剧组中有很多欧洲人吗？

---

[1] 麦卡锡主义（McCarthyism）是在1950年代初的美国，由参议员约瑟夫·雷蒙德·麦卡锡（Joseph Raymond McCarthy）煽起的全国性的反共"十字军运动"。麦卡锡是共和党人，他任职期间，大肆渲染共产党侵入政府和媒体，促使成立"非美调查委员会"，在文艺界和政府部门煽动人们互相揭发，许多电影界人士，包括查理·卓别林等，都受到迫害。

[2] 卢蒙巴（Patrice Lumumba, 1925—1961），刚果民族解放运动领袖，刚果共和国第一任总理。

[3] 斯坦利维尔（Stanleyville），即基桑加尼（Kisangani），刚果民主共和国东方省首府。

莱昂内：奥黛丽·赫本是比利时人。生活中，她就像一个非常简单的年轻女孩。但画面上的她变得令人惊叹地"上镜"。

还有亚历山大·特劳纳[1]。这个匈牙利籍犹太人其实是个布景师和纪录片导演。他为了在摄影棚里搭建教堂，把比利时的所有教堂都分析了一遍。同样，他也为摄影机的使用提供了很多便利。特劳纳是个天才。

至于弗雷德·金尼曼，他是奥地利人。他总是问我意大利什么时候把特伦蒂诺-上阿迪杰[2]归还给奥地利。他每天都对我说这些。我最后对他说：如果这事归我管，我马上就把上阿迪杰还给他！可惜，我不是能决定这件事的人。我跟他说得很清楚，我对这件事真的无所谓。

最终，与平庸的原著小说比，他的片子还没那么差。需要说的是，金尼曼为这部短短两小时的片子用掉了三十五万米的胶片。当他走进一个背景，他用各种角度拍那些最小的细节：墙壁、摆设、手、地板、屏风……他什么都不放过。

森索洛：那《宾虚》呢？

莱昂内：我正好在这片子之后去做《宾虚》。我从没见过惠勒，他是这部影片的领衔明星，在查尔顿·赫斯顿（Charlton Heston）之上……查尔斯·赫斯顿刚拍完《锦绣大地》（*The Big Country*, 1958），在全世界上映，但他对一个镜头不满意，决定在拍《宾虚》

---

1 亚历山大·特劳纳（Alexandre Trauner，1906—1994），匈牙利布景师，主要在法国工作，以布努埃尔的《黄金时代》开始职业生涯，为多部法国影片担任布景设计。
2 特伦蒂诺-上阿迪杰（Sud-Tyrol，德语是 Trentino-Südtirol、意大利语是 Trentino-Alto Adige），意大利北部的一个自治区，最早是奥匈帝国蒂洛尔郡（Tyrol）的一部分，第一次世界大战中被意大利占领。

时重拍这个镜头，我们让查尔顿·赫斯顿过来，穿着一身牛仔装，到罗马竞技场里。惠勒在里面拍了他好几个小时，直到他得到了满意的镜头。接下来，他让人把这个镜头插入所有制作好的拷贝里，包括那些已经在院线放映的……这难以想象，却是真的。这显示了他在那个时代所拥有的巨大权力。

我们第一次见面时，他问我罗马人是不是光脚走路。我回答说他们穿着凉鞋（sandale）。他作为一个完美主义者还不错，但他对历史所知甚少。他让人运来布景和服装，都来自好莱坞。一切都在最微小的细节上准备好了。但他还是有疑问，所以，他请来一位罗马帝国的研究专家，我负责给她展示每样东西：武器、服装、布景、建筑和模型……在天黑前，她对他说这一切都很漂亮，但过于舞台化了。惠勒打断了她，他要知道这些东西是否符合真实。她呆望着他，惠勒有点急了："我怎么做才能更靠近真实呢？"女专家摇摇头，最后，她放弃了："应该把这些都烧掉！"

森索洛：马车追逐那场戏真是您拍的吗？

莱昂内：惠勒对我说："你看过雷蒙·纳瓦罗[1]演的《宾虚》里的那场马车追逐的戏吗？我要做得比他还好。我们排练并拍摄这场戏直至完美。"从官方角度讲，应该由安德鲁·马顿[2]来负责这场戏，但惠勒把他当成打下手的（une besogne alimentaire）。相反，我喜欢这东西。我甚至因为摄影汽车（car-camera）的机位太高而发明了一种雪橇机械（système de traîneau），我们做了像小雪橇一

---

[1] 雷蒙·纳瓦罗（Ramon Navarro，1899—1968），墨西哥演员，后移民美国，美国默片时代著名演员之一。惠勒这句话中提到的《宾虚》指的是1925年雷蒙·纳瓦罗主演的默片版，导演是弗雷德·尼布罗（Fred Niblo）。
[2] 安德鲁·马顿（Andrew Marton，1904—1992），匈牙利导演，惠勒版《宾虚》的挂名助理导演，1960年代主要拍摄电视剧。

样的东西，可以放到足够低，以便拍摄那些马。摄影汽车拉着我们，我坐在操机员旁边。如果有一根绳子断了，我们就会被卷到马蹄子和马车轮子下。

森索洛：那演员呢？

莱昂内：史蒂芬·博伊德[1]和查尔顿·赫斯顿在全景镜头里用的是替身，其他镜头里，他们非常敬业。赫斯顿要（与摄影机）保持一定的距离，而他还要听所有人的指令。从专业角度讲，他做到了完美。拍这场戏时，惠勒从没有来过。每天晚上，他都来看工作样片（rushs）。然后，他强迫我们重看一遍弗雷德·尼布罗那版《宾虚》中的马车追逐戏。我们每天晚上都看这片子，从不间断，一直持续了两个半月！

---

1 史蒂芬·博伊德（Stephen Boyd, 1931—1977），英国演员，曾出演六十多部影片，在《宾虚》中饰演米萨拉（Messala）。

7

历史神话片编剧

安东尼奥尼

《末日庞贝》

《罗德岛巨像》

马其斯特式角色的贬值

罗伯特·奥尔德里奇

森索洛：您曾经合作编剧过许多历史神话片……

莱昂内：这是在意大利拍得很多的一个类型。首先有帕斯托纳。二战之后，里卡多·弗雷达[1]和维托里奥·科塔法维[2]重新接过了火炬。但是马里奥·伯纳德拍出了最好的历史神话片。我参与了《东方智慧和妓女》的剧本写作，但演职员表上没有我的名字。在那个时代，我无所谓。我经常在做助理的同时给人写剧本。至于伯纳德，我给他补充想象。我刺激他。然后，我把东西分类，标注那些应该保留和最好放弃的东西。你还不能说那是一个作者的工作。我只限于给他提供他想拍的东西。但是，我确实在《爱情女神阿佛洛狄忒》中署名编剧了。

森索洛：我们也看到您在一部神秘的影片里署名了——由弗雷达、圭多·布里尼奥内[3]和安东尼奥尼联合执导的《罗马冤家》

---

1 里卡多·弗雷达（Riccardo Freda, 1909—1999），意大利电影导演、演员，雕塑家，二战后拍摄史诗片《斯巴达克斯》（*Spartaco*, 1953）等，是前文提到过的意大利女演员吉雅娜·玛利亚·卡纳尔的丈夫。
2 维托里奥·科塔法维（Vittorio Cottafavi, 1914—1998），意大利导演、编剧。
3 圭多·布里尼奥内（Guido Brignone, 1886—1959），意大利默片时代著名导演，执导影片七十多部。

(*Nel segno di Roma*, 1958)。

莱昂内：我确实合作了一些成功的影片，尽管我的参与是非正式的，但整个电影行业都知道是我做的。很多制片人请我给他们写剧本，所以我构思了《罗马冤家》的故事，我甚至写了拍摄脚本（découpage）。但我是一个人工作的，跟弗雷达没有沟通。我必须说说，我不明白为什么法国人对他（弗雷达）的电影那么迷恋，这让我觉得有点喜剧色彩，马里奥·巴瓦[1]要比他更有才。

森索洛：那跟安东尼奥尼呢？

莱昂内：我们认识，但我在《罗马冤家》里没有跟他直接合作。

森索洛：提到安东尼奥尼时，您有一种嘲讽的态度？

莱昂内：对，我是这样。有一天，人们会发现安东尼奥尼和他的不可沟通性（incommunicabilité）会产生很好笑的作品。让我们说得清楚点，我认为他是一个伟大的导演，但作为一个作者，这么做不行。人们重看《红色沙漠》(*Il deserto rosso*, 1964)，听到那些对话会觉得很好笑，那是"平庸之平庸"（la banalité de la banalité）。你不能说："我之所以做平庸的东西，因为生活里有平庸。"作为辩解，这太简单了。但我重申：安东尼奥尼是个了不起的导演。在我们给他注解上"不可沟通性"之前，他拍了一些像《女朋友》这样的杰作。但是，最好把声音关掉再看。

---

1 马里奥·巴瓦（Mario Bava, 1914—1980），意大利导演、摄影师、制片人，被公认为意大利恐怖电影大师，他拍摄的一系列恐怖片后被称为"铅黄电影"（Giallo film），世界邪典电影迷追捧的大师。1956年，里卡多·弗雷达执导《吸血鬼》(*I Vampiri*, 1957)，后放弃，马里奥·巴瓦接替了他的位置。该片虽然票房惨败，但拉开了意大利恐怖电影的序幕。

森索洛：但您曾对我说您喜欢《放大》？

莱昂内：我不喜欢这片子的结尾。但是，我觉得其他部分堪与希区柯克最优秀的片子媲美。生活中的安东尼奥尼比他拍摄的东西幽默多了。甚至有一个关于他的弗朗科·马塞利[1]的段子。这个助理导演马塞利对我来说就是噩梦。我身后有四十部片子，我是意大利最有名、片酬最高的助理导演。人们总是对我说这个马塞利是历史上最伟大的助理导演之一。他什么都没导过，已经被吹成天才了。人们对我说："你啊，你是不错。但是人家马塞利……"他唯一值得荣耀的片子，就是给安东尼奥尼的短片《城市清洁工》（*Netezza Urbana*, 1948）做了助理导演。

最终，他导了一部片子。很快，人们就问，谁是对他影响最大的导演。人们等他说出"安东尼奥尼"的名字。可完全不是，他宣布："我受沟口健二[2]的影响最大。"一段时间以后，他完蛋了。他在街上遇到了安东尼奥尼，想向他借点钱，安东尼奥尼很简单地回答道："去跟沟口健二借吧！"

森索洛：《罗马冤家》哪一部分是安东尼奥尼拍的？

莱昂内：布里尼奥内生病时，他完成了影片。他非常认真。每天结束拍摄之后，他都到布里尼奥内的病床前，讲他当天拍摄的东西。接着，他问布里尼奥内对明天拍摄的戏有什么指导。这是一个非常米兰式的反应。安东尼奥尼做事一丝不苟。他在这部影片中不想违背布里尼奥内的精神。他满足于完成布里尼奥内所

---

1 弗朗科·马塞利（Franco Maselli, 1930— ），意大利电影导演。在莱昂内提到的这段故事之后，他继续从事导演工作至今，但影响微弱。
2 沟口健二（1898—1956），日本著名电影导演，二战后他的一些作品被首次引进意大利。

希望的东西，但应该认识到，影片最后的质量不那么好。

森索洛：在《末日庞贝》[1]的演职员表上，我们看到，编剧中除了你，还有恩尼奥·德·孔奇尼[2]、杜乔·泰萨里[3]和塞尔吉奥·科尔布奇[4]。德·孔奇尼写过很多历史片，他怎么样？

莱昂内：他是跟一个叫帕尔梅里（Palmeri）的编剧学的这一切，这可不是个一般人啊，这个帕尔梅里！他不用写一行字，就能让人填满他的腰包。当一个制片人去找他时，他只需要即兴讲一些故事。他创造故事的能力非常强。他运用各种能吸引制片人的手段。当他正在想象一个东西，却想不出下文时，他就会停一会儿："然后……这时……在一片寂静中……门开了！"制片人等不及要听下文，就凑到他身边。马上，帕尔梅里拍着桌子问道："是谁来了呢？"制片人说他不知道，他也不可能知道啊。马上，帕尔梅里就随便编一个名字，真的完全跟那个时代和那个地方毫无关系的名字。接下来，他不得不组织一些疯狂和奇怪的剧情转折

---

1 《末日庞贝》（*Gli ultimi giorni di Pompéi*, 1959）被认为是塞尔吉奥·莱昂内执导的第一部影片，影片原定为马里奥·伯纳德执导，但他因病放弃，影片完成后，莱昂内坚持导演署名应为马里奥·伯纳德。《末日庞贝》取材自英国小说家、剧作家利顿（Edward Bulwer-Lytton）1834年的小说。这是一部历史神话片，讲述了古罗马的庞贝古城（位于今意大利那不勒斯附近）于公元79年毁于维苏威火山爆发的故事。这个题材在意大利被多次搬上银幕，例如本书中提到的导演卡米纳·加隆尼就曾于1926年执导过。

2 恩尼奥·德·孔奇尼（Ennio De Concini，1923—2008），意大利电影编剧、导演，1962年因《意大利式离婚》（*Divorzio all'italiana*, 1961）获奥斯卡最佳原创剧本奖。

3 杜乔·泰萨里（Duccio Tessari，1926—1994），意大利编剧、导演和演员，参与编导作品百余部。

4 塞尔吉奥·科尔布奇（Sergio Corbucci，1927—1990），意大利导演，以拍摄意大利西部片闻名，声名位列莱昂内之后，但国际影响远不如莱昂内，代表作有《姜戈》（*Django*, 1966）、《伟大的寂静》（*Le Grand Silence*, 1968）。

(péripéties)来继续他的故事,目的是最后让他来负责编剧工作。

当我们离开他的家,制片人倾倒了:"帕尔梅里是个天才。他不喜欢工作,但只要他工作,就是个天才啊!"我也这么认为,我也发现他很天才,不过我想的跟别人不一样。他在抢劫制片人方面有着难以估量的才华。德·孔奇尼跟他很像,完全是同一种作风。他只用羽毛笔写作。有一天,他宣称他能写一部《朱庇特[1]》的历史神话片,他把这个点子卖得特别贵。他回到家里开始编剧本。他拿了一张白纸,然后开始了:"奥林匹亚,白天,外景。"他停下来。他重新读一下,意识到:白天外景?奥林匹亚?……这不可能。他停下来,然后宣布放弃。他也有好几个"笔奴"(negres),比如说《村庄报》的批评家阿吉奥·萨维奥利[2]。我必须说,德·孔奇尼在意识到自己是个共产主义者和诗人之前,曾给法西斯写过赞歌。他是一个业余的共产主义者,但确实是为左派工作。所以,他给《村庄报》的这位朋友找点活儿干。当我开始准备《罗德岛巨像》时,他把萨维奥利安排给我。我看了他写的开头,就觉得没什么好犹豫的了。我对萨维奥利说,我非常明白他的情况,他在报社薪水不高,他需要钱。但很明显,他不喜欢电影,尤其不喜欢这个类型的电影。所以,最好是到此为止。因为要写这样一个故事,需要一些他不具备的习惯、技巧和精神。当然,一个专业人士总能围绕一个他不相信的故事进行创作,但萨维奥利没这个能力。我因此总结说:"去找出纳吧,我付给您钱。在公开场合,我说您的工作让我满意。面对所有人,我都一

---

[1] 朱庇特(Jupiter),古罗马神话中的天神,即古希腊神话中的宙斯(Zeus)。古罗马统治希腊后把希腊神话中的"宙斯"改名为"朱庇特"。
[2] 阿吉奥·萨维奥利(Ageo Savioli),意大利记者、作家,《罗德岛巨像》之前,在四部影片中做过联合编剧。莱昂内最后履行诺言,在该片中为他署名,但此后他没再参与任何电影的编剧工作。

直维护你。但实际上我们最好不要继续在一起工作。我在职员表上保留您的名字。这样大家都好。否则，您就是在浪费时间：您来写，我来读，然后我们会陷入无意义的讨论。"这件事就这么完了。可是接下来，萨维奥利只要有机会就批评我。不久，他给我署名"罗贝尔森"的《荒野大镖客》写了一篇非常好的影评，一首赞歌！他发现这个"罗贝尔森"是一个新的约翰·福特，是美国电影的一个新发现……我感觉必须给他打一个电话。我对他说，"很感动！"，可他完全不明白我为什么打这个电话。我对他说我非常欣赏他的客观，尤其是在我们之间发生过一些事情之后。我补充说，我非常感动于他的评论。可我感觉他似乎越来越惊讶，他问我跟这部《荒野大镖客》有什么关系。这时，轮到我摸不着头脑了。我直言他是唯一不知道在"鲍勃·罗贝尔森"后面其实是塞尔吉奥·莱昂内的记者。我对他说以后就像我根本没打过这个电话一样，然后挂了电话。我看像过去那样继续我们之间的糟糕关系可能更好。这次电话之后，他系统地诋毁我所拍摄的一切，直到他被调到戏剧版面。后来，共产党醉心于我的电影，最近，他们还请我为庆祝《团结报》[1]而组织放映一百部电影呢！

森索洛：那杜乔·泰萨里呢？

莱昂内：他也是德·孔奇尼的一个"笔奴"，是我让他成为助理导演，好多赚一点钱。

森索洛：您真的是《末日庞贝》的导演吗？

莱昂内：马里奥·伯纳德病倒了，我就接替他的位置拍了片子。

---

[1]《团结报》(*l'Unità*)，意大利著名左翼报纸，创建于1924年，意大利共产党的重要宣传阵地。

我还知道塞尔吉奥·科尔布奇挺困难。很多年以来，他一直在拍情节剧。他最新的片子遭遇了人尽皆知的失败。在结尾那场戏，主人公应该去战斗，然后影片变成悲剧，观众会被感动，他们等待着这最后的命运。但是，这个人物冲到街上，"嘭！嘭！"他用手指开枪而不是真的手枪。观众不认可这种玩笑式的结局。座位扶手都被拆下来扔向银幕。这是很合理的反应。一场灾难式的失败，制片人质问科尔布奇为什么要这么拍……这部片子就是《帕里奥里的男孩》（*I Ragazzi dei Parioli*, 1959）。他终结了自己的事业。他来找我，非常失落，他想重新做助理导演。因为他能说一口流利的英语，他希望我能雇用他参与做一些美国片子。我更希望让他执导《末日庞贝》的第二组拍摄。我让泰萨里给他做助理……

森索洛：那史蒂夫·里夫斯[1]呢？

莱昂内：这片子最初不是写给他的。我跟伯纳德一起想了一个类似于詹姆斯·邦德式的故事，一个聪明且深思熟虑的人。在开拍前一个礼拜，制片人告诉我们史蒂夫·里夫斯同意扮演这个角色。我们全部重新调整以适应这位出身健美运动员的肌肉先生。他用他的风格完成了那些戏：跟鳄鱼搏斗，打碎了一个神庙的柱子，等等，很可悲。但是，史蒂夫·里夫斯是一个非常善良的小伙儿，他鼓起那一身肌肉，很少用大脑处理事情。当他从一边上马，就会从另一边掉下来。他的身体带来了一些平衡问题。但是他很乖，不自命不凡。不具备真正的力量。几乎一切都需要用替身。这个美国人也知道自己的局限。他把所有的钱都投到一个农

---

1 史蒂夫·里夫斯（Steve Reeves，1926—2000），美国健美运动员、演员，1947年美国健美先生，1948年世界健美先生，1954年步入电影界，以在历史神话片中扮演海格力斯（Hercules）闻名。

场。他退隐后就去开垦牧场了。幸运的是，我发现了一个不错的德国小孩儿跟他演对手戏：克里斯蒂娜·考夫曼[1]。

森索洛：演员中还有费尔南多·雷依[2]。
莱昂内：但在这里，跟他在布努埃尔的电影里不一样。他就是一个说对白时没有任何问题的专业演员而已，哪怕是与史蒂夫·里夫斯对戏……费尔南多来自西班牙制片方。《末日庞贝》是一个大投资，意大利公司就是出个名分，钱来自西班牙的普库萨公司[3]，在主业会[4]旗下，其实是教会的钱。米高梅公司买下了影片在世界其他国家的发行权，所以影片投资在开拍前已经回笼了。

森索洛：哪些戏是您执导的？
莱昂内：所有有演员的戏，科尔布奇负责执导群众演员和有马的戏。

森索洛：《罗德岛巨像》最早是怎么来的？
莱昂内：《末日庞贝》的制片人知道伯纳德根本没来过摄影棚，他意识到是我做了所有的工作。他一直为普库萨公司的西班牙人工作。所以他建议我拍一部鸿篇巨制，一笔非常大的投资。

---

1 克里斯蒂娜·考夫曼（Christine Kaufmann，1945—2017），德国演员，童星出身，1961年因《暴雨狂云》(*Town Without Pity*, 1961) 获金球奖最佳年度新人奖。
2 费尔南多·雷依（Fernando Rey，1917—1994），西班牙戏剧导演、演员，出演的影视剧超过两百部，因在布努埃尔的影片中扮演角色而成名。
3 普库萨公司（Procusa），西班牙制片公司，主要活跃于1960年代，制作影片四十余部。
4 全称"圣十字架及主业社团"（Sanctae Crucis et Operis Deii），重要的天主教事业团体。即著名小说、电影《达·芬奇密码》中提到的被利用而从事暗杀活动的宗教团体，但小说剧情与事实不符。

他带给我一本谈论世界七大奇迹的历史杂志。根据这篇文章，他想说服我拍一部《罗德岛巨像》。我同意了。我重新用伯纳德的剧组来写剧本。就在开拍之前几天，我遇到了制片方的投资人，他只管钱的问题。他搓着手对我说："告诉我，莱昂内，谁来做这个巨像？"我有点惊讶，回答道："应该是建筑师啊。"他睁大了眼睛："哪个建筑师？"我很沉着地继续应答："就是做雕像的那个建筑师。"他越来越焦虑："但是，什么雕像？"我解释："罗德岛巨像，是一座雕像。"[1]他惊呆了："怎么会是雕像？这个巨像难道不是一个满身肌肉的强人吗？像海格力斯一样？"我清晰地重复道："不！是一座雕像！"于是，他生气了："你们要把我毁了，毁了！……"他怒不可遏，喘不过气来，看上去像快要不行了。我得安慰他一下，所以建议道："没有参孙或马其斯特这样的人物做主角，我们也能拍出冒险戏。"但这不起作用，他的失望越来越大。于是，我换了一种口气："您想不想让这个巨像在海里和港口上走路？而且他的脚可以踩死很多人呢？"一道微光从他的眼睛中闪现，他深深地呼了一口气，说："莱昂内，你真是个天才！我们得救了！"这次谈话之后，我就可以随便拍了。

森索洛：对于您来说，这就等于"谋杀一个时髦的类型"，对吗？

莱昂内：此言正是。我根本不想再拍什么历史神话片。我用传统的方式拍了《末日庞贝》，是为了尊重马里奥·伯纳德。确实，

---

[1] 罗德岛太阳神巨像位于希腊罗德岛上爱琴海通往地中海的港口，是一尊用青铜铸成的太阳神赫利俄斯巨像。相传该巨像在罗德岛抵御马其顿人的战争中发挥了作用，这尊巨像只存在了五十六年，毁于公元前226年的一次地震。通常人们认为这尊巨像双脚分开，手持火把，莱昂内的影片采纳了这一说法，但进行了加工和想象。

历史神话片可以提供很多好东西，比如库布里克（Stanley Kubrick）的《斯巴达克斯》（*Spartacus*, 1960）。但在这种历史性完美的类型里想拍一部真实的影片始终是一件蠢事，因为需要用一辈子去验证其真实性，研究那个时代，好不违背历史。但是，在1950年代末，历史神话片变成世界上最好卖的电影类型：中国人、阿拉伯人、美国人、法国人、德国人……全世界都买这种电影，简直是过度膨胀。一伙数量巨大的蠢人抓住了这些电影的制片，我才不想参与这种蠢事，我想嘲笑历史神话片这些东西。我完全不理会历史神话片的惯例，这有点像约翰·布尔曼[1]在《步步惊魂》里对侦探片做的那样，尝试把一个类型推向不归之路，一种对历史神话片的火刑判决。

森索洛：但是您尊重了这种类型制作的基本结构：一个人来到一座城市，一场阴谋，马戏表演，大灾难……

莱昂内：我必须用这种结构去尊重观众。从这些"自明的公理"（axiomes）出发，我有能力想象一切。我尊重这个类型的结构是为了更好地推翻它。直接的模式就是《末日庞贝》。我甚至用了伯纳德这片子里的演员，并给他们提供相似的角色。但是，我也用了一些对于历史神话片来说比较非常规的演员，比如安东尼奥尼在《奇遇》（*L'Avventura*, 1960）中发掘的演员莱亚·马萨里[2]。

---

[1] 约翰·布尔曼（John Boorman, 1933— ），英国电影导演。莱昂内此处提到的《步步惊魂》（*Point Blank*, 1967）是布尔曼在好莱坞拍摄的第一部电影，该片借用一个黑帮头目的复仇故事外壳，讲述现代都市生活中人的生存状态问题。
[2] 莱亚·马萨里（Lea Massari, 原名 Anna Maria Massetani, 1933— ），意大利女演员，因安东尼奥尼的《奇遇》而成名，在莱昂内的《罗德岛巨像》中任主演。

森索洛：约翰·德里克[1]应该出演一个角色的，到底是怎么回事？

莱昂内：他演影片中的达里奥（Dario）。他因西席·地密尔[2]的《十诫》的巨大成功而被戴上了光环。我们把他看作超级明星。他有当导演的朦胧愿望，但这影响不了我。我写了一个只有我能看懂如何拍的剧本。如果他想取代我，就必须重写剧本。

约翰·德里克刚到马德里，我就召集剧组和剑术师排练。德里克不想参加这种准备工作。他借口说他曾做过替身演员，他的训练是完美的。我用外交口吻坚持，并对他说我很想看看有他参与的这场戏是什么样的。他打断我的话，说："我喜欢在拍摄时临场发挥。"我忍着，我装着谦虚地说："如果没有精心的准备，我没有能力创作一场打斗戏，（这么做）是为了更好地考虑摄影机的位置。"他让步了，并答应参加排练。

几个小时以后，当我路过摄影棚时，发现德里克在半明半暗的摄影棚里，他用手做成取景框，正在算计摄影机如何从两个柱子之间穿过来。我来到他身后，抓住了他的手指，转过身对着他说："你应该在摄影机前面，而不是后面。"然后，他有点结结巴巴、张口结舌。他讲到他只是想验证一下摄影机能否从两个柱子之间穿过来。按照他的观点，没有足够的宽度。为了让他明白，我把一个柱子搬开了，然后告诉他说："我们是在摄影棚！"我补充说，

---

[1] 约翰·德里克（John Derek，1926—1998），美国演员。在退出《罗德岛巨像》拍摄之后，终于成为导演，但他执导的1981年版《人猿泰山》（*Tarzan, the Ape Man*, 1981）因拙劣的导演和表演获得五项金酸莓奖，并被美国影评人伦纳德·马丁（Leonard Maltin）评为历史上最差的影片。

[2] 西席·地密尔（Cecil B. DeMille，1881—1959），美国电影先驱，美国电影艺术与科学院创建人之一，在好莱坞黄金时期的创作达到顶峰。《十诫》（*The Ten Commandments*, 1956）是他晚期最成功的作品。

"导演的问题,不需要你来操心,这是我的活儿。"他笑着对我说他对我完全信任。但问题没有就此结束。

在排练战斗戏的时候我仔细观察他。他瞧不起陪练师,他的剑总是用错或者用过了。当然,在排练结束后,剑术师来找我,对我说他跟德里克一起什么都解决不了,德里克根本不听从建议,只是让他当众出丑。这一次够了!我把超级明星召唤过来,对他说:"你曾说你会来排练剑术,这是假的。你来是为了嘲笑那些必须陪你排练的人。事实上,你瞧不起的是我。如果你不喜欢这个陪练师,你已经把这话说出来了,而且你向我证明了什么是愚蠢。但你不能否认他的能力。现在,你需要明白一些东西。如果我说需要你有胡子,你就得戴上胡子。五分钟以后,如果我改主意希望你没胡子,你还得把它给我摘掉。一个小时以后,如果我还在考虑,我能决定你再戴上胡子,而你就得去做。如果我高兴,我可以让你全天就这么戴胡子、摘胡子。明白了吗?现在,你跟我说你是世界上最有名的演员。但在这里,你需要发现世界上最有名的导演。那不是我,但是我,我能让你跟你的普库萨公司和米高梅给我滚蛋!如果明天你还在这儿,我就走。"我给制片方打电话,告诉他们在明天之前把约翰·德里克换掉,否则,我坐中午十二点半的飞机回罗马。我挂了电话后回到旅馆。

第二天早晨,我接待了约翰·德里克的太太,乌苏拉·安德丝[1],她那个时候还没成名,还没拍《诺博士》。她非常爱她丈夫。她对我说,如果她丈夫死了,我就要负责。她说他整个晚上都非常失落,甚至想从房间的窗户里跳出去。他后来还爬上了楼顶。我很简单地回答她说:"在他自杀的一个半小时之前提醒我一下,

---

[1] 乌苏拉·安德丝(Ursula Andress, 1936—),瑞士女演员,1960年代因在《诺博士》(*Dr. No*, 1963)中主演第一任邦德女郎成名。

我好能赶到那条街上去看热闹。"

从那以后，约翰·德里克始终不停地说我的好话。但这是典型的美国心态，他意识到了自己的错误。而且他很诚实。

森索洛：罗里·卡尔霍恩[1]取代了他。

莱昂内：那天十一点半我就知道他同意出演了。我非常高兴。这是一个我希望要的演员。他很殷勤。他到的时候我正在跟莱亚·马萨里排练。他跟所有人都拥抱了一下，他不认识我，以为那个人就是我。最后，当他知道我在哪的时候，他匆忙过来，没有看到我们之间隔着一盆水，一脚踩到里头。他马上就笑了。接下来，一切都进行得非常顺利。而且，他比约翰·德里克更接近我的人物。从某种意义上说，罗里·卡尔霍恩是一个"贫穷的加里·格兰特（Cary Grant）"，这非常适合。我最初就是想拍一部反讽的片子。我把达里奥这个人物看作希区柯克《西北偏北》（*North By Northwest*, 1959）的主人公，加里·格兰特主演的。一个公子哥儿，有点麻木不仁，在假期来到一个岛上……他发现自己被卷入一个完全不明就里的故事。他必须花时间从这一切中解脱。卡尔霍恩明白我们要强化一些喜剧元素。在他面前，乔治·马沙尔[2]表演得非常严肃，这强化了影片的讽刺效果。但卡尔霍恩带来了很多东西，他有一种后来我在伊斯特伍德身上找到的那种疲惫的懒散。在生活中，这是个不错的家伙，他决不想成为一个明星。

---

1 罗里·卡尔霍恩（Rory Calhoun，1922—1999），美国著名演员、编剧。被著名西部片演员阿仑·拉德（Alan Ladd）发掘，并以出演西部片成名。
2 乔治·马沙尔（Georges Marchal，1920—1997），法国演员，1970年代起主要活跃在电视剧领域。

森索洛：那个巨像很漂亮，它是一个真正的角色。

莱昂内：这是与自由女神像相反的象征。它不欢迎人，它保护地中海上最大的商务港口。传说它可以向攻击者喷射火焰。我联想到可以打开它的头并装上投石器。人们也可以从它的耳朵钻出去、站在它的手臂上战斗。我要求人们按照《西北偏北》中那些美国总统的脸来构思这座雕像[1]，这也是让我们那位担心被毁了的制片人高兴一点的办法。

森索洛：总共做了几个巨像的模型？

莱昂内：有两个大的。一个是从上半身到头，有三十米高，以便我的人物从耳朵里出来站到手臂上战斗时不用任何特技。另一个是从脚到膝盖，也有三十米高。按照这个比例，整个雕像的身体要有一百五十米高，做这个是不可能的。对于完整的巨像，我们有一个尺寸缩减的模型。

森索洛：火在影片中有很重要的地位。

莱昂内：我承认自己是个小尼禄[2]。我喜欢火。在邓南遮的那部描述火的作品中，我唯一记得的一句话就是"火啊真美！"。我有点纵火癖。我小时候就喜欢玩火。所以，我发挥了传说中巨像手持火炬这个细节。对我来说，火是战争和暴政的象征。而这里，我们甚至可以想起带给人间火种的普罗米修斯。为了在这部影片中更好地编织这些元素，我把马戏表演放在晚上，为的就是

---

1 莱昂内指按照影片《西北偏北》结尾处举世闻名的拉什莫尔山四巨头像的风格来修建罗德岛巨像。

2 尼禄（Néron, Nero Claudius Drusus Germanicus），古罗马帝国末代皇帝之一，也是一个暴君。莱昂内此处自比尼禄，是因为罗马人怀疑尼禄是公元64年7月17日罗马大火的纵火者，但这是一桩历史悬案。

有火把和火光。

森索洛：在圆形竞技场的戏里，您用了很多现代马戏的东西，比如说高空秋千……

莱昂内：就是为了制造反讽的距离。但这必须基于现实。你知道我们二十年前在斗牛中还能看到非常奇观性的东西。在场地中心，人们放一个白衣斗牛士，这个节目叫"Don Tancredi"。野牛被放出来，这个人必须像雕像一样站在那里一动不动。野牛冲向他，但会停下来。如果这个斗牛士眨一下眼睛，马上就会被牛撞死。这比古罗马时期的杂技表演残酷多了。

森索洛：从您最早的影片开始，您就喜欢玩弄假象。

莱昂内：因为这是我工作的基础，一个偏爱讽刺的体系。如果我找不到实践这种游戏的可能性，就不会拍这部片子。我喜欢用幻觉（illusion）和错觉（trompe-l'œil）来耍把戏（jongler）。所以我喜欢马格利特[1]不是没有原因的。我不知道是什么促使我在电影中玩弄错觉的，但确实是深深地发自我的本性，比如创造一个其实是入侵者的假囚犯故事。因为《末日庞贝》卖得不错，所以我能在每个细枝末节上都展现这个特征。完全的自由让我兴奋。但我在西班牙遇到了点问题。从工作角度看，这里真的是世界上最差的国家。人们对你说"明天，我们明天再说"，然后，毫无进展。诚然，巨像是建好了，但没有布景。我不得不先在一边拍好所有的正打镜头，然后要等上几个礼拜去拍反打。这太可怕了。拍摄的镜头都打乱了，不得不即兴工作。所有的准备都毫无用处。但

---

[1] 勒内·马格利特（René Magritte，1898—1967），比利时著名画家，超现实主义绘画代表人物。

最终……影片还是上映了，在观众中获得了成功，影评也不错。

森索洛：今天您怎么看待这部片子？

莱昂内：不错！尤其是服装的矫饰（kitsch）推动了对这个类型的反讽。充盈片中的此类坏趣味也完美地放大了这部作品的虚假：一部浮华虚假的电影。

森索洛：同时，您签约给塞尔吉奥·科尔布奇导演的片子做编剧。

莱昂内：我给它起的名字：《巨人的决斗》(*Romolo e Remo*, 1961)，我应该拍这部片子，这是我找到的题材。但正因为科尔布奇在《末日庞贝》中给我做助理非常不错，我把这个给他，让他替代我来拍。这是一个礼物。从那以后，他的第二个导演生涯开始了。

森索洛：为什么在很多年里没有再拍戏？

莱昂内：我不缺各种建议，那些制片人都给我打电话。我事先告诉他们，只要他们一提到马其斯特这个名字，我马上撂电话。他们总是跟我提他们准备的难以形容的愚蠢计划。他们每次都以为我会拍这些东西，而我根本不理会。银幕上到处都是马其斯特。所有的意大利导演都拍这个：里卡多·弗雷达、莱昂维奥拉（Antonio Leonviola）、卡尔罗·坎普里亚尼（Carlo Campoglliani）、多蒙齐奥·鲍莱拉（Domenico Paolella）、圭多·马尔特斯塔（Guido Maltesta）、米歇尔·鲁波（Michele Lupo）……马其斯特在中国，在地狱，在非洲，在科西嘉，在埃及，在蒙古，大战刽子手，甚至反对佐罗！但是对我来说就像玩扑克，当有人说，"我晚点付钱"，他那部分就停了。当人们对我说"马其斯特",游戏就魔术般地停了,我切断了交流。应该知道观众在这种愚蠢面前会变傻的。有一天,在电影院,一个老头看一部这样的蠢片子,他看到马其斯特抬起了一张桌子、几匹马、一辆马车、一座山……他反驳道:"这种事好像不可能吧,实现不了。"他的罗马邻居对他说:"我们能做到。"言外之意,马其斯特和他都能做到这一点。到了这种滑稽认同的地步,愚蠢至极。我们在里面搅浑水。我拒绝了超过二十部马其斯特电影。

森索洛:在《卫兵换岗》(*Il cambio della guardia*, 1962)中,您具体参与的是哪一部分?

莱昂内:我拍了一个礼拜,为了给制片人帮忙,好等乔治·比安奇[1]倒出时间来完成这部电影的拍摄。这是一种荒诞的东西,因为影片改编自查尔斯·埃克斯布拉亚(Charles Exbrayat)的故事,意大利人在那里就像游客一样看热闹。我试着解决一些问题,但我没感觉是个作者。

森索洛:为什么会跟罗伯特·奥尔德里奇[2]联合执导《天火焚城录》(*Sodom and Gomorrah*, 1962)?

莱昂内:没有所谓的联合执导。这是一部与Titanus公司联合制片的电影,他们需要一个意大利导演来获得国家的补助金。这是能给影片提供贷款的唯一原因。所以让我们看看到底是怎

---

1 乔治·比安奇(Giorgio Bianchi, 1904—1967),意大利导演、演员。《卫兵换岗》是他1962年执导的喜剧片,莱昂内参与了影片导演工作,但最后没有署名。
2 罗伯特·奥尔德里奇(Robert Aldrich, 1918—1983),美国导演、制片人。他执导的《阿帕奇要塞》(*Apache*, 1954)、《黄金篷车大作战》(*Vera Cruz*, 1954)都是西部片经典。

回事。罗伯特·奥尔德里奇喜欢《罗德岛巨像》，他请我来指导第二组并导演所有的战斗戏。这让我很高兴，因为我非常喜欢他，我喜欢《进攻》（*Attack*, 1956）、《大刀》（*The Big Knife*, 1955）和《黄金篷车大作战》。可从我们第一次见面起，我就失望了。他说他要拍一个古代版的《甜蜜的生活》（*La dolce vita*, 1960）。可惜啊，这个想法在哥哥咬着妹妹的手指时，就会达到胆大妄为的顶点。对于奥尔德里奇来说，这一幕就是乖戾的极点了。我们疯狂地构思着。意大利制片主任叫博尔格尼[1]，这是个真正的贵族和高尚的人，读过剧本之后，奥尔德里奇询问他的意见。博尔格尼回答他说："我认为有个小错误，奥尔德里奇先生。所多玛与蛾摩拉是两座城市[2]，这不像Hénin-Liétard。但在您的剧本中，它们变成了一座城市。"奥尔德里奇暴怒，撵走了他。然后，他改了罗德的两个女儿在城门前那场戏，一个女儿对另一个女儿说："所多玛！"另一个转过头来看向远方说："还有蛾摩拉。"简直荒唐至极。

森索洛：您是怎么中断跟奥尔德里奇的合作的？

莱昂内：他的目的是接手影片全部的制片工作。他想跟我合谋对付隆巴尔多[3]。因为我不再干活了，而隆巴尔多进行了抗争，奥尔德里奇决定毁掉后者。他挖空心思想整垮隆巴尔多。在我离开之后，他雇了一个美国导演负责拍摄那些在战斗中受伤的细节

---

1 此处很可能指意大利制片人奥梅罗·博尔格尼（Omero Borgogni）。
2 影片《天火焚城录》取材自《圣经》中关于两座城市所多玛（Sodom）和蛾摩拉（Gomorrah）的故事，它们是摩押平原五城中的两座。据《圣经》记载，两座城市因沉溺于男色而毁于天火。
3 戈弗雷多·隆巴尔多（Goffredo Lombardo，1920—2005），意大利制片人，意大利最大的制片公司Titanus创始人古斯塔夫·隆巴尔多（Gustavo Lombardo）之子。戈弗雷多掌管Titanus时适逢意大利电影的黄金时期，制作了许多经典影片。

镜头。这家伙在六个月里纯粹是对付着干，薪水却非常高。

森索洛：您在剧组待了多长时间？

莱昂内：八周。罗伯特·奥尔德里奇不明白我为什么走。他希望我能留在那儿，哪怕什么都不干只拿薪水，也是在毁制片方。我非常伤心。我给隆巴尔多写信告诉他来这里参加拍摄，明确指出他应该在下飞机前带一把冲锋枪，而且见到剧组的人就毫不犹豫地开枪。没有一个冤枉的，他们都有罪，奥尔德里奇带头，"所多玛与蛾摩拉"变成了"所多玛与格莫拉[1]"……我不能参与这种勾当。

森索洛：那为什么在职员表上还有您的名字？

莱昂内：只是为了隆巴尔多能获得国家补助金。灾难已经很大了，彻底地毁了，我深深地失望……这是第一次一个美国专业人士给我留下如此坏的印象。在这件事之后，我再也不拍历史神话片了。

---

1 格莫拉（Gamorra）是意大利那不勒斯规模最大的地下非法组织，以非法手段获取巨大利益，势力范围庞大。2008年意大利导演马提欧·加洛尼（Matteo Garrone）拍摄了《格莫拉》（*Gamorra*）对其进行揭露，该片获得戛纳电影节评审团大奖，而格莫拉则放风要杀害马提欧·加洛尼，并通过在意大利发行影片的盗版DVD而赚取巨额利润。莱昂内此处是用谐音讽刺奥尔德里奇。

8

谈绘画
基里科
未来主义
罗曼式建筑
谈文学
帕索里尼
谈戏剧

森索洛：您拥有很多大师的名画，马蒂斯[1]、布劳纳[2]、基里科[3]……您对绘画的兴趣是怎么来的？

莱昂内：我首先很喜欢马克斯·恩斯特[4]的作品。维克多·布劳纳的风格也吸引着我。所以，只要有可能获得他们的作品，我就买下来。我也对伊夫·唐居伊[5]感兴趣。然后，我喜欢马格利特，我疯狂地喜欢他的画。从1950年代初，我就对超现实主义绘画产生了极高的热情。在那个年代，超现实主义绘画的价钱并不那么高。我们可以用一百万里拉就送人一幅马克斯·恩斯特，这并不太贵。从1960年起，超现实主义爆炸了，一幅小画就值很多钱；今天，简直是千金难求。但我也意识到其他流派的重要。我的偏爱总是接近法国印象派作品。对我来说，那是真正伟大的绘画。我说的是凡·高、高更、雷诺阿（Auguste Renoir），尤其是德加（Edgar Degas），他把很多生活的东西注入他的作品，我把他看作一个伟

---

1 亨利·马蒂斯（Henri Matisse，1869—1954），法国画家，野兽派绘画创始人。
2 维克多·布劳纳（Victor Brauner，1903—1966），罗马尼亚画家。
3 乔治·德·基里科（Giorgio De Chirico，1888—1978），意大利超现实主义画家。
4 马克斯·恩斯特（Max Ernst，1891—1976），德国著名画家，达达主义和超现实主义代表人物之一。
5 伊夫·唐居伊（Yves Tanguy，1900—1955），法国超现实主义画家。

大的导演，比如说他懂得再现舞者们手势的方式，从来不是学院化的，只是一些本能的运动。这些看上去无意义，但揭示了一个角色内心深处的真实。真的太了不起了……

森索洛：您对意大利绘画就一点也不感兴趣吗？

莱昂内：我认可意大利绘画的历史重要性。我尊重乔托[1]，我感动于保罗·乌切洛[2]和洛伦索[3]的幽默，以及戈雅[4]的黑暗。我喜欢阴暗的戈雅，而不是优雅的戈雅，《裸体的马哈》(*Le Maja nue*)总让我讨厌，我喜欢《老人》(*Vieilles*)和《青年》(*Jeunes*)系列……但戈雅富有创造力，他用他的排枪手做了西涅玛斯科普[5]的东西，我们只是观察他如何布置枪管和刺刀……其实还有光线的分布和构图。我曾把这些画给我的摄影师看，就是托尼诺·德利·克里（Tonino Delli Colli），他说："这个浑蛋在后面放的是一支五千瓦的灯，才会实现如此杰出的布光效果！"我经常是用一些绘画作为我跟托尼诺讨论问题的出发点。在《美国往事》中，我们参考的是诺曼·洛克维尔[6]、雷金纳德·马什[7]，还有爱德华·霍珀[8]。

---

1 乔托（Giotto Di Bondone，1266—1337），西方绘画之父，佛罗伦萨画派创始人。
2 保罗·乌切洛（Paolo Uccello，1397—1475），意大利文艺复兴时期画家。
3 洛伦索（Lorenzo Viani，1882—1936），意大利画家，其作品带有漫画色彩。
4 弗朗西斯科·戈雅（Francisco Goya，1746—1828），西班牙浪漫派画家，其画风多变，晚期风格类似表现主义。
5 此处指戈雅于1814年根据西班牙1808年起义和法国拿破仑军队屠杀起义者题材绘制的名画《1808年5月3日的枪杀》(*El tres de mayo de 1808 en Madrid*)。
6 诺曼·洛克维尔（Norman Rockwell，1894—1978），美国20世纪早期最重要的画家，以纽约生活为主要创作题材，体现了美国的生活和价值观。
7 雷金纳德·马什（Reginald Marsh，1898—1954），美国画家，以刻画纽约城市生活的现实主义绘画著称。本书原著此处把"Marsh"误作"March"。
8 爱德华·霍珀（Edward Hopper，1882—1967），美国画家，以描绘人的孤独和隔阂为主要题材。他的名作《夜鹰》(*Night hawks*, 1942)被认为影响了黑色电影的构图和画面气氛。

森索洛：您对颜色的美学是来自儿童时代看的漫画吗？

莱昂内：不可能。我读的时候是黑白的，所以我不能考虑到颜色的问题，而是他们的笔法。还有动作！不。我没受漫画任何影响，但有可能是我的电影启发了一些现代漫画。吉罗（Giraud）的西部漫画的颜色很像我的创作：乌贼墨、一样的棕黄色……

森索洛：您曾想做个画家吗？

莱昂内：我是很想，但那不可能。我连素描都画不好。

森索洛：您第一次买画是在什么时候？

莱昂内：在我结婚的时候，《罗德岛巨像》时期。我已经拥有一些从我家族财产中挽救出来的画。只要一赚点钱，我就根据自己的能力买一些。开始很少，越买越多。但是我的方式比较死板，我只买那些触动我、启发我的作品。我从不追逐潮流。

森索洛：您有好几幅基里科的画，为什么？

莱昂内：他意味着一场伟大的转折。没有他，就没有萨尔瓦多·达利。基里科代表着绘画史的一个断裂。他的创作为超现实主义和未来主义做了准备。事实上，是他的"精神兄弟"艾伯托·萨维尼奥[1]发现了这个创新（trouvaille），他是一个作家，业余爱好绘画。但我认为他与基里科同样伟大，在某些方面甚至还要更伟大。我们对他了解较少，因为他（风格上）的兄弟们是在绘画没有出路的时代成名的。

---

1 艾伯托·萨维尼奥（Alberto Savinio, 1891—1952），意大利作家、画家和作曲家。

森索洛：您的父亲跟未来派画家接触密切吗？

莱昂内：他认识其中一些。我觉得应该充分认识未来主义。它的重要性要比一些人认为的还要大，尤其是画家和诗人吉亚科莫·巴拉[1]。但他在另一个天才翁贝托·波丘尼[2]面前是渺小的。（我们）应该在乔治·布拉克[3]身上发现他们的影响。我在圣彼得堡的埃尔米塔日博物馆[4]时非常激动，肩并肩地，我们看到布拉克的油画与同期的毕加索画作放在一起。太让人印象深刻了！因为它们几乎是一致的，就像在照镜子：同样的工作，同样的颜色，同样的光线……

森索洛：埃尔米塔日博物馆是让您印象深刻的博物馆吗？

莱昂内：是的。甚至还有一些看上去就像假的展画。但真的要说，我最熟悉的博物馆是普拉多（Prado）了，在马德里。那是我早餐时闲逛的优先去处。有一天，我跟朋友让·尼古拉斯科[5]开了一个玩笑。他狂迷伯纳德·巴菲特[6]，我不怎么迷恋巴菲特，但我被普拉多博物馆的标语牌吸引住了，上面说明人们可以在那里面进"餐"，进餐的"餐"写的是"buffet"[7]。我用照相机把它

---

1 吉亚科莫·巴拉（Giacomo Balla，1871—1958），意大利画家，意大利未来主义代表。
2 翁贝托·波丘尼（Umberto Boccioni，1882—1916），意大利画家、雕塑家。原书把 Umberto 误作 Imberto。
3 乔治·布拉克（Georges Braque，1882—1963），法国立体派画家、雕塑家。
4 埃尔米塔日博物馆（Musée de l'Ermitage），位于圣彼得堡，一个建于18到19世纪的建筑群，俄罗斯规模最大的博物馆之一。
5 让·尼古拉斯科（Jean Negulesco，1900—1993），罗马尼亚裔美国导演，执导了1953年版的《泰坦尼克号》（*Titanic*）。
6 伯纳德·巴菲特（Bernard Buffet，1928—1999），法国画家。
7 巴菲特的名字"buffet"在法语中也有"冷餐"的意思，莱昂内以此跟尼古拉斯科开玩笑。

照下来，邮给尼古拉斯科，并在上面注明："最终，你钟爱的画家到了普拉多。"

森索洛：在这个博物馆，有令人敬佩的委拉斯开兹[1]……

莱昂内：他是那个时代最伟大的画家，不仅是在寓意方面，而且在材料和结构上讲也是如此。如果你仔细看毕加索十八岁时在他父母那里画的画，就会发现他当时的笔法和力量同委拉斯开兹是多么一致。这也说明了毕加索之天才的伟大……对我来说，我承认受到委拉斯开兹梳理的那些主题影响：乞丐、残疾人、侏儒……戈雅的《战争灾难》（*Les Désastres de la guerre*）肯定也影响了我。但是，在我身上留下痕迹最多的，是乔治·格罗什[2]，他的色彩和人性。比他还伟大的，是精彩绝伦的奥托·迪克斯[3]，他们有着相同的可怕幽默感……

森索洛：您曾认识一些大画家吗？

莱昂内：格罗迈尔[4]，就在他逝世之前，我买了他的《三个优雅的人》（*Les Trois Grâces*）。是热拉尔·乌里[5]的母亲建议我入手这

1　委拉斯开兹（Diego Vélasquez，1599—1660），西班牙画家，文艺复兴后期西班牙代表画家。
2　乔治·格罗什（George Grosz，1893—1959），德国画家，以表现1920年代柏林生活的扭曲讽刺风格闻名。
3　奥托·迪克斯（Otto Dix，1891—1969），德国画家，以无情描述魏玛共和国时期的德国生活闻名。
4　马塞尔·格罗迈尔（Marcel Gromaire，1892—1971），法国画家，其作品深受立体派和印象派的影响。
5　热拉尔·乌里（Gérard Oury，1919—2006），法国著名喜剧导演，经常与法国著名喜剧演员路易·德菲奈斯（Luis De Funes）合作，代表作《虎口脱险》（*La Grande Vadrouille*，1966）。

幅画的,她曾经给格罗迈尔和杜菲[1]做过模特。

森索洛: 您曾对建筑感兴趣吗?

莱昂内:在建筑的层面,罗马是世界上最美丽的城市。这无须争论。但还有别的东西。看看我的书桌,这是一个16世纪的罗马式家具。它跟同一时期的法国家具有着本质的区别。它们不是细木工做的,我们没有细木工,我们只用无法想象出家具线条的细木工匠。所有这些都是因为制造这些家具的人是建筑师:卡诺瓦[2]、贝尼尼[3]、波罗米尼[4]……在建造这些房屋和宫殿时,他们想象应该有怎样的家具出现在这些建筑里面,他们因此建造了一些教堂或寓所(residences),职责都是相同的。这就是为什么罗马式家具非常珍贵,它们在很长一段时间里被忽视了。现在,人们怀着极大的兴趣去发现它们,在世界各地的博物馆里四处寻找它们。当然,如果你看一张路易十五的餐桌,做得非常棒,那是法国细木工匠工作的结果。只是,他们的身后没有卡诺瓦……

看看这件威尼斯家具,15世纪末的,中国镀金法(laqué chinois),还有大象,多美的东西……这里,是波罗米尼的一件家具,它包括这个类似跪蹬(prie-dieu)的台阶,因为这是一件做给红衣主教的家具。但我们不能跪在上面静思,因为太不舒服了!所以,建筑师运用了这种严苛的形式,为了在通向主教卧房前放一个小

---

[1] 拉乌尔·杜菲(Raoul Dufy, 1877—1953),法国野兽派画家。
[2] 安东尼奥·卡诺瓦(Antonio Canova, 1757—1822),意大利古典主义雕塑家,代表作是艺术史上的名作《爱之吻》。
[3] 济安·洛伦佐·贝尼尼(Gian Lorenzo Bernini, 1598—1680),意大利雕塑家、建筑家、画家,罗马巴洛克式艺术的代表人物。
[4] 弗朗西斯科·波罗米尼(Francesco Borromini, 1599—1667),意大利建筑师,巴洛克式建筑代表人物。

秘书台。因此，这个教会人士所有想象的布景就体现在这个不实用的跪蹬上。最后这里还有一件家具，你发现它可以一分为三吗？它设计得就像特鲁莫广场（Place du Trumeau），有三个被三条小街分开的殿宇。这个地方就位于威尼斯交易所（Bourse）后面，在它前面，就是下葬维斯康蒂的教堂。这件奇特的家具就是设计这个广场的建筑师的作品,他全部的建筑风格都体现在这件家具上面。

森索洛：从什么时候起您开始收藏家具？

莱昂内：是我父亲拥有它们。正如我跟你说过的，他在法西斯统治时期把这些东西卖了。从我能赚钱时起，我就努力把它们再找回来，甚至是在我只有一份助理导演薪水的时候，不过当时我只能买一些小件。不久以后，我买下了一幢15世纪的房子，在罗马，这是一座由设计师设计过内部的修道院。最初，我的那间房子是洗衣间，还有泉水，还有那个时代的木头。过去的主人是一个那不勒斯人，他给我介绍这幢漂亮的房子。三百六十度，你可以看到整个罗马，中心轴线就是塔斯特韦尔[1]，它就在我童年生活的吉亚尼科罗的下面。房主要卖的是这处景致。但是，我想说说窗户。我曾了解一些马菲[2]时代的罗马派绘画，就是希皮奥尼（Scipione）那一派。当我在这个宽银幕上看到这些作品后，就再也听不进去卖家的吹嘘了。在我脑海中，感觉这个房子过去就是我的一样。我甚至觉得在我身边的那个大嘴巴根本就不存在，他就是个访客——一个闯入者。但他人很好，他对我说约翰·休

---

[1] 塔斯特韦尔（Trastevere）和下文的吉亚尼科罗（Gianicolo）都是罗马的行政区名。
[2] 弗朗西斯科·马菲（Francesco Scipione Maffei, 1605—1660），意大利画家。原著此处把 Maffei 误作 Maffai。

斯顿已经预定这间房子了。但他希望卖给我，因为我是个罗马人。我们用一个小时就解决了交易。对不起了，休斯顿！

森索洛：在执导影片之前，您认识一些作家吗？

莱昂内：首先，应该说我读了很多书。像哈米特和钱德勒这些美国书，或者让·科克托[1]这样的法国书，尤其是路易-费迪南·塞利纳[2]。我承认让-保罗·萨特因其历史重要性而让我感兴趣，但我对他的书热情不高。我更喜欢塞利纳。我认为杰克·凯鲁亚克的坦白是真诚的，他说《茫茫黑夜漫游》是唯一影响他的小说。我相信。塞利纳会一直影响你到死。我总考虑把《茫茫黑夜漫游》拍成电影，但我不知道是否应该碰这样一部作品。当我特别喜欢一个作者时，我因一种耻辱感窒息。我也是一个作者，电影作者。很自然地，我会背叛塞利纳的原著，在上面做点别的东西，我不知道我是否应该拍它。

森索洛：但是，您曾想改编加西亚·马尔克斯的《百年孤独》和安德烈·马尔罗的《人的境遇》……

莱昂内：加西亚·马尔克斯有点不同。他在一个古老的国家

---

[1] 让·科克托（Jean Cocteau, 1889—1963），法国诗人、导演、小说家和戏剧家，电影作品有《诗人之血》（*Le Sang d'un poète*, 1930）、《美女与野兽》（*La Belle et la Bête*, 1946）等。

[2] 路易-费迪南·塞利纳（Louis-Ferdinand Céline, 1894—1961），法国作家，20世纪法国作家中除马塞尔·普鲁斯特之外，作品被翻译到其他国家最多的作家。其代表作之一就是莱昂内始终想改编成电影的《茫茫黑夜漫游》（*Voyage au bout de la nuit*, 1932）。2008年《茫茫黑夜漫游》的中译本介绍上写道："塞利纳笔下的人物多是在人生忧患困顿的征途上因战争、贫困、恶俗、偏见、色情、疾病而扭曲的形象。在那空前变动、眼花缭乱的时代，他以夸张的手法抨击人与人之间炎凉冷酷的关系。"

工作。他的小说就是传说，前提是想象，我们可以根据我们的需要重新改写。但塞利纳，是现实：现代生活的高妙笔录（constat magistral de la vie moderne）。我们可以碰它，我很想拍它。我也不相信结果会很差。但是否需要拍它？就像但丁，我们可以拍《地狱篇》，全世界都读过。全世界都用差不多的方式阐述它。我只能加入个人观点以区别于观众所想。但这是理所应当的吗？我并不是想说应该去把坏书改编成好电影，这只是个创作者的问题。

至于《人的境遇》是另外一码事。我没把它拍成电影是因为我发现这部小说已经过时。这对于所有基于政治事件（actualités politiques）的东西都是一样的，只有当历史情况与故事的意识形态同步时才会有效。很多年之后，面对这些元素，导演会觉得它们过时了。况且，安德烈·马尔罗知道把他的《希望》（Espoir）拍成电影，与他的小说和西班牙战争同时。五十年后，它就不行了。《茫茫黑夜漫游》没有这个缺陷，那是"反对愚蠢的战斗"（lutte contre l'idiotie）。总是新鲜的，万万不用怀疑它的力量。

森索洛：但您认识一些意大利作家。

莱昂内：我跟朱塞佩·马罗塔[1]、维塔里亚诺·巴兰卡迪[2]和恩尼奥·弗拉亚诺[3]经常来往。在那个时代，意大利小说还不错。很多优秀的导演把它们改编成电影：鲍罗尼尼[4]、祖里尼[5]……费

---

[1] 朱塞佩·马罗塔（Giuseppe Marotta, 1902—1963），意大利作家。
[2] 维塔里亚诺·巴兰卡迪（Vitaliano Brancati, 1907—1954），意大利作家、剧作家。
[3] 恩尼奥·弗拉亚诺（Ennio Flaiano, 1910—1972），意大利作家。
[4] 莫洛·鲍罗尼尼（Mauro Bolognini, 1922—2001），意大利电影导演，1960年代以改编意大利文学作品著称。
[5] 瓦莱里奥·祖里尼（Valerio Zurlini, 1926—1982），意大利导演、编剧，1962年因《家庭日记》（*Cronaca familiare*）获得威尼斯电影节金狮奖。

里尼经常跟弗拉亚诺一起合作。还有皮埃尔·保罗·帕索里尼（Pier Paolo Pasolini）。我很早就认识他。我尊重他对罗马的无限热爱。我非常认可他的文学创作。他从罗马获得灵感，这是一种发自肺腑的激情。他来自北部，他的口音妨碍他说罗马话，他只能写。他跟真正的罗马人生活在一起，比如弗朗科[1]和塞尔吉奥·西提[2]。我承认我喜欢小说家帕索里尼超过导演帕索里尼。这个人也很让我感兴趣。他敢于展现立场。他的言论让他被驱除出共产党。传奇的是，他是因同性恋而被驱逐的，这是多么荒唐的玩笑！有很多其他的斗争派也是同性恋，很多人到现在还是。他们驱逐帕索里尼是因为他质疑他们。在内心深处，帕索里尼是一个失望的天主教徒。你知道，当耶稣会的人放弃教会之后就会变成最不妥协的共产主义者。同样，共产主义者也会变成盲目的天主教徒。对我来说，共产主义不是一种意识形态，而是一个宗教。帕索里尼明白这一点，他是一个很有学识且有智慧的人，一个想保持精神自由的保守无政府主义者，所以他反对教条主义。人们在共产党之外还整他。

森索洛：但他对电影满怀激情。

莱昂内：绝对的。总是这样，那是一种激情，甚至在成为导演之前就有。某种在精神世界让我非常感动的东西。我在拍《革命往事》时，一些人对他说我会因这部影片而自取其辱。这都是什么人啊?！但是，帕索里尼抬高音量对他说："求求你了，闭嘴

---

[1] 弗朗科·西提（Franco Citti, 1935—2016），意大利演员，帕索里尼的常用演员之一。
[2] 塞尔吉奥·西提（Sergio Citti, 1933—2005），意大利导演，帕索里尼的挚友，弗朗科·西提的哥哥，曾为帕索里尼的许多影片做助理导演。

吧！莱昂内不可能拍一部烂片。他可能拍一些特别的东西，或者失败的东西，他的电影可以不赚钱，这一切都是有可能的，但肯定是一部非常美的片子。不要再这么说了。塞尔吉奥·莱昂内不可能做错。"他的捍卫让我非常感动。我觉得他的片子离我的电影并不远。他，他所展现的是现代版的意大利赏金猎人。但是，他知道我不太喜欢他的电影。但这一点并没有改变他对我的看法，他对我的评价并没有降低。帕索里尼真正是一个坦率而真诚的人。

森索洛：您曾想过把他的一部小说改编成电影吗？

莱昂内：没有。他是从西提的经历中获取灵感的。而我比帕索里尼更了解这些东西。为什么要改编帕索里尼的东西呢？那不是跟拍《童年往事》一样嘛。

森索洛：您很少谈论戏剧。

莱昂内：我不能说谎。我不喜欢意大利戏剧。我喜欢与它相反的美国戏剧。往好处说，绝大多数意大利戏剧演员是在低声吟唱，往坏里说，他们就是学狗叫（ils aboient）。在舞台上，美国人是表演。

9

意大利电影危机
《荒野大镖客》
黑泽明
伊斯特伍德
莫里康内
守护天使
悲观主义
意外的成功

森索洛：您是怎么想到拍西部片的？

莱昂内：在《罗德岛巨像》之前我就结婚了，我有了一个女孩，叫拉法埃拉（Raffaella）。然后我们又有了一个孩子，叫弗朗西丝卡（Francesca），我们靠我第一部片子《罗德岛巨像》和《天火焚城录》赚来的钱生活。我拒绝拍任何片子。在那个时期，意大利电影工业陷入了危机。罗伯特·奥尔德里奇的影片和卢奇诺·维斯康蒂的《豹》让Titanus公司陷入破产的边缘，我们再也不能拍大片了。德国人拍起了欧洲西部片，我们就模仿他们做起了美国和日耳曼产品的低级复制品。我们这些外高卢邻居[1]做这种类型的电影是合理的，因为他们受到一位德国作家的启发：卡尔·梅[2]。这跟好莱坞没有任何关系，卡尔·梅是一位来自他们自己的流行文化的经典作家。跟他们比我们就差得比较远了，我们的西部片根本不行。但是，演职人员名单上都是美国名字，这是为了伪装这些西班牙导演和意大利导演的身份。我们开始了意大利、德国

---

[1] 外高卢人（transalpin）是罗马人古时对阿尔卑斯山以北地区的人的统称，此处指德国人。德国人在意大利人之前开始拍摄西部片。

[2] 卡尔·梅（Karl May，1842—1912），德国畅销小说家，以撰写西部探险题材的小说著称，作品被德国导演搬上银幕，许多意大利西部片专家认为他的创作影响了欧洲西部片的产生。

和西班牙的联合制片。评论界根本不了解内情，他们还以为是发行商在夏天廉价出售的美国小片儿呢。吹牛的越来越多，可意大利电影却奄奄一息，并造成了1964年的全军覆灭。没有任何一家银行愿意把钱投到电影上。一般来说，我们在每年的第一季度要拍六十多部电影，但在1964年3月，还没有一部电影开拍。我捉摸着改编卡尔·梅的东西在欧洲可行，所以开始考虑拍西部片的可能性。我跟德国人和西班牙人的关系不错，所以我非常天真地认为做这种东西应该不会有太大的问题。

在这个时候，我看了黑泽明的一部电影《用心棒》（*Yojinbo*, 1963），我们不能说它是一部经典，其实它模仿的是达希尔·哈米特的《血腥的收获》[1]，但是它的主题我很喜欢：一个人来到一个村子，在那里两个帮派正在开战，他在中间把他们各个击破。我觉得应该把这个故事放回到他的故乡：美国。黑泽明的这部片子发生在日本，把它拍成西部片可以找到史诗的意义。这部片子也来自阿莱昆的故事：一仆侍二主。作为意大利人，我能毫不费力地把它移植过来，更不用说，西部片的真正发明者是荷马。而且，西部片是一个通用的类型，因为它探讨的是个人主义。从这个角度看，那些政客成为西部片最狂热的业余爱好者就没什么好奇怪的了。看看罗纳德·里根（Ronald Reagan），开始的时候就是一个西部片演员，后来他政治上的那一套就是在继续这种表演。

森索洛：您喜欢的西部片有哪些？

莱昂内：约翰·福特的《搜索者》（*Searchers*, 1956）、爱德华·德

---

[1] 《血腥的收获》（*Red Harvest*），哈米特发表于1929年的侦探小说，硬派侦探小说开山之作。黑泽明的《用心棒》在情节上确与小说有相似之处，许多学者也像莱昂内一样认为该片受到《血腥的收获》的影响，但也有学者反对这个观点。

米特里克[1]的《瓦劳克》(*Warlock*, 1959)、安东尼·曼[2]的《百战宝枪》(*Winchester'73*, 1950)，尤其是霍华德·霍克斯的《赤胆屠龙》。但我并不想简单地拷贝这类片子，它们包含太多让我不适应的元素了。总有一个女人守在窗口，这让我非常不快，这往往搅和了一部好片子，比如说约翰·斯特奇斯[3]的《龙虎双侠》(*Gunfight at the O.K. Corral*, 1957)，我总觉得朗达·弗莱明[4]在这个故事里什么也不是，她一出现，节奏就乱了。约翰·福特是唯一懂得如何让女人符合逻辑地在西部片中出现的导演。因为约翰·福特跟弗兰克·卡普拉[5]一样是个乐观主义者。约翰·福特是乐观主义者这个事实符合逻辑。因为你看，美国给了他一切。他是格里菲斯的副导演，他在授勋以前就拍过八十部电影，他怎么能不相信美国呢？这种乐观精神一直维持到《双虎屠龙》(*The Man Who Shot Liberty Valance*, 1961)，那是一部醒悟之作，他终于怀疑美国了，所以非常精彩。

森索洛：至少您非常喜欢西部片？

---

1 爱德华·德米特里克（Edward Dmytryk，1908—1999），美国导演，以执导黑色电影闻名，但他执导的《瓦劳克》等西部片也成为该类型的经典作品。
2 安东尼·曼（Anthony Mann，1906—1967），美国导演，以与詹姆斯·斯图尔特合作的五部西部片开创了新的西部风格。
3 约翰·斯特奇斯（John Sturges，1910—1992），美国著名西部片导演，1955年获奥斯卡最佳导演奖。后文不断提到的《七侠荡寇志》(*The Magnificent Seven*, 1960)改编自黑泽明的《七武士》。
4 朗达·弗莱明（Rhonda Fleming，1923—2020）在《龙虎双侠》中扮演一个同时吸引两位男主人公的女性，这是编剧哈尔·瓦利斯（Hal Wallis）为取悦观众而特意安排的角色。
5 弗兰克·卡普拉（Frank Capra，1897—1991），意大利裔美国导演，被誉为"好莱坞最伟大的意大利人"。作品《一夜风流》《生活多美好》《浮生若梦》等。1982年获美国电影学院终身成就奖。

莱昂内：不是非常喜欢。我想从格尔多尼[1]的角度玩这个面具的游戏。把历史嵌套在这个类型中，就像我在历史神话片里做的一样。但很难找到投资，当时我需要一亿两千万意大利里拉，每个国家四千万，但后来我没找到意大利那份。我用五天就考虑好剧本了，杜乔·泰萨里不理解我要做的事儿，他在罗马四处张扬说我疯了，可当影片成功以后，他却改变看法了。我一个人用十天左右写好了剧本，但所有制片人都拒绝了这个本子。最终我找到一个肯出钱的，条件是要等乌戈·托格纳齐[2]和维阿奈洛[3]的档期，他认为这应该是一个爆笑喜剧。这时尤利（Jolly）公司同意参与进来，这两个制片公司联合制作过《决斗得克萨斯》（*Duel au Texas*），也是一部西部片……在得到预售额四千五百万里拉后，他们先拿出其中的三千万里拉。所以在影片还没开拍的时候，他们就净赚了一千五百万里拉。

森索洛：当时考虑到了哪些演员？

莱昂内：我要求用亨利·方达[4]，但没人能把剧本给他看。人们对我们说他根本不能拍这部片子。不久后，我的片子在全世界都打破票房纪录，方达对此事大为光火，把经纪人给换了。尤利

---

1 卡尔罗·格尔多尼（Carlo Goldoni，1707—1793），意大利戏剧家，一生创作了两百多部剧作，尤以喜剧著称，其中最脍炙人口的是面具小丑喜剧，被誉为"意大利现代喜剧的开创者"。
2 乌戈·托格纳齐（Ugo Tognazzi，1922—1990），意大利著名演员、导演，活跃于电影、电视和戏剧领域，意大利喜剧四大演员之一。
3 雷蒙多·维阿奈洛（Raimondo Vianello，1922—2010），意大利演员。
4 亨利·方达（Henry Fonda，1905—1982）是莱昂内最喜爱的美国演员之一，应邀主演了《西部往事》。参见本书第十二章。

公司的制片人希望我能用理查德·哈里森[1]，他们公司的一位演员，他值两万美元。但我不喜欢他。我托人联系詹姆斯·科本[2]，我对他在《七侠荡寇志》里的表现印象很深。他出价两万五千美元，但制片人给不出这个价钱……

当时，我在看一部美剧，《皮鞭》[3]，并且注意到了克林特·伊斯特伍德。他在出演的那一集里基本不说话，动作很慢。真的，非常慢！我非常喜欢他这种懒散的态度，但我觉得他有点太年轻了，胡子刮得太干净了，穿得太干净了……但是，我知道我能把这些全部掩盖掉。鉴于他要的价钱比理查德·哈里森少五千美元，尤利公司就同意了。我去机场接他，他穿着一身类似美国学生那种品味较差的衣服。这对我来说无所谓，是他的脸和他的蠢样儿让我感兴趣。他说话很少，他在《皮鞭》里说话就很少，他只是简单地对我说："我们一起拍一部好西部片。"我给他披上一件墨西哥披毯[4]让他看上去矮一点，再加一顶帽子，就没有问题了，很贴。除了一个问题，他不抽烟。他后来要在嘴角叼着"toscane"，一种非常硬、非常呛的小雪茄，那是唯一让他始终遭罪的东西。

1　理查德·哈里森（Richard Harrisson, 1936—2002），著名B级片演员，1970年代活跃于小成本制作中，同时也是制片人。
2　詹姆斯·科本（James Coburn, 1928—2002），美国电影和电视演员，曾出演七十多部影片和一百多部电视剧集，1998年获奥斯卡最佳男配角奖。
3　《皮鞭》(Rawhide) 是1960年代美国CBS电视台制作的西部片电视剧集，从1959到1964年共播出了八季。
4　在西部片中，服饰经常是用来识别人物身份的主要标志。墨西哥披毯（pancho）是一种用粗麻编织而成的披肩，在美国与墨西哥边境地区，这种披毯主要是墨西哥苦工穿的衣服，美国牛仔很少穿这种披毯。莱昂内在这里让主人公穿这种披毯是为了混淆他的身份，这种披毯与南方军队的皮靴搭配在一起，让人很难辨别他来自哪里，增强他的神秘感。

森索洛：对于吉安·马里亚·沃伦特[1]呢?

莱昂内：当我说出他名字的时候，制片人都惊呆了。他们已经在吕奇·科曼奇尼的《骑虎难下》(*A Cavallo della tigre*, 1961)里用过他。对他们来说，马里亚·沃伦特只能是一个戏剧演员。没人敢想象让他在西部片里演一个残暴的牛仔。其中一个制片人甚至对我说:"莱昂内先生，您是不是疯了?您想用吉安·马里亚·沃伦特?很好。那您自己玩吧。很好。影片开拍之前，我们已经赚了一千五百万里拉。但您呢?您做什么都行，只要别超过我们的投资。以后咱们无话可说了。"让他们同意这件事还有个原因，就是沃伦特只要了两百万里拉，他只要在电影里演个小角色赚的就比这多。但我清楚我要做什么，我感兴趣的是沃伦特的脸。

森索洛：那其他的演员呢?

莱昂内：都是一些我通过面相选出来的西班牙人，他们有着让人激动的丑嘴巴。还有一些是我从朋友中选出来的，比如马里奥·布莱加(Mario Brega)，一个游手好闲的罗马屠夫。我在罗马的各行各业里选演员，包括演艺圈。这伙人后来出现在我的每一部电影里。至于帮派中的那个女人，我选择了曾出演布努艾尔《维莉蒂安娜》(*Viridiana*, 1961)的一个西班牙演员。另外一个女角是已经黯淡的德国明星：玛丽安娜·科赫[2]。我不想让她读剧本。我对她说这是一个没对白的小角色。但她因为信任我就接受了，这真让人高兴。我是对的，在这部影片之后，她在

---

1 吉安·马里亚·沃伦特(Gian Maria Volonté, 1933—1994)，意大利戏剧演员和电影演员，在"镖客三部曲"的前两部中扮演反面角色。
2 玛丽安娜·科赫(Marianne Koch, 1931—)，德国女演员，在《荒野大镖客》中扮演 Marisol，该片成为她电影生涯的转折点，也是她最为著名的影片之一。

她的国家再次成为一线明星。

森索洛：那扮演棺材佬的人呢？

莱昂内：是尤瑟夫·艾格尔（Josef Egger）！一个歌舞剧院（vaudeville）的奥地利演员。我特喜欢他向前捻胡子的方式。他完全像一个西部片人物。

森索洛：在这部电影中出现了墨西哥。

莱昂内：得克萨斯南部令人激动，有一种融合了墨西哥和美国的感觉，准确地提供了一种葬礼和宗教的色彩。这正是我为了表现"死亡芭蕾"（ballet des morts）而需要的。在《荒野大镖客》里，我选择了一种类似迪米特里·乔姆金[1]在《赤胆屠龙》和《阿拉莫》（*The Alamo*, 1960）中用过的那种墨西哥哀乐[2]。这是一种墨西哥人在葬礼上的古老吟唱，它准确地融入我的风格之中。

森索洛：既然谈到风格，还要提到您展现了一些肮脏的人物，穿得很破而且胡子刮得不干净。

莱昂内：首先，这是一种现实主义的需要。如果你仔细看过那个时代的照片，会看到那时候人的穿着比我电影里的人还差。但这不是风格的需要，是一种记录的愿望，这对于我讲述我的传奇是非常必要的。我应该从现实出发。我啊，除了那些布景，我

---

[1] 迪米特里·乔姆金（Dimitri Tiomkin, 1894—1979），生于乌克兰，好莱坞最高产的电影作曲家之一，曾为百余部影片担任作曲。
[2] 墨西哥哀乐，是一种19世纪墨西哥军队为死去的士兵举行祭礼或葬礼时所用的音乐，多用墨西哥长喇叭演奏，具有凝重哀怨的特征。莱昂内和莫里康内在他的西部片中把这种墨西哥军队哀乐运用到决斗场景中，发展为带有死亡暗示和仪式感的音乐。

讨厌沃尔特·迪斯尼（Walt Disney）的东西，那是完全与现实隔绝的童话，因此人们永远也不能进入游戏。童话需要与现实混在一起，这就是我的观念。这个观念无疑来自我受过的教育，我开始于新现实主义的年代，我喜欢那些真实的东西，对想象、神话、神秘和诗意进行过滤，但这些都要求基本的细节必须是准确的，永远不要发明。所以，《西部往事》里的长风衣，是那个时代真实的风袍（cache-poussière）。在西部，骑马的人穿这种衣服是因为他们要在马上睡觉，要走好多天……这可以遮挡尘垢和抵御异常的气候。当他想到酒吧喝一杯的时候，他必须脱掉这身衣服。因为长风衣上挂满了肮脏的泥土，因为尘垢僵硬，风衣都能立在地上了，跟个小帐篷差不多。

森索洛：《荒野大镖客》的拍摄井井有条，在拍摄的时候就考虑到剪辑吗？

莱昂内：不如说我在拍摄之前就考虑到剪辑了。我希望这部片子能有一种接近于音乐形式的个人风格。今天，我甚至想说莫里康内[1]不是我的作曲家，是我的编剧。我经常用音乐取代比较差的对白，去强调一种目光或一个特写。这是我的一种能比对白说出更多东西的方式。这种方式不是我发明的……在我之前，还有卓别林和爱森斯坦（Sergei Eisenstein）……但只要有这种可能，我就会要求在开机之前把音乐做好，因为它会变成我写作的重要素材，它甚至会影响我最后的剪辑。可惜啊，拍《荒野大镖客》时没有这个可能性。没钱！好在我在拍摄时想着音乐。

---

1 恩尼奥·莫里康内（Ennio Morricone，1928—2020）是莱昂内最重要的合作伙伴，他为莱昂内电影的配乐堪称典范，莫里康内也因莱昂内的影片而成名，成为意大利电影史上影响最大、最重要的电影作曲家。

森索洛：那时候您就认识莫里康内吗？

莱昂内：我们小学的时候在一个学校，但我把他忘了。起初，我想让《末日庞贝》和《罗德岛巨像》的作曲安杰罗·弗朗西斯科·拉瓦尼诺[1]给我作曲，尤利公司求我见见这位恩尼奥·莫里康内，看看能否跟他一起工作。我曾听过他给《决斗得克萨斯》作的曲子，我一点也不喜欢。换句话说，有点不知所云。

我刚进他家，他就说我们是小学同学，我觉得他是唬人。但完全不是这样。他拿出一张合影，我发现我们确实都在上面。这太好了，不过这不足以让他担任配乐。我坦白地说："你给《决斗得克萨斯》作的曲子太一般了，是对迪米特里·乔姆金的拙劣模仿。"完全出乎我意料的是，他说："我完全赞同你的观点，但他们就是要我做一个拙劣的迪米特里·乔姆金。我就做了。我需要生活。"我看他很真诚，就给他一次机会。我提议他给我听点什么东西，他放了一段非常棒的音乐，很适合表现那个墨西哥家庭。可接下来，这段曲子被制片人否了，他们觉得太深邃了……但是，我问他针对这个墨西哥家庭是否还有点别的东西。他给我听了七年前他为一位美国贝斯手写过的一首歌：《在风中》(*On the Wind*)。我听了一下，歌手的声音让我不悦，把其他东西给毁了，但我知道有什么东西勾住了我。我问他："录歌的时候是不是有两条轨，我想听听没有人声的母带。"莫里康内回答说可能很难，他不知道MCA公司[2]是否还保留这首歌，因为有七年时间了。几天以后，他找到了这个母带，我们重听了一遍，我被吸引

---

[1] 安杰罗·弗朗西斯科·拉瓦尼诺（Angelo Francesco Lavagnino，1909—1987），意大利作曲家，曾为奥逊·威尔斯等著名导演的作品配乐。
[2] MCA 公司（Music Corporation of America），即美国音乐公司，成立于1924年，1960年代收购环球制片厂，当时在好莱坞颇具影响。

了。我对他说:"你来做这个片子,现在你去海滩吧,因为你的工作已经完了,这就是我想要的,你只需要给我找一个好的口哨手。"他真的找了一个,我在后来所有的片子开场都用了这个口哨手,还有许多其他的片子,他就因为口哨吹得好变得特别有钱。

森索洛:当时是不是已经有电影在开场部分像您这样用动画?

莱昂内:没有,是我让它变成时尚的。[1]

森索洛:是怎么选的英文名字?

莱昂内:鲍勃·罗贝尔森,就是"罗贝尔的儿子",向我父亲致敬。沃伦特取的是"约翰·威尔斯"(John Welles),就是个简单的翻译。这些笔名是必要的。在我成功之后,这就不是问题了,而且意大利名字效果要更好。科尔布奇就用了他的真名。

森索洛:您是怎么指导演员的?

莱昂内:对于伊斯特伍德,就是自然。三个表达:第一个是雪茄,第二个是帽子,第三个是没有帽子。冷而单调的声音,以突出他的神秘色彩。对于他来说没有任何问题,这是一个非常有耐心的专业人员。对于吉安·马里亚·沃伦特,就有点区别了。他是一个丑角,他的动作非常戏剧化甚至夸张。这就是为什么我在《黄昏双镖客》中想到了毒品,这适合他的表演方式。人们会认为那是毒品作用下的习惯。这在西部片中是第一次,服务于我

---

[1] 莱昂内并不是第一个在电影中运用动画做开场字幕的,最早在电影开场字幕中运用带有波普风格的动画的影片是英国的007系列,莱昂内把这种具有现代感的风格灵活地运用在西部片中。

的目的，强化了这个人物的性格，这是一个被宠坏的骗子，我让他这种戏剧化表演变得更加强烈。

森索洛：在影片结尾，一个摇臂的上升镜头，我们看到这个村子的全景就像一幕戏剧舞台的布景。

莱昂内：这正是我的意图所在。当我们到那里的时候，我看了那些丑陋的布景，已经十八个月没用过，并且被变化的天气折腾得生锈了。这给人一种戏剧化的印象。我要求保持这样。从一开始，我脑海里就萦绕着一种对莎士比亚的参照，这个想法跟这个景契合了。当伊斯特伍德到这个村子时，敲钟人对他引用了一句《哈姆雷特》："你有武器，但这里只有死人。"

森索洛：还有决斗的戏剧化。

莱昂内：绝对如此。封闭场景，戏剧化，从生到死的循环，展现性命攸关时刻的竞技场。（他们）以面对面的方式，争取活着的最后一次机会。这就是童话的道德。我们后来在《黄金三镖客》里再次看到了竞技场，在《革命往事》的开场也出现了竞技场，就是胡安（Juan）强奸贵妇那场戏，它结束于肖恩（Sean）骑着摩托车出现的场景。那是西部片的结束和政治片的开始。

森索洛：在所有这些竞技场中，人物都受益于他的技能，但在这里，恰恰相反：来复枪对左轮。

莱昂内：在这里，玩的是颠覆惯例。有这么一句话："当一个带左轮的人遇到带来复枪的，带左轮的人已经死了。"我就喜欢证明相反的结果。就像是寓言，我就是喜欢玩这些代码（codes）。我这么做直到人们找到西部片不怎么谈论的真相。我啊，从来没见过现实主义的西部片。如果人们表现真相，我们就会看到比利小子[1]在碰一个人之前会先开上一百枪。真正的西部跟西部片毫无关系。我喜欢把游戏混入现实。当沃伦特的来复枪子弹打光了，伊斯特伍德就把左轮枪放在地上。他要重新开始决斗。我们看到了他们捡枪和上子弹的技术，也见证了他们交手的技术，对来复枪来说，时间有点长了，所以沃伦特输了。这些动作不能看上去不真实，也不应该那样。以同样的方式，我要展现伊斯特伍德准备铁板做防弹衣，对观众来说，我展现这场戏是至关重要的。我确信是（我的影片）真实的一面让我的童话获得了成功。我需要把所有的东西混合在一起，让公众永远不知道从哪儿开始眨巴眼睛，又在哪儿结束于现实。

森索洛：对于其他特点，这部片子遵循了意大利面具的传统……

莱昂内：在写剧本的时候，我想了很多西西里木偶戏。它向我们证明了，完全可以通过史诗来谈论一些当代的东西。木偶戏总是吸收上演那个地方的特定现实。这些木偶模仿着村里人好的和坏的东西，每个人都能看到自己的故事，在奥兰多冒险故事的背后，人们看到自己社会条件下的现实。这是寓言中最有效力的。

森索洛：谈到寓言，您是否也考虑到加百利天使[2]的寓言？

---

1 比利小子（Billy the Kid）是根据美国西部一个真实的强盗改编的文学形象和电影形象，曾多次出现在西部片中，是传说中的神枪手，莱昂内在这里还原了他的真实面貌。
2 加百利天使（Ange Jacques Gabriel）是《圣经》中一位传达上帝信息的大天使。加百利通常被看作带来上帝秘密启示的人、上帝的左手和拥有匹敌神的力量的使者。在今天，加百利天使也有守护天使的含义。

莱昂内：我把它放在了整个故事的最底层。但是，在西部片里运用加百利天使的掌故会让美国人不高兴，他们会出于道德原因而转换这个寓言。他们找到一个伊斯特伍德的替身，给他穿戴上披毯和帽子，从他身后拍了影片开始的镜头。他前面有一个监狱长，对他说："往这儿走，做这个，做那个……如果你成功了，你就解脱了。"这是何等违背我的想法！我，我要做的是一种与神秘主义有关的寓言，他们太局限于外表了。我设法创造的是一个有点像乔治·史蒂文斯[1]《原野奇侠》那样的神话理念：一个人来到一个村庄，人们不知道他来自哪，来自"无处"（nulle part），他救了一个家庭，消灭了坏人，又重新走向"无处"。他就是个付出了自由的囚徒，他是一个抽象。

森索洛：钱在您的故事中总是非常重要。

莱昂内：钱是我的人物行为唯一的真实动机。或者说，这就是美国的特征。在这个国家，当人们见面时，不会彼此问"你怎么样"，而会问"你赚了多少"，或者"最近生意好吗"。在很多酒吧，老板赚来的第一张美元会被镶在框里，挂在吧台上。当然，不只是美国，人们都追求钱，这是一个普遍的主题，就像暴力。

森索洛：人们总是批评您的电影非常暴力。

莱昂内：我用一个段子回答你这个问题。我在拍《黄昏双镖客》时，接受了《时代》杂志一个记者的采访，他带来了他们最新一期杂志，在采访开始之前，我随便翻了翻杂志。我看到有两

---

[1] 乔治·史蒂文斯（George Stevens, 1904—1975），美国制片人、摄影师、好莱坞黄金时期的重要导演，曾获六次奥斯卡最佳影片奖提名，五次最佳导演奖提名。他的《原野奇侠》（*Shane*, 1953）是西部片历史上的名作。

张彩页刊登了一个摄影爱好者拍摄的照片。第一张是两个黑人青年从一家商店里出来,他们拿着几瓶啤酒,这是他们偷的。下一张照片里,警察到了。再一张,警察们看着黑人。下一张,黑人打算偷跑,一个笨蛋警察掏出枪并向他们开枪。最骇人的照片是一个青年被击中,倒在血泊中……最后一张照片,警察将一只脚踩在黑人的尸体上,监视周围人对他行为的反应,另一个警察则对着他笑……这时,记者对我提出了他的第一个问题:"为什么您拍的电影总是那么暴力?"我把杂志摊开,说:"那你能接受你们自己的杂志吗?"

森索洛:在《荒野大镖客》中,还有一定的讽刺距离(distance ironique),我是指酒馆老板藏起来看两个帮派打仗时的那句对白:"这让我想起小时候玩的印第安人游戏。"

莱昂内:我在我所有的片子里都放了这种东西。在《黄昏双镖客》里,那些孩子看克林特·伊斯特伍德和李·范·克里夫[1]打架时说:"他们就像我们一样!"这种距离让人们回到了现实。

森索洛:还有一些比较刺耳的对白,比如克林特说:"我从来就不消停,我还真就不信了!"

莱昂内:但这不是幽默,这是彻头彻尾的真实。我喜欢卓别林那种把最真实的东西混合进喜剧的方式。但影评人不喜欢这个东西。他们希望我的影片从头到尾都是喜剧,或者从头到尾都是正剧。他们只知道一个人踩到香蕉皮摔倒是为了好笑,但忘记如

---

[1] 李·范·克里夫(Lee Van Cleef, 1925—1989),生于荷兰,美国电影、电视演员,早年在西部片、黑色电影中扮演次要角色。被莱昂内发掘出演"镖客三部曲"的后两部而成名,成为意大利西部片中的重要演员。

果他摔断了脖子,就变成悲剧。这就是生活的真实。卓别林把幽默与悲剧的同时性在全世界面前演了四十年。我让伊斯特伍德说这句话,就因为我是个悲观主义者,不含任何幽默。

森索洛:为什么有这种悲观主义?

莱昂内:我是个失望的社会主义者,差点就是无政府主义者。我有一种意识,我是个保守的无政府主义者,我不扔炸弹……但我察觉到生活中到处都是谎言。但还有什么呢?家庭。这是我在历史中总结的最后原型。今天,家庭观念变成了时尚,但这是最近的事儿。还有什么呢?友谊。再就没了。我的本性是悲观主义的。在约翰·福特那里,人站在窗前眼含希望地望着。我要展现人们害怕开门。如果他这么做了,他的眉心就会多一粒子弹。但这是真的,读读《平克顿[1]回忆录》(*The Memory of Detective Pinkerton*),就会发现他都是在匪徒睡着的时候杀他们的,他特别害怕跟他们的对决。

森索洛:那您的成功没能带走这种悲观吗?

莱昂内:财富吗?它只能允许我自由地表达。我可以在高兴的时候买一幅马蒂斯的画,它给我带来快乐并且启发着我,但这只是一种暂时的快乐。这只是表面的……最重要的是财富能让我在拍摄《美国往事》之前的十年中保持安静。最有趣的地方是能说"不",让我只去想我愿意做的事儿,这是它所能带来的唯一的自由。

---

[1] 阿兰·平克顿(Alan Pinkerton)是苏格兰侦探、间谍,以 1850 年创建平克顿侦探社(Pinkerton National Detective Agency)而闻名。这是美国第一家私人侦探社,以提供私人保镖、雇佣兵、安全押运和抓捕盗贼为主要业务。

森索洛：做一个悲观主义者是幸福的吗？

莱昂内：当然。悲观主义解决了生命中的一个"自由证明"（un constat de la liberté）。人们把自己变成一座岛。只要我们离开这座岛，就能回到那个隔绝的世界，这就是幸福。我就建了我自己那座小岛，我跟我的家庭在那里生活。我很幸运，拥有我想要的孩子，他们对待我就像朋友。他们叫我"塞尔吉奥"，而不是"爸爸"。这就是一种幸福。

森索洛：友谊在您的生活和您的电影中是同样重要的吗？

莱昂内：友谊，不是彼此认识，或者经常去看看，而是感觉彼此在一起，分享共同的品味，在不同意时也能发脾气，当对方需要的时候能敞开大门，而不是总对他说"太棒了"，这基本上没什么意义。如果我肯定某个人，我会认为他做的事一直都不错。如果我因为某事对他说"太棒了"，那无外乎说，他其他的事儿做得都不怎么样。不。首先是认同。在电影圈，友情罕有真诚，我认为我无愧于任何人。那些因为利益而接触我的人，到最后都自动离开了。我没有不理他们，是他们自己放弃了，就像噪音一样消逝。他们离开时没能得到他们想从我这儿得到的东西，也没有什么可不高兴的。我对谄媚的人很和善，我只是瞧不起他们，但绝没有让他们去干蠢事。首先，我们会感到被恭维。但很快，我们就能明白跟你说话的那个人是否真诚。一个真正的朋友，可以很多年不见面，可每当重逢，感觉依然亲密如初。

森索洛：伊斯特伍德和沃伦特看片子时的反应怎么样？

莱昂内：吉安·马里亚·沃伦特说："成了。真是奇迹。"克林特是满意的，他感觉片子非常不错，但他想象不到影片在美国会怎么样。柯克·道格拉斯的嗅觉很灵敏。他很喜欢《荒野大镖客》。他来罗马电影城拍摄梅尔韦尔·沙维尔森[1]的《黑幕落下》(*Cast a Giant Shadow*, 1966)，我们在他的车里见了面。他说他准备跟我一起工作。我知道他是大制片人，差不多是他通过《光荣之路》(*Paths of Glory*, 1957) 和《斯巴达克斯》发现了库布里克。之后他每年都给我写信，问我是否可以跟他一起工作。

沙维尔森曾问过我用的什么镜头，我回答说用的是跟他一样的镜头，而我没有他那么全套的设备。他非常惊讶。他还以为我专为这个片子定做了一些特殊镜头呢。事实上，我用的就是25/32英寸的镜头，在距离脸部很近时也可以拍摄到更清晰的景深。没用变焦头，否则画面就毁了。我后来在《西部往事》的决斗戏里用了深焦镜头，我需要后景是虚的，因为在他们后面是世界、宇宙、抽象，而不再是西部的真实布景。但在前几部"镖客"中，情况不是这样的，我需要那种后景的清晰度。我们必须降低前景的光以更好地表现后景。这浪费很多时间。马西莫·达拉马诺[2]是我的操作员，他在《黄昏双镖客》之后死于癌症。当我选景别时，他有点傻了："你为什么切到脸？人们看不到头发了！"但他同意了我的做法，后来就一切顺利了。

森索洛：制片人觉得这片子怎么样？

莱昂内：他们没什么信心。我们在索朗特（Sorrente）进行了放映。那里有一个拥有五十家影院的人，他对我说："您拍了一部杰作，但恐怕不会太好，一部只有一个女人的西部片怎么可能

---

[1] 梅尔韦尔·沙维尔森（Melville Shavelson，1917—2007），美国导演、制片人。
[2] 马西莫·达拉马诺（Massimo Dallamano，1917—1976），意大利摄影师，跟随莱昂内后成为导演，以拍摄意大利恐怖片为主。

卖座呢？"我对他说我是故意这么做的，而且准确地说，正因为这一点，这片子才会卖座。最后，《荒野大镖客》8月27日在佛罗伦萨最下等的街区上映了，正好是三伏天……在一家看上去像个走廊的电影院，里面都是那种自电影诞生之后就没人换过的木头椅子。另外片子上映时没什么宣传，那天是星期四，根本没有几个人看。到了星期五，人稍微多了一点。但到了星期六和星期天，人开始多了。然后到了星期一，一般来说，这是意大利电影院每周人最少的一天，但我们片子的上座率比星期日翻了一倍。然后，奇迹发生了，片子开始大热，无往不胜，它在这个简陋的电影院连续上映了三个月。

之后，影片在佛罗伦萨最好的电影院延续了这个奇迹，在各个地方都获得了成功。意大利影评界开始有点狂热，还有一些知识分子在诋毁这个片子。但我从来不相信意大利影评界，尽管现在他们吹捧我。如果不懂做电影，就无法做影评。

在意大利，影评人在影片刚上映时去看片子。他们还没消化好午饭呢，就要在下午2点到4点去看电影，然后5点就交稿子。在这么短的时间里，他要对别人一年的工作下判断。在这个条件下，即使天才也不可能做出严肃的分析。在法国，影评人可以在影片上映之前看片子，他完全有时间去思考他所写的东西。在美国，影评人是在影片上映几天之后才去看片子。但是，业内人士很喜欢《荒野大镖客》。弗朗西斯科·罗西特别喜欢这部电影。吹毛求疵的只是那些御用影评人……在美国，评价不错，但影片是在意大利上映十八个月之后才在美国上映的。因为尤利公司不愿意支付一万美元的翻拍《用心棒》的版权费。他们与黑泽明对簿公堂，最终把影片在日本的票房赔偿给黑泽明。我完全理解黑泽明的做法。他是个生意人，通过这场诉讼，他能凭他导演的全部影片赚到更多钱。我很崇拜这位导演。我认为，他在这件事上的决绝想法不是因为他怕翻拍影片会比他自己的电影赚钱，因为约翰·斯特奇斯的《七侠荡寇志》已经打破了票房纪录，而我更喜欢《七武士》，但可惜后者的票房并不好。至于指控我剽窃，我驳斥了他们。我确实参考了《用心棒》的基本结构，可《用心棒》也来自哈米特（的小说）。我仔细查阅了从日文翻译过来的《用心棒》台词，为了不在影片中重复任何一句。我影片的成功根本不在于它是一个黑泽明的翻版。

森索洛：那您从影片中获益了吗？

莱昂内：在合同上，我获得百分之三十，但他们把钱都拿走了。当我去取我的薪水和提成时，尤利公司告诉我，因为黑泽明的诉讼，他们不能付给我钱。这根本站不住脚。所以，我也起诉了他们。很快，他们跟一位殷勤的检察官就把问题解决了，他们把公司的全部财产卖给了另外一家公司……然后，他们清空了账目。当我胜诉的时候，他们公司什么都没有了。到今天，《荒野大镖客》是唯一一没让我赚到一分钱的影片。而且，我自己也花了很多钱。我从未获得报酬。我还付了所有的律师费。对我来说，这部影片代表着十五亿里拉的亏损。通过这次经历，我决定担任自己电影的制片。首先是与格里马尔蒂[1]合作。然后在拍摄《西部往事》时创建了拉弗安公司（Rafran）。"拉弗安"是用我三个孩子名字的前两个字母命名的：拉法埃拉（Raffaella）、弗兰西丝卡（Francesca）和安德烈亚（Andrea）。

---

1 艾伯托·格里马尔蒂（Alberto Grimaldi, 1925—2021），意大利著名制片人。

森索洛：艾伯托·格里马尔蒂是谁？

莱昂内：他是联艺公司（United Artists）的律师，一个那不勒斯人。他靠倒卖西班牙小制作影片给发行商做投机生意。因为他的目录里有西部片，所以在我成功之后联系我，跟我合作，除了费用和薪水，他许诺我获得影片百分之五十的提成。

森索洛：是怎么产生拍摄第二部西部片的想法的？

莱昂内：出于复仇的欲望。影片上映六个月后，《荒野大镖客》在许多国家成为票房冠军。那时还没有在美国上映，但美国人已经邀请我去美国拍戏了。但不一定是西部片。他们给我很多建议。我本可以接受，但尤利公司的无耻让我耿耿于怀。所以我去见那两个制片人，对他们说：影片的成功形势让我很开心，我很高兴，但我不会再跟他们拍片子，我要把他们告上法庭，并且以后再也不见他们。他们说我是个滚刀肉（coriace）。他们不理解（我的做法），我要这些钱，因为这是个荣誉的问题。所以我产生了复仇的念头。我对他们说："我还不知道我是否需要再拍西部片，但我肯定要再拍一部，就因为我要让你们不好过，片子就叫……"我马上就想到一个题目："为了更多钱"[1]。当然，我当时对剧本一点想法都还没有呢。我就知道，我要找到吉安·马里亚·沃伦特和克林特·伊斯特伍德再拍一部西部片。

---

[1] 《荒野大镖客》的英文原名是"为了几块钱"（A Fistful Of Dollars），《黄昏双镖客》的英文原名是"为了更多钱"（For A Few Dollars More）。

10

《黄昏双镖客》

赏金杀手

范·克里夫

启示性闪回

音乐的力量

新的成功

森索洛：第二部西部片的剧本是怎么建立起来的？

莱昂内：我用了吕奇亚诺·文森佐尼[1]。他曾给皮亚托·杰尔米和马里奥·莫尼切利[2]做过编剧。我想让他帮我建立一个与第一部西部片不同的世界。一些视觉上有点区别的东西，而且要更加现实。在美国西部，白天日照灼人，但到了晚上就可能大雨瓢泼。因此晚上的风景与上午完全不同。这种气候差异让实地拍摄变得很复杂。所以最好是在四季如夏的阿莱莫沙漠（Aleirmo）拍摄西部片。如果拍雨景，我们就用消防车，这就简单了。

我们还需要一个纪实的基础以服务于我的新故事，（我）总有新现实主义情结。我读了很多关于"赏金杀手"的故事，我们就从这个角度出发。我们知道，影片开场时有这么一句话："在这里，生命毫无价值，死人却值很多钱。"往这个方向走，就不可能再玩守护天使的寓言或抽象了，我们应该尊重赏金杀手的现

---

[1] 吕奇亚诺·文森佐尼（Luciano Vincenzoni，1926—2013），意大利电影编剧，莱昂内的主要合作伙伴，参与了《荒野大镖客》《黄金三镖客》和《革命往事》的编剧工作。

[2] 马里奥·莫尼切利（Mario Monicelli，1915—2010），意大利导演、制片人，意大利即兴喜剧风格代表人物，早年也做过马里奥·伯纳德的助理导演，后主要同斯泰诺和意大利著名喜剧演员托托（Toto）合作。

实。他们的职业对于这个国家的建立是必要的。在那个时代，人们把坟场叫作"Boots Hill"，靴子山。这就是说，人们是穿着靴子死的，从来不是死在床上。所以，赏金杀手就是工具，人们称他们为"西部清道夫"（nettoyeurs de l'Ouest）。他们是扫除人间污垢的清道工。他们是一个职业。这让我兴奋。一些人取代了官方正义，目的是让自己能继续生活下去。这就不可能没有暴力。我读到一个赏金杀手总是把他最后一个目标的耳朵放在口袋里。当他进入一家酒馆，他就会亮出这只耳朵，然后把这只耳朵放在一个威士忌酒杯里，再把这杯酒喝掉。这只耳朵来自他最后的猎物，它可能属于某个值五千美元的匪徒。赏金杀手并非炫耀之徒，他亮出这只耳朵只是在告诉别人：他随时能够干掉那些打算从他背后开枪的人。

森索洛：这一次，您更加注重武器及其使用的细节。

莱昂内：这是不可避免的：这是两个靠杀人生活的男人的故事。尽管他们的动机不同，但两个人都追杀一个叫印迪奥（Indio）的匪帮头目。他们的性命依赖于必须对干活的工具——枪——有完美的认识。用枪，他们杀掉猎物并保护自己。我不能发明一些想象的东西，我们在技术层面需要极高的精确性。所以我开始查找资料。在华盛顿有世界上最大的图书馆：国会图书馆。人们获得很多罕见的书的复印本，你只需要填写一个表格、签名，并付十美元。于是我查了那里所有关于西部和美国内战的书，我只读这些东西，我应该参考了比历史学家读得还要多的那个时期的著作……所以我为那个时期每一种枪都找到了最准确的描述。我要在电影中重新做这些枪。我惊讶地发现，在意大利北部居然还有一个能生产这些武器的军工厂。在布来西亚（Brescia），隆巴蒂省，有一个作坊还在生产19世纪的左轮手枪。他们供应美国市场。他们的活儿很棒，他们的产品甚至比那个年代的真枪还贵。用的是最好的钢，枪管经过改善了。今天，意大利人成为世界上最大的武器制造商。布莱塔左轮是美国军队用的枪，但这些枪的真实性还是无法满足我的需要，我要在枪管上更确切一些，就是射程……为我的传奇提供纪实的现实，就对技术有很高的要求。

森索洛：这部片子里人物的性格更加细腻。

莱昂内：我要处理的是两个动机不同的赏金杀手之间的友谊。他们在合法性的边缘从事着危险的职业。一个是年长的少校，这是一个受过教育的人，他有着复仇的秘密意图。另一个是职业杀手，他干他的工作，一个玩世不恭的人（cyniste），几乎是一架机器。表面上看，他只对钱感兴趣，当金钱成为行为动机，就是最大的暴力。但我们又发现，金钱并不重要，因为他随时随地可能死去。少校被复仇意志和绝对的失望指引着，对另一个人来说则是冒险，金钱只不过是道具。这是一个务实且孤单的人。一个孤独的人必须相信点什么才能活下去，金钱只不过是战利品，冒险的愿望要比贪婪更重要。但在心灵深处，他只相信现实，所以他有着冷漠的外表。但他与少校拥有相同的荣誉规则：尊重。这是个光明正大的男人。他有他诚实的方式，他有尊严和智慧，他明白形势的变化，他允许少校打伤他，好让印迪奥相信他。最后他救了少校，但不是帮他解决问题。他以竞技的方式解决问题：他把少校的手枪还给他，他希望在与印迪奥的较量中存活。少校也是依靠智慧而活着的，他考虑的是对手的枪的射程与距离，这让他完全有时间仔细瞄准。他更像个技术家而不是职业杀手。在最后的决斗中，克林特强迫他在关键时刻证明自己的职业精神，他给上校这个机会，但少校必须做到更快，因为印迪奥的枪非常快，音乐停止的刹那，他要活下去就必须做到快。在这种情况下，克林特不会帮他，他变成一个观众。如果少校被击败，他会为他复仇。但最本质的是他要为同伴捍卫这个关键时刻，和一个伪装的决斗比，这显得不那么平庸……

森索洛：开始时怎么考虑选角的？

莱昂内：马上就决定让吉安·马里亚·沃伦特演印迪奥，让克林特·伊斯特伍德演职业杀手。我希望李·马文[1]能演少校。他在福特的《双虎屠龙》和唐·西格尔[2]的《财色惊魂》（*The Killers*, 1964）中给我印象深刻。我已经获得他经纪人的同意，但就在开拍前三天，我被告知马文退出了，他接到合约到埃利奥特·西维尔斯坦[3]的《狼城脂粉侠》里演主角。我都气疯了。我马上坐飞机去好莱坞，在十一个小时的行程中，我翻看《学院明星》（*Academy Players*）杂志，上面有所有好莱坞演员的照片，然后我在李·范·克里夫的脸上停下了，我认得这张脸，在亨利·金[4]的《歼虎屠龙》（*The Bravados*, 1958）中，尤其是金尼曼的《正午》。

---

1 李·马文（Lee Marvin，1924—1987），美国著名电影演员，主要在西部片和战争片中出演令人印象深刻的配角，因为约翰·福特的《双虎屠龙》中扮演恶棍无赖瓦朗斯闻名，后在罗伯特·奥尔德里奇的《十二金刚》（*The Dirty Dozen*, 1966）中任主角。李·马文尽管与莱昂内擦肩而过，但凭借《狼城脂粉侠》（*Cat Ballou*, 1965）获得奥斯卡最佳男演员奖。
2 唐·西格尔（Don Siegel，1912—1991），美国导演，以在 1970 年代与克林特·伊斯特伍德合作《肮脏的哈里》（*Dirty Harry*）系列闻名，除莱昂内之外，他是对伊斯特伍德影响最大的导演。伊斯特伍德把自己执导的西部片《不可饶恕》（*Unforgiven*, 1992）献给了莱昂内和西格尔。
3 埃利奥特·西维尔斯坦（Elliot Silverstein，1927— ），美国制片人、导演。
4 亨利·金（Henry King，1886—1982），美国导演，经常与格里高利·派克合作，他的西部片为这个类型的发展做出了重要贡献。

杂志上是一张特别老的照片了，他看起来像个意大利南部理发店里的学徒，却有鹰一样的鼻子和凡·高的眼睛，但我不清楚他现在是什么样子。

到了机场，我要人去把他找来。但没人知道他在哪里，经过两天的寻找，范·克里夫的前经纪人告诉我他在医院住了三年。有天晚上他喝醉了，从楼上摔下来，几乎全身的骨头都断了。然后他开始戒酒。他放弃了电影，专心从事绘画，境况不佳。他经历了生命中最凄惨的时光。我让这个经纪人以最快的速度安排我们见面，因为我明天就要离开。

在我登机前几小时，他跟着经纪人来了。他们在酒店大堂里等我。我走下楼梯的时候就看见了他。他穿了一件特别脏的外套，剃着短头发，灰白的头发，这正是我要的人物。

我把我的助手叫到一边："快在我跟他说话之前跟他把合约签了，如果我跟他聊几句后发现他是个笨蛋，我肯定不要他。如果我不要他，那我就犯了最严重的错误。"合约马上就签了：整部影片的片酬是四千美元。我们马上带他到机场。我发现他不像我感觉的那么笨，这是一个敏感而聪明的人。他在飞机上读了剧本，然后笑着对我说："简直是莎士比亚！"正午时分，我们到达罗马。下午1点，我们到了罗马影城。2点15分，我开始拍第一个镜头。

森索洛：那时您知道他曾演过塞缪尔·富勒[1]的《关山劫》（*China Gate*, 1957）吗？

莱昂内：我不知道，他也从没跟我说过。一年以后，伯特·兰

---

[1] 塞缪尔·富勒（Samuel Fuller, 1912—1997），美国导演，以拍摄低成本类型片著称，以其独特方式为各个类型的风格发展做出了重要贡献。

卡斯特[1]要看这部片子，他跟我说只看前两本拷贝，但最后他把整部片子都看完了。他对我说这片子让他很开心，他补充道："让我印象最深的是看到了一个一辈子都在给我拿雪茄的小演员，但在这部片子中，他演的是我的角色，而他演得比我好！"

森索洛：为什么选了克劳斯·金斯基[2]？

莱昂内：很久以前我就在德国电影里对他有很深的印象。在拍《荒野大镖客》之前，我曾想跟他一起翻拍弗里茨·朗[3]的《M》（*M*, 1931），他就演彼得·洛尔[4]的角色。金斯基在他的国家非常有名，尤其是通过他的戏剧活动。当他看过我的第一部西部片后，立即同意跟我工作。所有人都告诉我要小心他，他是出了名的难控制，动不动就发神经……但跟我在一起他像个天使，乖得像个孩子！……一丝不苟、细致、谦卑，而且富有耐心。大卫·里恩看到他在影片中的表演，不久就跟他签约拍了《日瓦戈医生》（*Doctor Zhivago*, 1965）。

森索洛：在这部电影中，您第一次把闪回当作一种揭示性结构。

---

1 伯特·兰卡斯特（Burt Lancaster, 1913—1994），美国著名演员，曾出演多部经典西部片。
2 克劳斯·金斯基（Klaus Kinski, 1926—1991），德国著名电影演员、戏剧演员，因与德国著名导演维纳·赫尔佐格（Werner Herzog）的合作和富有神经质的面部表情闻名，也在意大利西部片中扮演过令人印象深刻的角色。
3 弗里茨·朗（Fritz Lang, 1890—1976），著名导演，德国表现主义运动代表人物，其在德国时期的作品《M》《大都会》（*Metropolis*, 1927）等都是影史名作。后移居美国，也拍摄过有影响的西部片。
4 彼得·洛尔（Peter Lorre, 1904—1964），德国演员、编剧和导演，曾是德国戏剧家布莱希特的演员，因在弗里茨·朗的《M》中任男主演而成名，后移居美国，多在黑色电影中出演角色。

莱昂内：在电影中，闪回就是现代性本身。为了描绘未来、梦境或过去，我们必须依赖这种修辞。在这里，我想让闪回能在基本叙事运动的内部拥有它自身的戏剧演进。（人们）应该一点一点地发现它，这是运用闪回最好的方法。我知道这一点，因为我总是钻到最挑剔的观众的骨头里去体会电影。我去电影院时会觉得特别恶心，因为电影没放上十分钟我就能猜到影片的结局。所以，当我做一个题材时，我总要挖掘这个主题的意外性。我为控制好奇而战斗。在这种结构类型层面，模糊性成就叙事。我总是寻找从哪一个角度以难以预料的方式推进我的故事。所以闪回出现时，我不会让张力减缓。我保持对好奇心的警觉，但不仅仅对闪回，对所有段落都有效。

森索洛：总有那种混合着纪实与想象的愿望。

莱昂内：当然。比如说抢劫银行那场戏。在拍摄前，我非常谨慎地进行准备。我思考每个镜头的景别，确定镜头，思考蒙太奇的组接，"惊异效果"（l'effet de surprise）已经被布置好了。对于时间，我玩的是哨兵巡逻。每个人数他们的脚步，而我准备打破这个循环。一切都在印迪奥抢劫银行时被打破了，在时间上的布局让我摧毁了查数这种编码，我绕过了传统惯例的安排。从写作剧本的时候开始，这场戏就考虑到了颠覆传统编码的愿望及对节奏的考量，因此剪辑不再是这场戏美学中的最后步骤，而是在开拍之前就充分进入了创作本身。

当我写本子的时候，我就像准备抢劫银行的匪徒去考虑所有的可能性和全部细节。对于抢劫，我就像坏人那样去推理。我认为我可能会成为一个非常优秀的窃贼。其他的戏也都是一样。所以，剧本写作是首要的，甚至在自己设置的结构内部，我都应该让自己感到意外。这并不容易，我经常会在一场戏上卡壳好几个礼拜。每次我找到什么东西，我都要试着说服自己，这一定是影片此时此刻应该发生的事。重要的是，永远不要背叛影片意识形态、道德和现实性的线索。真的，这是更不容易的事。如果我的电影让所有人都喜欢，是因为这种力学（la mécanique）是躲不开的，它得益于我所铺垫的一次次意外。我的作者话语正寓意其中。在这个角度上看，很多观众想再看一遍我的电影以便更好地理解这种力学。在第一遍看的时候，他们受到了影像的刺激，他们以还没全部理解的状态喜欢上这部片子。大量巴洛克影像让对剧情的理解获益于不断产生的意外。看第二遍时，他们会更好地把握影像传递的话语。我很清楚我不做那种看一次就能理解全部层面的电影。本质问题在于，我的电影触及流行大众的情感，也触及同样多的抽象。我要看上去不那么诚实，但我觉得我跟希区柯克的情况不同。看第二遍的时候，你会发现他剧本中的技术性错误。他玩了太多似是而非的东西，他给想象太多的优先权了。这跟我不一样。我希望影片在动作、历史背景、纪实性和社会性等全部的心理层面都是真实的。希区柯克只在《电话谋杀案》（*Dial M for Murder*, 1954）里实现了这一点，那里有那种无法回避的力学，所有层面都是富有逻辑和逼真的。在他的其他作品中，人们找出来一些令人难以相信的漏洞，他依靠他熟练地为其赋予节奏和影像诱惑的方式掩饰这些内容。他是一个非常伟大的艺术家，但他过于蔑视现实。我不能同意他这种方式。我发现弗里茨·朗更有趣，在他那里，现实主义永远不会为想象做出牺牲，然而，一切又都是他创造的。没有朗，就没有希区柯克。

森索洛：在《黄昏双镖客》中，您把美国历史过滤了。

莱昂内：我在前一部片子里就这么做了。事实上这是一个三部曲，第一部是《荒野大镖客》，在那里我们看到了最早的边境线，有游击队、走私贩子和居住在美国墨西哥边境这个"无主之地"的墨西哥人。我要强调一点，这部片子就因为这个原因而没有在墨西哥上映。总之吧，这就是一个国家的诞生，在一个尚未变成国家的地方，伴随着对黄金和杀戮的追逐。而且，正如治安官已经不起作用，所以需要赏金杀手。于是第二部出现了，《黄昏双镖客》……第三部是《黄金三镖客》，随着美国内战，美国南部和北部的碰撞，美国的新发展以及历史原型遭到怀疑。因为，真正的种族主义者不是南部人，而是北部人。为了更好地说明这一点，我打算重拍《乱世佳人》，我要把钟摆放回原位。在结构上，这三部影片是完整的。在第一部中，有两个对立的帮派和两者之间的一个人；在第二部中，是两个人和一个处于他们之间的帮派；到了第三部，是两个对抗的国度和恰好身处其中的三个人。

森索洛：那《黄昏双镖客》的投资呢？

莱昂内：是上一部的两倍多一点，三亿五千万里拉。这并不多，因为这一部更长而且更复杂。需要搭建一个村落，与影片的制作相比，这笔投资并不大。

森索洛：您遇到审查的问题了吗？

莱昂内：太多了！首先是毒品的问题。我跟你说过，这个元素是为了掩饰沃伦特的表演痕迹。但这是个禁忌主题，尤其在西部片中。但是，毒品在像墨西哥或玻利维亚这样的贫穷国家里，是人们的一个生存理由。甚至说，在整个拉丁美洲都如此……毒品甚至是他们日常生活中的面包，我用它就是为了更好地讲述传奇，因为在1965年，毒品开始在全世界扩散了。但这还不是审查的关键问题。主要是展现赏金杀手让他们不高兴，是现实主义，是暴力……

森索洛：可是不是您的影片让这种暴力走向了不归路？

莱昂内：斯坦利·库布里克曾宣称："没有塞尔吉奥·莱昂内，我就不可能拍《发条橙》(*A Clockwork Orange*, 1971)。"萨姆·佩金帕[1]也说："没有莱昂内，我永远不可能拍《日落黄沙》(*The Wild Bunch*, 1969)。"他们说的不是在理念或主题上与我意趣相投，他们发动了类型语码的历史革命。在我之前，人们甚至不能拍摄一部没有女人的西部片，不能拍摄暴力，因为英雄必须是正面的，没人在乎那个时代的现实主义：人物都穿得像时尚人物。我展现负面的、肮脏的、现实主义的英雄，完全呈现在暴力中……而且我的影片打破了票房纪录。第一部片子在意大利的票房是三十五亿里拉，相当于今天的四百二十亿里拉。第二部赚得更多。我的三部西部片位列意大利历史上最卖座的七部影片之中。名誉随之扑面而来，转变也开始了，制片人开始能接受一些类似库布里克或萨姆·佩金帕这样的暴力主题。

森索洛：从意大利新现实主义和意大利喜剧出发，您在第二部电影中注入了个人的笔触：胡子没刮干净的男人、射落苹果，以及一些对话如"你赌什么？——你的皮！""世界真小，而且很坏！"。

---

[1] 萨姆·佩金帕（Sam Peckinpah，1925—1984），美国导演，新西部片的代表人物，以在电影中大胆加入暴力元素著称，代表作《日落黄沙》等，其风格深深影响了后来的"暴力美学"。

莱昂内：这是我作者话语的一部分。在我的每一部传奇中，我完全给自己授权去表达，故事从来不是白给的。起初，《黄昏双镖客》是为了向尤利公司报复，但很快就变成了对电影的思考。电影，就是能并入某个传奇的神话，它不是造梦工业，而是神话工厂。我对神话的纪实愿望也属于我的作者世界（mon univers de l'auteur），尽管我喜欢展现所有东西中最差的：赏金杀手。他可能是负面的，但美国是一个足够包罗万象的国家，所以出现了这种职业，赏金杀手们意识到了他们的技术的价值。在我们欧洲人眼中，他们无视法律，但对于美国人来说，他们是有用的，他们摧毁害群之马。诚然，我还需要展现一点神奇，为了更好地在我的电影写作中设置"死亡芭蕾"和巴洛克（风格），因此，音乐怀表成了一个起点。我要求莫里康内从这个已经存在的怀表音乐主题出发来创作曲子。结果非常好，因为他是个优秀的音乐家，受过良好的教育，他是佩塔西[1]的学生。

森索洛：您自己也是个音乐人吗？

莱昂内：很遗憾，我比较愚钝。我始终感受音乐，但不能用音符去表达。但是，我是个乐迷，我喜欢贝多芬、瓦格纳、马勒……我尤其喜欢罗西尼，对我来说，他是历史上最伟大的音乐家。

森索洛：电影配乐师呢？

---

[1] 戈弗雷多·佩塔西（Goffredo Petrassi, 1904—2003），意大利当代著名古典作曲家、指挥家，是意大利20世纪最有影响的音乐家，同时也是著名音乐教育家，任教于罗马圣塔西西利亚音乐学院，即莫里康内毕业的学校。

莱昂内：马克斯·斯坦纳[1]、维克多·扬[2]、弗朗兹·韦克斯曼[3]……早期的迪米特里·乔姆金，以及所有俄罗斯配乐大师……

森索洛：您是怎么跟莫里康内一起工作的呢？

莱昂内：我从来不让他读本子。我就像讲传说那样给他讲故事。接着，我向他解释我需要的主题数量，每个人物都必须有他的主题……但我是用罗马人的方式对他讲，用大量的形容词，很多类比，我给他解释一切。然后他开始工作，带来主题的一小段，给我用钢琴演奏。经常是他反复演奏并推敲，在我们达成一致之前要有很多尝试。我经常要一个线性的东西，以便我调整位置和重新组接。也有这种情况，我用他主题的一半与另一个主题的一部分重新融合成新主题。必须要解决下面这个问题：不同主题之间要有交叉但彼此互不干扰。

森索洛：在录音时，您信任他吗？

莱昂内：我对他没有任何信任。在乐队演奏之前，他都是一个人工作。我听，我感受我喜欢或者不喜欢。我甚至要跟他讨论乐器的类型和数量。录音的时候我也去，因为莫里康内有时会睡着，有时要我代替他来指挥乐队。为了开玩笑，我曾对乐师们说："大师睡了，让我们继续！"有一天，莫里康内睡着了，一直到很晚。我把录音棚所有的门都锁上，关掉了所有的灯。我来到控制台，

---

[1] 马克斯·斯坦纳（Max Steiner, 1888—1971），奥地利裔美国著名电影配乐师、作曲家，代表作有《乱世佳人》等。
[2] 维克多·扬（Victor Young, 1900—1956），美国作曲家、小提琴家和指挥，代表作是《绿野仙踪》(*The Wizard of Oz*, 1939)，并曾为多部经典西部片作曲。
[3] 弗朗兹·韦克斯曼（Franz Waxman, 1906—1967），德国犹太作曲家，后移居美国，曾为多部黑色电影作曲。

在漆黑当中，我把麦克风的音量调到最大，我模仿鬼魂的声音说："莫里康内！你无耻！所有人都在工作，而你呢？你在睡觉！"听到这个他醒了，快吓死了，他还以为梦见上帝来谴责他呢。他四处乱闯打算离开录音棚，但所有的门都锁上了。我让他在黑暗和不安中待了整整半个小时。当然，最后我们还是饶了他。

森索洛：您的第二部西部片比第一部更成功。

莱昂内：好太多了。从那时起，美国人开始说"意大利面西部片"，我觉得这个说法既讽刺又准确。在我看来他们认为"意大利面"（spaghetti）取代了"宽面条"（lasso），其实不对。但这个叫法倒没什么贬义，在那个时代，人们就把"意大利的"说成"意大利面"，比如今天人们也说"比萨网络"[1]。现在，意大利面不时髦了，比萨成了流行词，这没什么恶意，就是一种定义来源国家的方式。而往往是欧洲人用这个标签的批评含义，以此给一个类型的划分打上污名的烙印。这很愚蠢。就好像如果我们指责美国人拍的古罗马电影就会叫它们"罗马汉堡包"一样，我从未听说有人把《斯巴达克斯》或《宾虚》叫"罗马汉堡包"。当我去美国时，我理解了美国人的尊重方式。他们只问我一般的问题，就好像警察局确认身份一样："您在哪拍的？演员是谁？服装是从哪来的？"他们把"意大利面西部片"看得很严肃。他们到处都把我介绍为一个改革类型片的导演，他们的观点是完全正面的。可惜的是，在意大利，这种成功产生了让人伤心的后果。拙劣的意大利西部片不可遏止。在第一次看《他们是神》（*Lo chiamavano Trinità*, 1970）那天，我甚至伤心地自我怀疑。我不明白这个人物

---

[1] 比萨网络（Pizza Connection），指1980年代发生在美国的一起著名的意大利黑手党诉讼案件，人们用"比萨"来命名其意大利身份。

为什么要搞笑，我感觉非常没劲，极其拙劣，真的很次。我搞不清为什么一个成年人在这种狗屎前会很开心。事实上，《他们是神》是一堆让人受不了的愚蠢意大利西部片的合乎逻辑的结果。但我很忧虑，人们把我叫作"意大利西部片之父"！我却只有一些有缺陷的孩子，没有一个能成气候。因此我非常伤心……

森索洛：但您还是成了明星，观众跟着您的名字走。

莱昂内：名誉给我提供了自由的保障，但我保持头脑冷静。我记得在这种荣誉之前我所经历的东西。我总在想，一个作者真正的成功总来自明天，成功不在今天，更不是昨天。

森索洛：但影评对您的主题总是分化成两派。

莱昂内：正因如此，我才要用《黄金三镖客》来画龙点睛。

11

《黄金三镖客》
美国内战
阿格和斯卡贝里
埃里·沃勒克
巴洛克奏鸣曲
伊斯特伍德的命运

森索洛：在拍《黄金三镖客》时，您曾宣布这是您的最后一部西部片……

莱昂内：我真是这么想的。在构思这个故事之前，格里马尔蒂和我已经知道联艺公司要参与投资。一切都会变得更好。我当时只想到这是三部曲的最后一部，但我还没有出发点。《凡尔杜先生》（*Monsieur Verdoux*, 1947）重新回到我的记忆中，我想起了法庭上的那场戏。我记得卓别林让他人物说的那段台词："先生们，谈到罪行，我只不过是那些发动战争的政府、总统旁边的小角色。"另外，我还对埃米利奥·卢苏[1]刚出版的《高原上的一年》（*Un anno sull'Altipiano*）中的一段印象深刻。不久，弗朗西斯科·罗西就把其中的一段拍成了《寸土必争》（*Uomini contro*, 1970）。这本书里有一段是这么写的："必须有酒，喝醉！这是我们最好的武器。没有酒精，就没人能挺到最后。"这就是我通过阿尔多·吉尤福尔[2]扮演的军官说出来的话，这个那不勒斯演员是德·菲力

1　埃米利奥·卢苏（Emilio Lussù，1890—1975），意大利作家。
2　阿尔多·吉尤福尔（Aldo Giuffre，1924—2010），在《黄金三镖客》中扮演北方军队负责攻下桥梁的军官，每日用酒麻醉士兵，最后死于战场。

波[1]的学生，他扮演在桥边抵抗南军的北军上尉。从一开始，我就想谈论美国内战，我想在一部展现战争现实的漫画式电影中描绘人类的愚蠢。我曾读到，有一百二十万人在南方军队类似安德森维尔[2]这样的战俘营里死去。我知道其实北方军队也做过同样的事。我们总是了解战败者的劣迹，可从来不了解战胜者的劣迹。所以，我决定展现北方战俘营里的灾难，这让美国人很不愉快。关于美国内战的电影从来都不成功，只有《乱世佳人》除外，但我们（在那部片子里）看不到真正的战争，人们只停留在情感中。当弗雷德·金尼曼打算拍一部关于安德森维尔战俘营的电影时，他始终找不到投资。美国内战的故事就是禁忌，因为它的现实是荒唐至极的。但美国真正的历史是建立在一种美国文学和电影都不曾展现的暴力基础上的，而我则总对官方历史表示怀疑。毫无疑问，因为我成长在法西斯时代，我见过人们以怎样的方式捏造历史真相。所以面对人们宣传的东西，我总是充满怀疑。这变成一种反思的方式。

森索洛：为什么联艺公司会介入这件事？

莱昂内：因为我前两部影片的成功，他们扔给我一张空白合同，有我和克林特·伊斯特伍德的名字，他们就已经赚了。况且，这个制片的风险投资不大。

---

1 爱德华多·德·菲力波（Eduardo De Filippo，1900—1984），意大利演员、编剧、导演。
2 安德森维尔战俘营（Andersonville prison），即美国内战期间知名的萨姆特集中营（Camp Sumter），是美国内战期间北方军队最大的战争监狱。战争期间，安德森维尔由于恶劣的条件、滥用刑法和军事审判等，造成大量战俘死亡。莱昂内把安德森维尔战俘营融入《黄金三镖客》的情节中，既讽刺了纳粹德国的犹太集中营（在室外演奏音乐，在室内拷打和虐待犯人），又对美国的意识形态进行了批评（以北方胜利的历史事实否定南方价值观）。

森索洛：您跟阿格[1]和斯卡贝里[2]一起写的剧本？

莱昂内：我不想被限定在悲剧体系内，我希望把许多幽默的东西纳入这个故事中。所以我找来了阿格和斯卡贝里，我知道他们曾跟莫尼切利、赞帕[3]、里西[4]、科曼奇尼工作，但我们的合作成了灾难，只有夸张的搞笑。我根本不能用他们写的东西。这是有生以来最令我失望的事。我必须跟吕奇亚诺·文森佐尼从头开始。我把自己关起来，写了全部对话。

森索洛：您希望向哪个方向走呢？

莱昂内：一如既往，我把传统电影作为模子，然后穷追猛打以掀翻这些编码，通过玩弄表象，我要强化一种"杀戮游戏的精神"（un esprit de jeu de massacre），以揭开与这个主题的历史背景相关的全部谎言。但我尝试保留记录的真实。想到这个通过战争来推翻西部片人物原型的可能性，我就异常兴奋。我创造了三个主人公，一个好人、一个坏人和一个丑人，参与到这个设置中。这些称呼本身就是一种判断。但很快，人们就发现其实这个好人跟另外两个婊子养的都差不多，他们都是半斤八两，五十步笑百步。破除西部片人物原型的神秘感及其装饰是激动人心的，我在影片的每种情况里都突出了这个原则，总是一些迷惑于假象的游戏，就像尘土覆盖在北方军队的蓝色军服上，让它看上去像是南方军

---

1 阿格（Age, 1919—2005），原名 Agenore Incrocci，署名"阿格"，意大利最重要的电影编剧之一，参与的影片超过百部。
2 斯卡贝里（Scarpelli, 1919—2010），原名 Furio Scarpelli，署名"斯卡贝里"，意大利电影编剧，参与的影片超过百部。
3 路易奇·赞帕（Luigi Zampa, 1905—1991），意大利电影导演，1940年代起拍摄新现实主义作品。
4 迪诺·里西（Dino Risi, 1916—2008），意大利导演，影片多次入围戛纳电影节，2002年获得威尼斯电影节终身成就奖。

队的灰色制服一样。影片的全部成分之间都是这么彼此关联的。

森索洛：还隐含着对无政府主义和虚假爱国主义的话语？

莱昂内：在我前两部影片里就有对政治秩序的指涉了，甚至在《罗德岛巨像》中也有。

我之所以要把美国内战搬上银幕，就因为在这里会变得更加明显。政治在我的电影中从未缺席。我从不会满足于拍一部《夺宝奇兵》(*Raiders of the Lost Ark*, 1981)，它太空了，即便纳粹都很假。在我这儿，无政府主义者是真实的。我熟悉他们，因为我的观点跟他们非常接近。但是《黄金三镖客》更加复杂，我兼具三个人的特点。况且，他们之间也是可以相互转换的，尤其是图可和金毛仔（Blondie）……但天使眼（Sentenza）则是另外一种东西，他没有任何精神。他是最平凡意义上的职业杀手，像机器人，跟其他两个人情况不同。在方法上，我是金毛仔，但我最深的善良则像图可。他在跟他做僧侣的弟弟争吵时，曾如此自我评价："我真的是一个孤单的人，我有一个兄弟，他成了牧师，因为他害怕成为一个匪徒。但现在，你，这个兄弟，你要教训我。而我一个人照顾家里，为了让家人能活下去，我成了匪徒。但在你和我之间，我比你强……"他的兄弟明白这些，甚至道歉。但是图可，脑海中带着这种无法抹去的家庭观念离开了，他对金毛仔说，他的兄弟是个了不起的人。这时，他全部的温柔和受伤的人性让人感动……但图可也是本能的，一个贫嘴，一个流浪汉……天使眼则只有技术，金毛仔是智慧。在《西部往事》中，杰森·罗巴兹[1]扮演了金毛仔和图可的混合体。

---

[1] 杰森·罗巴兹（Jason Robards，1922—2000），美国演员，因出演尤金·奥尼尔（Eugene O'Neill）的戏剧而在百老汇成名，在《西部往事》中扮演夏延。

森索洛：图可这个角色，从写剧本的时候就想到用埃里·沃勒克[1]来演吗？

莱昂内：我绝对需要他。他在《西部开拓史》（*How the West Was Won*, 1962）中一场很短的戏里表现出的幽默感让我念念不忘。他扮演一个刚下火车的匪徒，镇长和他的儿子在火车站等他。爸爸告诉孩子这是一个穷凶极恶的匪徒，然后火车停了，沃勒克从火车上下来，他没有带武器。他跟镇长说了几句话，之后他在小男孩的眼神中看出了害怕，所以他明白，其实这个父亲与儿子一样怕他。他突然转过身，对小男孩伸出一根手指大叫："嗙！"看着这场戏，我知道沃勒克是一位伟大的喜剧演员。人们总是对我说："你要小心他，他可是演员工作室的人。"我根本听不进去，我知道他会是一个伟大的小丑。

森索洛：在拍摄时，沃勒克是否给这个人物带来一些个人的东西？

莱昂内：他向我建议那个画十字的手势，图可做这个手势非常笨，他总在胸前稀里糊涂地划拉那么一下，但他信不信上帝，我们永远不知道……有可能管用……在我这方面，我给他加了几场戏。在拍摄时，我们非常和睦。一个伟大的同伙……他喜欢逗我。他发现在开拍之前我要模仿每一个人物。我不是演员，（这么做）是为了指明我所需要的东西，但我事先声明最好别像我这样表演。这个方法让沃勒克非常开心。当他需要往前走一米

---

[1] 埃里·沃勒克（Eli Wallach，1915—2014），美国电影、电视和舞台剧演员，1950年代中期进入电影界，经常在西部片中出演反面角色，因成功饰演《黄金三镖客》的丑人图可而一举成名，后在《教父III》中扮演深藏不露的反派唐·阿尔托贝罗（Don Altobello）。

的时候,他就说:"塞尔吉奥,求求你,演给我看看该怎么往前走!"其实是一种反讽,而我总是用让他意外的方式回应他。到影片最后,是他带领我们发现埋着金子的墓地。我要求他小心翼翼地走进去,带着期待和紧张。开机时,在一片完美的寂静中,在他根本不知情的情况下,我在他背后放了一条狗,我拍下了他被狗惊吓的真实反应。这不完全是为了搞笑,我必须打破紧张,好不让影片滑向情节剧的俗套。

森索洛:图可用不同牌子的手枪部件组合成一把新的手枪,这场戏的功能是什么?

莱昂内:首先,它来自现实。用海军左轮[1],我们可以换掉枪管、枪栓和撞针……得到一把完美的枪。当我表现图可组装这把枪时,我想说明图可跟金毛仔和天使眼在技术上同样优秀。这对他这样一个杀手很正常,他只可能是一个超级专家。这一点回应了影片关键的一句话,图可看到那场战斗时曾说:"我从没见过杀死这么多人,像地狱一样。"

森索洛:为什么选李·范·克里夫来扮演天使眼?

莱昂内:最初,我想到的是让查尔斯·布朗森[2]演这个角色。

---

[1] 即"柯尔特 1851 年海军左轮手枪"(Colt 1851 Navy Revolver),由美国著名枪械设计师塞莫尔·柯尔特于 1847 至 1850 年间设计,美国与墨西哥战争期间为美军配用,是美国西部使用最多的左轮手枪。之前所有左轮手枪的比萨转轮都是手动的,而柯尔特的转轮是由待击发的击锤转动。它的特点是弹仓作为一个带有弹巢的转轮,能绕轴旋转,射击时,每个弹巢依次与枪管吻合;枪管长,枪管口径为 9 毫米,转轮上可装 5 发子弹,击发时间短,因此迅速脱颖而出。
[2] 查尔斯·布朗森(Charles Bronson,1921—2003),美国动作片演员,在 1970 年代因《猛龙怪客》(*Death Wish*)系列闻名。在《西部往事》中扮演神秘的口琴手。

就克林特·伊斯特伍德来说，我不想用任何其他影片的演员。然后，我寻思李·范·克里夫刚在《黄昏双镖客》中扮演一个浪漫的人物，让他扮演一个相反的角色使我感觉不错，我要让他变得非常令人反感。

森索洛：伊斯特伍德的这个角色比前两部更有人性。

莱昂内：这是符合逻辑的。在他扮坏时，尽管同样是冷，但不应该像理查德·威德马克[1]、巴兹尔·拉思伯恩[2]或亨弗莱·鲍嘉那样铁板一块。我需要加入一点人性和幽默，让观众对金毛仔有些好感，尽管他实际上好坏参半。再一次证明，三个人物的性格多样性让写作充满了可能。

森索洛：我们可以把这部电影比作一部巴洛克歌剧吗？

莱昂内：我倾向于把它比作一首协奏曲。在歌剧中没有任何现实主义，那是另一种东西……这里，每个人物有自己的音乐主题，人物也是服务于我的写作的乐器。在这个意义上，我玩了很多和谐法和对位法。我控制一种音乐性，它能同时强化传奇色彩和现实色彩。这是必要的，因为影片的难点在于把它描绘成一场旅行，我表现的是三个实体（entités）的旅程，他们是全部人性缺点的混合物（amalgames），我必须净化这场旅行。我必须要"渐强"（crescendos），以及与作品基本精神保持一致的"高潮"（clous spectaculaires）。所以，音乐获得了根本的重要性，它应该复杂，

---

[1] 理查德·威德马克（Richard Widmark，1914—2008），美国演员、制片人，早年在黑色电影中扮演反英雄形象，也在西部片和小成本影片中出演配角。
[2] 巴兹尔·拉思伯恩（Basil Rathbone，1892—1967），著名英国演员，成名于环球电影公司1940年代拍摄的十四部福尔摩斯电影，与饰演华生医生的奈杰尔·布鲁斯（Nigel Bruce）并称于世。

伴随着幽默和抒情，悲剧与华丽……

森索洛：莫里康内在影片之前就创作音乐了吗？

莱昂内：是的。这是第一次有这种可能。音乐在《黄金三镖客》具有本质的重要性，它甚至能成为动作本身的元素。战俘营这场戏就是这种情况，一个犯人乐队必须演奏音乐以掩盖虐待的惨叫声。有时，它必须伴随着节奏的中断，例如沙漠中"幽灵马车"到来那场戏。我还喜欢让音乐能触及巴洛克，它不应该限制于每个人物音乐主题的交错反复（répétition entrecrosée）。

有时，我在摄影棚放音乐，它能为场景提供一种氛围，演员的表演也受到它的影响。克林特·伊斯特伍德特别肯定这种方法。不久之后，在拍摄《西部往事》时，亨利·方达则不太理解在表演的时候有音乐，他非常窘迫。到后来，他非常习惯这种方式，以至于每个镜头都要让人放音乐。

森索洛：最后那场对决是怎么编排的？

莱昂内："对决"（duel）这个词已经不准确了，我们应该说"三人决"（triel）。实际上，这是一场一分为三的对决，因为是三个人在面对面决斗。首先，我需要一个竞技场的背景，一个能让人想起古代马戏的墓地。但这样的墓地不存在了，于是我又折回去找负责建造和拆掉那座桥的西班牙上尉。他借给我二百五十个士兵，修建了我所需要的这种墓地：用了一万座墓碑！这些人干了两天就建成了。这不是我的心血来潮，竞技场观念是首要的，它（向观众）使了一个病态的小眼色：是死人们在观看这场决斗，我甚至坚持让这段音乐听上去像坟墓中的尸体所发出的笑声……

今天，人们在电影学校学习这场戏，它持续了整整一本胶片。

我专心于拉伸时间，展现音乐和描述一种势不可挡的分镜头：特写、中景、全景……在确定摄影机的位置之前，我必须熟悉每个最微小的细节。三个演员的前三个特写镜头我们就用掉了一整天时间。

我要观众感觉在看一场芭蕾，这一次，关键时刻到来了。他们是三个职业杀手，他们是几近完美的枪中高手，所以，他们用很长时间彼此观察，因此我应该叠加这些镜头以展现他们的狡诈、他们的目光、他们的手势和他们的犹豫。音乐应该给所有这些画面提供一种抒情，以便让这场戏变成一场舞蹈，且充满悬念。在决斗的结尾，一切需要在金毛仔和图可之间解决。但如此结束这部电影，还是让我不满足。所以，在竞技场这场戏之前，我创作了克林特在一个垂死的南部士兵身上找到墨西哥披毯这场戏，我让他穿上了披毯，这是他在"镖客三部曲"的前两部中穿的那件披毯。不久之后，他放了图可，穿着披毯离开了，他走向前两部的冒险传奇，走向南方，去经历《荒野大镖客》里的故事，于是，圆圈闭合了，三部曲就像一个封闭的环。

森索洛：从这部影片开始，影评界开始推崇您的风格。

莱昂内：我不在乎！风格？它早在我之前的影片里就存在了。

森索洛：影片的投资是多少？

莱昂内：那时克林特已经值二十五万美元了，算上这笔片酬，影片投资大概有一百万美元，这不算非常多。

森索洛：为什么每个国家放映的版本不一样？

莱昂内：法国版本是最长的，我监督了这个版本的制作。为了配上法语和英语,我选了许多演员,从大角色到小角色,我对最终的影片承担全部责任。可惜啊!一些发行商肢解了片子。在意大利,有七分钟被剪掉了。在美国,他们为了卖得好,剪掉了二十分钟的戏。最差的,是他们认为沙漠那段戏太长[1],而我喜欢这场戏。托尼诺·德利·克里在这段的摄影堪与超现实主义绘画媲美。

森索洛:从这部影片开始,克林特·伊斯特伍德在美国成了明星。

莱昂内:确实如此,但他不太想演金毛仔。读了剧本之后,他对我说:"在第一部里,我是一个人。在第二部,成了两个。这部是三个人。如果继续下去,在下一部,在我周围可能是一个骑兵队了。"实际上,他发现图可这个角色有点太重要了。我试着说服他:"这部片子的片长是上一部的两倍,你不可能一个人。图可是必需的,他保持着我需要的那样,你应该明白他是给你提水的。即使是马龙·白兰度演这个角色,哪怕你没有在银幕上,他也是在为你工作的。当你一出现,就是明星来了,是落入凡间的加百利天使,图可影响不到你,他为你表演,他是你的'印度小子'[2]。"克林特并没有坚持他的观点,用极高的专业水准完成了角色。他对最终完成的影片很满意。于是,当影片在美国上映

---

1 此处指《黄金三镖客》中图可抓住金毛仔,在沙漠中虐待他的那场戏。
2 "印度小子"(Gunga Din)是英国作家吉卜林最有名的叙事诗之一,Gunga Din是诗中一个年轻的印度仆人,他为了救一位落水的英国士兵而死去。吉卜林的这首诗宣扬了当地人的美德,讥讽和批评殖民地的种族主义。通过雷电华公司1939年拍摄的同名电影(中译名《古庙战茄声》,由乔治·史蒂文斯导演),Gunga Din这个概念进入摇滚乐、漫画等流行文化领域,经常出现在歌词、对白中,含有嘲讽殖民文化和种族主义的含义。莱昂内此处引用这个典故,是想说明无论图可的角色有多优秀,都是克林特·伊斯特伍德的陪衬。

时，鲍勃·肯尼迪（Bob Kennedy）在一次演讲中引用了影片，他说自己看了一部叫作《黄金三镖客》的意大利西部片，他说他要把这个题目用在下一届总统竞选中，这么做能（让公众）很容易把约翰逊、尼克松和他自己区分开，唯一的问题是这些角色的传播（范围有多大）……这种言论引发了议论，影片在美国获得了惊人的成功，而克林特成了明星。所以，他回到了祖国。很快，他就向我建议执导他演的《吊人索》（*Hang'em High*, 1968），我拒绝了。是泰德·波斯特[1]做的导演。克林特在拍《皮鞭》时就认识他。不久之后，他又给我看了《烈女镖客》（*Two Mules for Sister Sara*, 1970）的剧本。只读了五页，我就猜到那个修女曾经当过妓女，所以，没必要拍这部片子，唐·西格尔去拍了……总而言之，我们最好是走自己的路，分手是必然的。好多年前，我就知道克林特会成为大明星，但我们在筹拍《西部往事》时遇到了点摩擦。在开场火车站那场戏，我曾设想是《黄金三镖客》的三个主人公在火车站等待口琴手（Harmonica），李·范·克里夫和埃里·沃勒克同意了，但克林特拒绝了，我放弃了这个反讽的想法。我很多年都不见伊斯特伍德。我在拍《美国往事》时，伊斯特伍德来我住的旅店看我，我们回忆起往事。他对我表示了极高的尊重……人们经常请求我们再一起拍一部电影，我每次都拒绝了。那是不可能的了。

---

[1] 泰德·波斯特（Ted Post，1918—2013），美国舞台剧、电影导演，演员。

12

《西部往事》
贝纳尔多·贝托鲁奇
亨利·方达
查尔斯·布朗森对阵沃伦·比蒂
杰森·罗巴兹
日本电影
母系世界的诞生
其他人的才能

森索洛：在这个三部曲之后，您的计划是什么？

莱昂内：我想拍《美国往事》。我刚读完哈里·格雷[1]的《小混混》（The Hoods），实际上，他署的是假名，他的真名是哈里·戈德伯格（Harry Goldberg）。由于《黄金三镖客》的成功，所有大公司都希望跟我签合同。我马上就跟他们谈到这本书，但没有人理解我为什么要坚持把它拍成电影。我不停地向他们解释这本书只不过是个背景，我想把它作为出发点来发展一些触动我个人世界的东西。事实上，它特别符合我的美国观，以及一种伴随我成长的电影：黑色电影……没有一个制片人相信我。所有人都抱着同样的想法：他们需要我再拍一部西部片。

森索洛：为什么会跟派拉蒙公司（Paramount）合作？

莱昂内："海湾与西部"公司（Gulf and Western）的大老板在巴黎一家影院看了我一部片子，他喜欢我的风格，但更可能是对现场观众的反应印象深刻，他同时也是派拉蒙的上层人物，他请求我给他的公司拍一部片子。我就跟他建议《小混混》，可他希

---

1 哈里·格雷（Harry Grey，1901—1980），《美国往事》原著小说作者，根据其亲身经历写成了小说，后参与了《美国往事》的编剧工作，参见本书第十五章。

望是一部西部片。但是，他跟其他人有点区别，他给我全部的权力，甚至连剧本都不读。于是，我就接受了。为了能更加自由，我创立了我自己的制片公司：拉弗安。我只剩下一件事需要做：找一个故事。

我务必要带来一点新的东西，这不是不想用老编剧的问题……我找来达里奥·阿尔真托[1]和贝纳尔多·贝托鲁奇帮我扩展主题。在那个时代，达里奥·阿尔真托还什么片子都没导过，只是个影评人。贝托鲁奇拍过许多有点意思的作者电影，我对他还了解不多，但我知道他特别喜欢《黄金三镖客》。

我们三个坐在一起，并且一起做梦。很快，阿尔真托感觉跟不上了，贝纳尔多和我则不断谈起我们热爱的美国电影，在他和我之间就像一场网球比赛，阿尔真托成了观众，只能跟上我们的交流。他是个很好的顾问，尤其是个很好的同伴。应该说明的是，在这个故事建立的阶段，我还什么都没写，只是一些我扮演"魔鬼律师"[2]的对话。我什么也不想编排，我怕重读时过于满意。我喜欢在最终动笔之前先质疑所有的东西。

森索洛：你们用了多长时间去总结这个题材？

莱昂内：正经用了二十多天呢！接下来，我跟塞尔吉奥·多纳蒂[3]写剧本。直到那时，他一直为我工作且没有署名，这是他第一次正式跟我合作。工作其实很简单，因为情节已非常确切了。

---

[1] 达里奥·阿尔真托（Dario Argento, 1940— ），意大利导演，以执导小成本恐怖片著称，"铅黄电影"代表人物。
[2] 法语中"魔鬼律师"（avocat du diable）这个词指捍卫一个他并不相信的立场，辩论仅仅是为了辩论，或者举出反例。
[3] 塞尔吉奥·多纳蒂（Sergio Donati, 1933— ），意大利电影编剧，莱昂内的重要合作者之一，曾合作过《荒野大镖客》《西部往事》。

我非常清楚我要做什么。这用去我们两个月。

森索洛：基本的想法是什么？

莱昂内：我要把传统西部片所有的一般神话作为材料拍摄一部"死亡芭蕾"：复仇者、浪漫的匪徒、富商、犯罪的生意人、妓女……根据这五个象征，我想展现一个国家的诞生。

森索洛：您是怎么选择演员的？

莱昂内：就坏人弗兰克（Frank）来说，我希望由一个让人意外的演员出演这个角色。弗兰克是一个有政治野心的荒淫无耻的恶棍，一个完全不为人知的凶手。为了这样一个坏蛋，我需要一个总是表现善良的人，我需要亨利·方达。当我遇到他时，他对我说："我有我做事的老方法。我能拒拍任何片子。但从我接受一个角色起，就会一直坚持服从导演。就是这样。但在同意您之前，我要看您全部的片子。"我马上组织人放映我的三部西部片，也就是说，七个小时的放映。上午九点半，方达带着三明治走进放映厅，他直到下午五点半才出来。他的第一句话是："合同在哪？"这是我遇到过的最伟大的专业演员。

但是，在刚刚开拍时遇到了点无足轻重的问题，方达到拍摄现场的时候自己设计了一个坏蛋造型。他留着又黑又厚的颊髯[1]，一脸浓密的胡子，眼镜架在眼窝上，跟我想要的一点也不一样。我什么也不对他说，只是推迟了他的戏的拍摄。我每天建议他弄掉一样我不喜欢的东西。首先是颊髯，然后是胡子，最后是眼镜。我对他说眼镜让他的目光失去力量。他倾听所有意见，不太满意。

---

[1] 颊髯是19世纪末流行的一种胡须，两边脸颊各有一簇胡子，而下巴剃净，是美国西部片中典型的恶人造型。

我想跟他拍的第一场戏，是屠杀全家那场戏。我让人准备一个从背面拍过去的平移镜头。我不希望观众一下子就认出他。摄影机一直运动到他的肩膀，接下来，摄影机以独一无二的方式发现了他的脸，以及他那双感动了几代观众的蓝眼睛。在彩排之后，方达惊叫道："天哪！我明白了，完全同意！"他所做的是我不想展现的弗兰克的东西，我想展现的就是亨利·方达以及所有他所能带来的东西。

在第一个礼拜，我很惊讶于他总是让我指导。如果他要喝一杯酒，他会问我："我是应该用左手呢还是用右手？"我回答说考虑到摄影机的运动，为了与镜头做配合，最好还是用左手。但如果你觉得用右手更舒服，这对我来说也构不成什么问题……总是这类关于镜头的问题，我最后认为他是在嘲笑我。后来，我找翻译过来进行解释。我说："对亨利说我一生都把他看作一位令人敬佩的演员。今天，我实现了在自己的影片中指导他演戏的梦想，但他在不停地问我一些毫无意义的细节。是为了嘲笑我吗？我对他作为演员的品质有极高的评价，以至不能理解他为什么问我这些如此平庸的问题。这都是不需要我就能解决的问题。"

然而，方达回答说："莱昂内说得有道理，但他需要理解，我始终是一个被训练出来的演员，我把自己看作遵守导演这个将军之命令的士兵。我没有权力犯下任何微小的错误。在我漫长的演员生涯中，我只伤害过我的好朋友詹姆斯·斯图尔特[1]的腿，那是一场意外。而在这部电影中，现在，我要杀害整个家庭，包

---

[1] 詹姆斯·斯图尔特（James Stewart, 1908—1997），美国电影、电视、舞台剧演员，美国空军准将，是好莱坞黄金时期巨星之一，多才多艺，在诸多经典影片中担任主演，涉及多个类型，尤以出演希区柯克的悬疑片和安东尼·曼的西部片最为知名。1999年，他被美国电影学院选为百年来最伟大的男演员第三名。

括一个只有十岁的小男孩……我是亨利·方达，总是演好人的演员。而他，他要我变坏。所以，我要做他要求我完成的一切，因为是他要为此承担责任。"

总之，他说的完全有道理。

森索洛：他是怎么工作的？

莱昂内：方达是个完美主义者。他拥有超群的智慧。他跟了整部影片的拍摄，哪怕是那些没有他表演的戏。他这么做是为了熟悉我的场面调度，以便在各个层面丰富自己的表演。当我准备好一个有他表演的镜头时，完全没必要去召唤他，在我还没张嘴喊他的时候，我就听到他的声音从我身后传来："我在这儿呢，塞尔吉奥！"他在真实生活中走路也像在摄影机前一样，像慢镜头一样，这是一种让人感动的东西……舞蹈家一般的优雅。我曾尝试用帽子和服装来丑化他一点，但这完全是不可能的，他永远带着王子般的气质。

森索洛：用查尔斯·布朗森来演向弗兰克复仇的口琴手容易吗？

莱昂内：美国人向我推荐了他们认识的所有明星。有一天，人们向我宣布说洛克·赫德森[1]要演这个角色。第二天，人们又跟我推荐另外一个人。有一天，我的一个助手对我说沃伦·比蒂[2]希望演口琴手。我对他说："沃伦·比蒂？我给你描述一下如

---

[1] 洛克·赫德森（Rock Hudson，1925—1985），美国电影、电视演员，1950年代起活跃于好莱坞银幕，尤以与多丽斯·戴（Doris Day）合作的两性浪漫喜剧闻名。
[2] 沃伦·比蒂（Warren Beatty，1937— ），美国新好莱坞的重要人物，集制、编、导、演于一身，作品有《雌雄大盗》（*Bonnie and Clyde*, 1967）等。

果我用沃伦·比蒂的话，观众会是什么反应：在美餐之后，人们说要去看一部莱昂内的西部片。他们走进电影院，坐在椅子上。灯光熄灭，影片开场那个很长的等待戏开始了。他们很高兴。他们期待着被捅一下胳肢窝。他们看着苍蝇那场戏，非常开心。他们沉浸于画面，他们等待着，就像在火车站的三个杀手一样等待着。哎呀，终于火车来了……于是，听着口琴声响起，他们在弥漫的白烟前屏住呼吸，他们看到一个男人的身影走下火车，他的帽子挡住了脸，哎呀他正在慢慢地抬起头，是……沃伦·比蒂！然后呢，观众会被吓一跳！他们会彼此对视着说：沃伦·比蒂！但他来这儿干吗呢,这个沃伦·比蒂！他是不是走错电影了！"我看着我的助手，他不再坚持了。我对他说："口琴手，就是布朗森！一种大理石般的冷漠力量！一个复仇的混血儿！他明白必须等待足够长的时间以杀死杀害他兄弟的那个人。作为印第安人，他已经对白人有着仇恨。他用说出被弗兰克害死的人的名字的方式折磨他。但他总是面无表情。他不太说话。他用口琴表达内心的痛苦。他的音乐是一种来自远方的哀叹，发自肺腑，源自一个久远的回忆。"

我需要这个音乐。但我们录制它的时候遇到了一些困难。口琴没有谱子，演奏师没有乐谱可循。于是，为了获得布朗森主题中这种痛苦的呻吟，我卡住了乐师的脖子。我要他获得我喜欢的音色。它是窒息的极限，伴随着瞪大的眼睛，含着泪水。我几乎掐着他的喉咙，但结果是美妙的，这段旋律与布朗森的气度贴合得非常完美。

自然，好莱坞的人们认为我疯了。我拒绝了所有明星，坚持用布朗森。他们认为我没有道理，可我一意孤行，我获得了布朗森，我相信接下来的事证明了我远远不是疯子。

森索洛：您是怎么想到让杰森·罗巴兹来演夏延的？

莱昂内：我是在戏剧中喜欢上他的，我被征服了。这是一个让人震惊的演员，他拥有一种不安的力量，带着浪漫的目光。他确实很像亨弗莱·鲍嘉，他也可以演莱斯利·霍华德[1]的角色，但鲍嘉不能，霍华德也不能在鲍嘉的体系内工作。杰森·罗巴兹是一位杰出的演员。写夏延这个角色时，我想的就是他。我的人物是许多相互矛盾的感情的混合体。在影片开始，人们可能质疑他的智慧，但火车那场戏向我们展示了他有多么精明、智慧和狡猾。尽管他总是一副怪诞的腔调，他携带着一种能强化他神秘色彩的现实性。他知道他属于一个必须死去的世界。杰森·罗巴兹与他应该成为的人物非常接近。

恩尼奥·莫里康内不太会界定他。他给我推荐了好几个主题，没一个让我满意的。在做了十几次尝试之后，他坚持捍卫其中一个。这是一段非常美的旋律。恩尼奥请求我等到演奏的时候。录制那天，他用全部所需的乐器给我演奏这段旋律，太迷人了！但这不是给夏延的。这不是质量问题或者演奏的问题……它跟人物不贴。后来，我跟莫里康内来到钢琴前，我对他说："你看过迪斯尼的《小姐与流浪汉》（*Lady and the Tramp*）吗？要知道，夏延就像一个流浪汉：一个妓女的儿子、一个盗贼、一个打手、一个混混。但他也是浪漫的、温柔的，骄傲并充满爱。"在这时，莫里康内按下几个钢琴琴键，这个优秀的主题曲马上就出来了，完美地贴近这个人物，而这个人物属于杰森·罗巴兹。

森索洛：盛传罗巴兹是一个棘手的演员，您遇到问题了吗？

---

[1] 莱斯利·霍华德（Leslie Howard，1893—1943），英国著名演员、导演，在好莱坞以主演浪漫喜剧闻名，后主演《乱世佳人》。

莱昂内：我拒绝了柯克·道格拉斯演这个人物，当我对他说我想让杰森·罗巴兹演夏延这个角色时，道格拉斯对我做了一个手势，表示他对我所选择的这个演员的羡慕。但第一次会面时，罗巴兹竟然烂醉如泥地来了。我很失望，马上就走了。他的经纪人请求我再给他一次机会。我接受了，但我说："如果罗巴兹再在拍摄时喝醉，我就撕毁合同。而您，他的经纪人，您必须支付我与新演员重新拍摄的费用。"但是后来没有遇到任何问题，哪怕喝了整整一夜，罗巴兹也能拍片。一丝不苟，无可挑剔，从来不是醉的。亨利·方达特别佩服他。他认为杰森·罗巴兹在演员表上应该署在他的前面。在拍摄期间，我们曾经历了非常戏剧化的时刻。我们获知鲍勃·肯尼迪遇刺。罗巴兹哭了。他来问我是否还继续工作。当时是下午，我停止了一切工作，直到第二天。真的，罗巴兹是一个非常特别的人：一个极度敏感的人，一个失落的浪漫主义者和一个天才般的演员。

森索洛：这还是女人第一次在您的电影中成为重要角色……

莱昂内：一开始，卡尔罗·庞蒂希望加入制片工作，他向我推荐索菲亚·罗兰扮演这个角色。这是我评价非常高的一位演员，但我看她演不了新奥尔良的妓女，她只能演那不勒斯妓女！我喜欢克劳迪娅·卡尔迪纳莱[1]，这是一个突尼斯的殖民地白人，她曾演过一个可信的法国女人，这与美国的现实非常接近。西部许多大家族中有一个来自妓院的祖辈，是女人奠定了母系社会的诞生，（她们是）伟大的人物……在这片子里，她为了活命而与弗兰克

---

1 克劳迪娅·卡尔迪纳莱（Claudia Cardinale，1938— ），突尼斯裔意大利女演员，曾与费里尼、维斯康蒂合作过多部经典影片，在《西部往事》中饰演嫁到西部的新奥尔良妓女吉尔（Jill）。

睡觉。她与口琴手保持距离,因为她明白他惹不起。她感到了夏延非常爱她,但他已经是个死去的人,他属于一个将永远消失的世界。他也明白她属于那个将取代他的新世界,这个寓意贯穿整部影片。

森索洛:这比您以前的影片更加悲观。

莱昂内:我承认,可这也是符合逻辑的。我要展现那个时代美国历史的映象。一个家庭从芝加哥旅行到西部,与人类登月的性质不同。他们坐着四轮马车穿越辽阔无垠的沙漠,要忍受沙漠的寒冷,还有孤独,以及印第安人和匪帮!最终,他们得以在这个地狱中生存下来。他们有勇气和信念建设一个宏伟和牢固的世界……您注意到那张城市设计图了吗?整座城市就建在一条大街的两侧,这是一种通向大海的"欲望",每个人都希望城市的扩张使它越来越接近大海。这也是电影中那个经营铁路公司的残疾大亨的梦想。这就是美国梦。也是弗兰克在影片开始时杀害的那个男人的梦,他想建一个车站和一座城市……口琴手说:"他不可能卖掉它,因为那是他的梦。"这两个梦都与经济成功的欲望有关,他们被变成富人的意志驱使着。金钱,是美国唯一的现实。我尝试在杀死孩子那个段落里总结这一切。弗兰克不再是像瓦朗斯[1]那样的恶棍,他知道浑蛋的时代已经过去了,他更像那个相信能战胜瓦朗斯的参议员,他有着政治和经济的野心。在他杀害孩子时,他枪口中的烟雾渐散后,出现的是铁路。所以在那个时代,从枪口射出的不是子弹,而是铁路!

---

1 瓦朗斯(Liberty Valance)是约翰·福特晚期西部片作品《双虎屠龙》中的著名恶棍角色,由李·马文主演。

森索洛：为什么选择拉伸时间，以及影片的这种缓慢？

莱昂内：从我拍摄"死亡芭蕾"那一刻起，我就把这些人物作为原型表现为打算受死的人。因为一切皆已注定。就像他们意识到在影片结尾时会死去，所以他们用剩下的时间彼此研究，彼此估量。游戏获得了真实的重量，因为那就是幸存的力量。如果说《西部往事》有一点日本特征的话，那是因为东方哲学中才有关于死亡的哲学。

森索洛：从什么时候起您开始喜欢日本电影的？

莱昂内：首先，是《罗生门》，以及所有黑泽明的片子……还有市川昆[1]的《缅甸的竖琴》（1956）……日本电影因其对"静"的准确运用而吸引着我，它们提供了一种让我非常喜欢的节奏。无论童年和少年，我都成长在速度的符号下，接下来，我发觉所有我为其做过助理导演的导演，都在这个"速度的顽念"上非常相似，无论好导演还是坏导演，他们在这问题上都是一样的。他们强制演员加快对白（的速度），甚至我们都听不清第一个人的最后一个音节和下一个人的第一个音节。从来不给一丁点时间去感觉说话者在回答之前的思考。我不同意这个体系。我觉得这太假了。在街上不是这样。我们听，我们反应，我们思考，然后我们再回答。这种沉着，我只在日本电影和东方电影中遇到过，我深受影响，真的印象深刻！这很正常。一个真正的导演也是一条变色龙。当他接收给他带来影响的不同画面时，会在头脑中产生一些混淆，如果他是天才，作为作者，他考虑的是通过画面和技术来表达。尽管他会因此试着隐藏一些幻觉和幻想，但总会留下

---

[1] 市川昆（Kon Ichikawa, 1905—2008），日本著名导演，高产且风格多变，他的成名作就是莱昂内格外喜欢的《缅甸的竖琴》。

那个打动他的画面,在他的神经末梢里萦绕不去。它会再次出现,尽管他记不起它来自哪儿……

当我拍《荒野大镖客》时,我有意识地进行了一场小小的革命,不是为了西部片而拍西部片。但我脑海里总是有意识或无意识地充满那些曾经影响我的画面。我对日本电影的热爱在我前几部片子里不太明显,它们与《西部往事》不是一种节奏。这很正常。赏金杀手,一切都取决于拔枪的速度,这需要一种独特的节拍(tempo),与这种直觉的推论和反思观念相差很远。在《西部往事》中,因为是一场死亡芭蕾,故而反思超越一切,它需要这种长度,而且,这也是我做事的方式,我的风格……这在我与伊斯特伍德合作的片子里不么明显,没么展开。它们比较短,而且主题不同。从这个角度看,《荒野大镖客》和《西部往事》好像出自两个不同的导演,它们有着不同的韵律。但是,很长时间以来我就想拍一部带有这种节奏的电影:摄影机的运动就像轻轻地抚摸。

托尼诺·德利·克里因此非常窘迫,他不能再找《黄金三镖客》的节奏。但是,我知道这部影片才算真正地展开了我的节奏。

森索洛:因此才从影片开始就表现出这样一种电影写作的选择?

莱昂内:对!游戏等待!三个男人在一个沙漠车站等人时会做什么,还有什么比这更愚蠢的等待?一个人在那里掰指头,懒洋洋的;另一个懒得宁愿戴上帽子也不动一动去躲开从上面掉下来的水滴,然后,他还把帽檐上的水给喝了;最后一个在等火车时跟一只苍蝇战斗……我要展现这场等待,我要让它变长,我把我的名字叠在铁路道口上……演员的选择是精确的,他们都是西部片的经典原型。我用伍迪·斯特罗德[1]是因为约翰·福特。杰克·伊拉姆[2]现在是许多西部片中的人物……这场戏我们整整拍了三天。我们用了二十四小时去拍伊拉姆与苍蝇的"决斗"。我们在他的下巴涂上蜂蜜。拍摄前，莫里康内为这个开场创作了一段音乐，在混音时，为了不覆盖现实音响，我把音乐的音量降低。当莫里康内看到这场戏时，他非常小心地听这些声音，这种寂静，风的呼吸。然后，他转过头对我说："这是我创作过的最美的音乐。"

森索洛：您在这部电影里又用了片段式闪回（flash-back fragmenté）？

莱昂内：是的，但我考虑的是别的东西。回忆必须以片段的方式出现，就像戏剧元素。（因为）公众很快就能认出人物，（所以）应该从画面深处走来，他应该在很长时间里是模糊的，因为他来自记忆的最深处。不到方达认出布朗森那一刻，观众就不应该马上认出方达。在那时，就是决斗！弗兰克被触动了，惊讶让他转过身，他再看不见他的敌人，他不知道敌人正从他的身后而来。他甚至试着把枪放回枪套，就像让一切重新开始。但是闪回的结尾，他已经死了。

---

1 伍迪·斯特罗德（Woody Strode, 1914—1994），美国黑人演员，从影前是十项全能和橄榄球运动员，在西部片中扮演了许多次要角色，尤以在《双虎屠龙》中扮演的约翰·韦恩的黑人助手而闻名。1960年因库布里克的《斯巴达克斯》获金球奖最佳配角奖，后在约翰·福特的《雷克军曹》（*Sergeant Rutledge*, 1960）中担任主角。
2 杰克·伊拉姆（Jack Elam, 1920—2003），美国演员，西部片的著名小角色，尤以在其中扮演流氓无赖闻名。

森索洛：这真是您最满意的片子吗？

莱昂内：不是。这是一部给我提供了百分之八十的表达可能性的作品，在《美国往事》里，我实现了百分之百。然而，美国人进行了令人惊讶的操作，他们甚至删掉了夏延的死。但我做了两个版本，一短一长。派拉蒙公司最后选择了长的版本。当我参加莫斯科电影节时，我才明白他们放任别人随便乱剪。我怒了！我跟他们签了五部影片的合同。我马上中止了！更可气的是他们剪完的版本遭到了失败，而长版本却在世界各地获得了极大成功。影片在德国打破了由《乱世佳人》保持的票房纪录。影评家对我大肆吹捧，他们开始重新思考我的前几部影片。但是，我更觉得这很好笑，是的！这更值得笑……我还应该说的是，法国观众的口碑非常好，毫无疑问是因为他们更熟悉时间比较长的反思电影。法国导演能拍一些影片长度完全为灵感和诗意服务的作品，而其他国家的观众希望速度。而且，我很感动于获得马可·费莱里[1]、库布里克、萨姆·佩金帕、约翰·布尔曼等同行的认可，（这）与我对他们工作的评价是相同的。

森索洛：在那个时代，您说您不喜欢先锋电影，但是，您喜欢爱森斯坦。

莱昂内：爱森斯坦，根本不是先锋电影。它是一种新的电影语言的开始。它已经完成了！而先锋，那更应该是让-吕克·戈达尔。他的工作中有很多优秀的东西，我对他看待（世界）的方式非常尊重，他的一些工作让人钦佩不已。但无论如何我无法把

---

1 马可·费莱里（Marco Ferreri，1928—1997），意大利电影导演、编剧和演员，他执导的著名影片《极乐大餐》（*La Grande Bouffe*, 1973）曾因晦暗、大胆的主题而引起极大争议。

他看作一个完整的导演。他不拍电影,而是利用电影,就像英格玛·伯格曼(Ingmar Bergman)在利用电影做文学。戈达尔运用电影去完成音乐的绘画(peinture de la musique),有价值的是方法和步骤。但它也有它的局限。有时,会带来像《狂人皮埃罗》(*Pierrot le Fou*, 1965)这样的杰作。当他的研究获得令人激动的完美结果时,我由衷地尊重。并且坦诚一点说,戈达尔的工作有可能与我的工作汇合,我们有一个共同点,我们让电影的一切都发生在特定的写作中。我们只用画面和声音的材料进行表达。

森索洛:在1960年代末,政治影响了电影,您的选择是什么?

莱昂内:在心理层面,我反应不大。因为我曾经失望过。我的悲观主义覆盖了一切现实。我期待会有政治的飞跃,但我不奢望他们能有如此大的幅度。但我对拉丁区的骚乱并不惊讶,就像苏联坦克进入捷克斯洛伐克或者意大利法西斯的回潮……这些事以一种我在电影中展示的无政府形式证明了我的选择。而当我看到一种新的电影类型——政治电影发展起来时,我不赞同,我不相信。对我来说,战斗电影(le cinéma militant)只需放给党员们去看。在那个时代,幸运的是,意大利电影正尝试其他的艺术飞跃。可惜的是,他们都没有达到意大利新现实主义和意大利喜剧等运动的力量……贝纳尔多·贝托鲁奇成了一个国际导演,马可·贝洛奇奥[1]没有延续他的自传电影《口袋中的拳头》(*I pugni in tasca*, 1965)所具有的那种力量,辜负了我们……最令人惊

---

[1] 马可·贝洛奇奥(Marco Bellocchio,1939—),意大利导演、编剧,意大利电影黄金时代后期的重要导演,题材多为富有争议性的政治、宗教问题,有"维斯康蒂继承人"之誉。

讶的是卡梅利奥·贝内[1]，德·西卡非常支持他，这是一位伟大的演员和智慧的导演，并不单纯是一个先锋艺术家……

森索洛：显赫的名声让您成了电影节的评委会主席，您在这些经验中获得了什么启示？

莱昂内：在戛纳电影节，当我明白了政治秩序压力的重要性时，我曾想辞职。当我知道他们要把奖给特朗勃的处女作《无语问苍天》(*Johnny Got His Gun*, 1971)时，我极度惊愕。然后我明白了，这是在分蛋糕。于是，我捍卫特朗勃和所有的意大利电影。经过这次之后，我决定再也不参加大电影节的竞赛了，我说话算话，拒绝《美国往事》参加戛纳竞赛。这些电影节唯一可以做到公正的是发现一些新的电影天才。在柏林，我任评委会主席，我的好朋友西奥·安哲罗普洛斯是评委，我们看了彼得·威尔[2]的处女作《终浪》(*The Last Wave*, 1977)，我们说服别人将奖项授予他，我们是对的，他后来的电影生涯证明了他确实是个了不起的才子。

森索洛：当您从事电影制片工作时，是否也有类似发掘新人的想法？

莱昂内：不完全如此。在《西部往事》之后，我又重新研究改编《小混混》的事儿。完全没有可能，而我又找不到另一个题材，我不想重复在我别的电影里已经说过的一切。所以，我决定

---

1 卡梅利奥·贝内（Carmelo Bene，1937—2002），意大利著名戏剧导演、电影导演、作家和演员，1968年因《土耳其的圣母》(*Nostra Signora dei Turchi*, 1968)获得威尼斯电影节银狮奖。
2 彼得·威尔（Peter Weir, 1944—)，澳大利亚著名导演，1977年因《终浪》一举成名，曾拍过《死亡诗社》(*Dead Poets Society*, 1989)、《绿卡》(*Green Card*, 1990)及《真人活剧》(*The Truman Show*, 1998)等影片。

成为一个美国式的制片人，这包括要承担一切风险，像塞尔兹尼克或斯皮尔伯格一样。如果影片成功了，我有全部的功劳；如果很差，那也全部是我的责任。但是，事实跟我想象的完全不一样，从做制片人起，我又重新做回了导演。

13

《革命往事》

彼得·博格达诺维奇

詹姆斯·科本与罗德·斯泰格

巴枯宁与毛泽东

爱尔兰独立运动

约翰·福特

温柔与粗俗

森索洛：您是怎么想到要制片并导演《革命往事》的？

莱昂内：开始的时候，我只是想帮助富尔维奥·莫塞拉[1]——我的大舅哥，还有克劳迪奥·曼奇尼[2]，一个跟我很近的合作者。他们非常想做制片人。我给他们找了一个题材。尽管都是我来策划，但他发现如果我不成为挂名制片人，他就做不成这部电影。所以我开始考虑这个计划。作为合作者，我有联艺（帮忙）。我们全面启动了一个二十五页的剧情梗概，它讲述一个墨西哥农民和一个爱尔兰革命军（I.R.A.）之间的友谊……友谊始终是我迷恋的题材，这应该来自我的童年。我是独生子，我总感觉缺少一个兄弟……总之，我做制片人了，但我不可能导演。我们需要另找一个导演。美国人给我们推荐了一位影评人，他刚刚为罗杰·科尔曼[3]拍了一部片子，《目标》(*Target*, 1968)，他叫彼得·博

---

1 富尔维奥·莫塞拉（Fulvio Morsella），意大利制片人、编剧，卡尔拉的哥哥，主要为莱昂内工作，是《西部往事》等影片的执行制片人。
2 克劳迪奥·曼奇尼（Claudio Mancini），意大利制片人。
3 罗杰·科尔曼（Roger Corman, 1926— ），美国著名B级片制片人、导演，1955到1970年间执导了超过五十部小成本电影，有"B级片之王"之称。

格达诺维奇[1]，所有人都在对我说他的好话，所以我们让他到罗马来。他到达罗马机场时带着他姐姐，她提着行李。我们差点认为她是他的仆人。这个细节给我留下了不太好的印象，接下来的事情证实了我的预感……

到罗马的第一个礼拜，博格达诺维奇用很多时间给罗马的知识分子组织放映他的《目标》，当然还有我的电影界朋友。这没多大意义，可他根本瞧不起我们的电影。我们等了三个礼拜才开始草拟剧本。我们跟文森佐尼一起推荐一些东西，博格达诺维奇唯一的回答就是用英语否定："我不喜欢！"整整一个礼拜，我们就在听他拒绝我们所设计的东西。我被惹恼了，我对他说："明天，说话的就不是我和文森佐尼了，而是你。因为我啊，我也喜欢对你说'我不喜欢'！所以，我们要听听你想做什么。"他吓得脸色苍白，说："我要妈妈！"他这么称呼他的妻子，他认为没有她，他什么都做不了。

我答应让她过来。我给他们租了一间非常漂亮的别墅，要求他们在十五天里交出东西……两个礼拜后，博格达诺维奇和他妻子拿出了一个十二页的英文大纲。我找人去翻译。我读后就蒙了，还以为翻译搞错了，于是雇了另外一个翻译重新翻译，结果同样是灾难性的。这够了！我在每一页上签字，并把博格达诺维奇的这个剧本寄回给联艺。我附上一封信，告诉（他们）这就是他们派过来的人所干的活儿。三天以后，我接到美国方面的电报：

---

[1] 彼得·博格达诺维奇（Peter Bogdanovich，1939—2022），美国著名导演，早年为影评人。莱昂内访谈中提及的《目标》是其导演处女作，他当时的妻子是波利·普拉特（Polly Platt），被认为是博格达诺维奇几部优秀影片的幕后英雄。博格达诺维奇在1971年拍摄他最成功的影片《最后一场电影》（*The Last Picture Show*）时与年仅十九岁的西碧尔·谢波德（Cybill Shepherd）陷入情网，与波利·普拉特离婚。

"让博格达诺维奇夫妇速回纽约。旅游舱。"在美国的大公司，如果让你坐头等舱，说明你已经失败得无可救药……我给博格达诺维奇看了电报，并建议他在美国不要过多地炫耀《目标》，之后，我向他表示了我的敬意。

森索洛：您就是在这时推荐萨姆·佩金帕吗？

莱昂内：不是马上。我等待联艺给我推荐新的导演，但他们的态度非常奇怪。他们含糊其词。我们在选角问题上进行了激烈讨论。我要杰森·罗巴兹演农民，马尔科姆·麦克道威尔[1]演爱尔兰人。我知道爱尔兰恐怖主义者都是年轻人，我想展现一个二十多岁的小伙子变成一个老墨西哥人的"父亲"。但美国人拒绝了。我又向他们建议用埃里·沃勒克取代罗巴兹，他们不想用他。他们建议我用刚凭《炎热的夜晚》[2]获奥斯卡奖的罗德·斯泰格[3]。在这个条件下，我要用詹姆斯·科本演爱尔兰人……但是在开拍之前，一切都进展缓慢，没有任何导演被派过来。

于是我在伦敦会见了萨姆·佩金帕。我们是非常好的朋友，他非常高兴能拍一部我制片的电影，他同意了，我非常开心。我明白我们两个名字同时出现在一张海报上的分量。于是，我通知

---

[1] 马尔科姆·麦克道威尔（Malcolm McDowell, 1943— ），英国著名演员，1969年因主演林塞·安德森（Lindsay Anderson）获得金棕榈奖的《如果》（*If...*, 1969）而成名，曾主演《幸运的人》《大不列颠医院》。他最著名的银幕形象是库布里克《发条橙》中的亚历克斯（Alex）。

[2] 《炎热的夜晚》（*In the Heat of the Night*, 1967）由美国导演诺曼·杰威森（Norman Jewison）执导，罗德·斯泰格主演，后者凭借此片获得奥斯卡最佳男演员奖。

[3] 罗德·斯泰格（Rod Steiger, 1925—2002），美国电影演员，除《炎热的夜晚》外，还主演过《典当商》（*The Pawnbroker*, 1964）、《滑铁卢》（*Waterloo*, 1970）等影片。

了联艺。出乎我意料的是，我感觉这搞得他们很不舒服。他们不质疑这个想法，甚至觉得这很好，但他们提出要跟几位演员的经纪人商量商量。我如堕云雾。第二天，他们对我宣布，如果这部影片的导演不是我，他们就不拍这部电影。我们还有一周就要开拍了，摄制组已经到了西班牙……我很快就与这个计划妥协了。我快疯了！

到了现场，我才了解到围绕我进行策划的阴谋的全部细节。从签约那天起，联艺就给我做好了圈套，所有人都介入其中，唯一目的就是逼着我导演此片，甚至是我的家人。一切都心照不宣，只有我被蒙在鼓里。在西班牙，距离正式开机就差几天了，我才发现这个"玫瑰花壶"（le pot aux roses）。因为获得了奥斯卡奖，罗德·斯泰格的片酬是七十五万美元，但他答应如果是我执导这部影片，他只要三分之一片酬。詹姆斯·科本也一样，他跟斯泰格都来自MCA公司。事实上，博格达诺维奇的故事就是个假线索，现在，我能真正理解这个"合同"了。我卡在两个解决办法之间，要么取消这部电影，要么我自己来导演。我只好接受做导演。但我告诉两个演员："很好，我拍这部片子，但永远不要在晚上问第二天拍什么。因为如果要我做导演，我必须重写剧本，好让影片符合我的世界，而我只能在拍摄期间进行创作，我必须摸黑前进。"他们答应了这场冒险。我感觉自己正在拍世界上最困难的一部电影。

森索洛：您是怎么做的？

莱昂内：我让塞尔吉奥·多纳蒂回来跟我合作重写剧本，好让他能按照我的观点和风格走。几天之后，我发现他和文森佐尼其实从这件事一开始就有份参与，我把他们都撵出去了！我越想越来气。我自己重写了故事。关键的问题是，几个演员不适合我的世界。如果我想着手一个能让自己满意的创作，我必须重新改编剧本。

森索洛：可是，似乎您在这部影片中与一些演员有极高的默契，我想说的是罗莫罗·瓦利[1]……

莱昂内：我看了很多他演的戏剧，他总是那么出色。可如果拍电影的话我不太确定。在我看来，他（的声音）听起来有点假。在生活中，我们非常熟悉，他有着讨人喜欢的性格。他排斥这个人物身上应有的暧昧性，他本应在影片里坚持这个特点的。我知道他曾做过医生，所以在故事里让他从事这个职业。我们甚至看到他给人做手术。开始时，我想纠正他来自戏剧经验的表演痕迹。我希望他能自然一点。我要求他忘记他在戏剧舞台上学到的一切，包括跟维斯康蒂一起学到的东西，这不容易达到。一切进行得很顺利。他甚至在一个电影节上因这个角色而获奖。詹姆斯·科本很喜欢他，他们对彼此的评价都很高。这部影片过后，他们成了好朋友……

森索洛：您很久以前就希望能与科本合作……

莱昂内：从我看到他在《七侠荡寇志》里扔飞刀起。而且我喜欢他走路的姿态，他让人想起加里·库珀。科本是一个更威风和幽默的伊斯特伍德。他的讽刺给人以好感。另外，这是一个伟大的专业演员，跟他在一起，从来没有任何问题。

---

[1] 罗莫罗·瓦利（Romolo Valli, 1925—1980），意大利戏剧演员，在《革命往事》中扮演参加革命、后背叛战友的医生。

森索洛：那跟罗德·斯泰格呢？

莱昂内：跟他，到处都是问题。他为了让我高兴，说一口听上去像俄语的意大利语。他让我恼火。他想创造一个完全大脑型的严肃人物，一种潘乔·比利亚[1]和萨帕塔[2]的奇怪混合体，某种我说不清的东西。这让人不安。我费尽心思地给他讲他是在演一个简单的强盗、农民和土匪，一个家族中的疯狂可怜虫，一个幼稚且易激动的私生子……没有！他，他以为在扮演上帝。

在整整一个礼拜里，我始终保持沉默。我严格地让有他的戏都拍上二十多遍。剧组对我的态度惊讶不已！在以前的拍摄中，他们都看到我在类似情况下会暴跳如雷，实际上，我的默不作声让我的合作者更加不安。他们去找我妻子。卡尔拉总在拍摄现场，她负责公关，她在我想一个人静一会儿的时候给我挡驾。在对抗激烈的时候她就像缓冲剂。她在我拍摄时就像天才的外交官。在这种情况下，所有人都来问她为什么我要让斯泰格像演马戏一样。她不回答，她从来不说……最终，爆炸了。我发现科本跟斯泰格演对手戏时感觉不对，他想让我妥协一点，以一种更外表化的方式去表演，这让我不得不额外工作，以恢复科本这个人物的最初设计。当我们在距离阿梅拉沙漠五十千米的山上拍摄时，冲突终于爆发了。我在指导一场科本的戏时，斯泰格参与进来。他对我说，如果今天我们超过工作时间，他马上就回去。在这件事上，他暗示科本能跟他一起。于是，我爆发了："我，如果我想拍二十四小时，我就拍！我才不管你叫罗德·斯泰格，和你错误地

---

[1] 潘乔·比利亚（Pancho Villa，1878—1923），墨西哥革命中抵抗殖民者的英雄，也是一个崇尚暴力的独裁者。
[2] 埃米利亚诺·萨帕塔（Emiliano Zapata，1879—1919），墨西哥革命领袖，在墨西哥革命期间组织并领导了南方解放部队。

获得的一个奥斯卡奖。你什么也不是,我才不在乎你呢,包括你和联艺。明天我就把你换掉,因为你是个一无是处的演员。要不是你们公司,我永远都不会接受跟你这种人合作。"当我骂他时,他走向自己的房车。科本试着安慰我,他是一个不错的人,他总试图用坦诚和宽容解决问题。接下来的三天非常紧张,我不跟他直接说话,由助手负责沟通。我说:"去房车里把那个废物叫来!跟他说我要他到摄影机前演戏。"当斯泰格做得不好时,我还是对助手说:"我们停。告诉这家伙说他演那玩意不行,我示范过我要他演的东西,但他既不摇耳朵,也不抽鼻子。他只要做得正常一点。正常!就好像他根本不会表演,忘了他的演员工作室!"

第四天头上,斯泰格来找我解释。他甚至建议我在不打官司的条件下终止合同,如果我不想再用他的话。从这次对话起,一切都变了。他驯服得像一个八岁的孩子,但是,他不明白为什么他的镜头都要拍上三十多遍,而对科本只要两三次就满意。拍了二十多条之后,斯泰格非常疲惫,就露出了他那种演员工作室的表演痕迹。但没人敢跟他解释我这种方法的理由。最后富尔维奥·莫塞拉对他说:"塞尔吉奥喜欢演员。当一个演员表演出色时,他希望不要停下来。他就像孩子,他会说'再来!再来!',是出于这个原因他才总让你反复重演。"罗德·斯泰格相信了,拍摄就安静了许多。总而言之,如果不是那些表演痕迹,罗德在这部影片里的表现还是很舒服的。

森索洛:科本也非常不错,您也指导他的表演了吗?

莱昂内:当他尝试与斯泰格比着演的时候,我介入了。我跟他说:"你做得越少,你在这片子里赚得越多。罗德出洋相,他要吃了镜头。如果你什么也不做,反而是你收获了一切。"他对我眨了一下眼睛，他全领会了。

森索洛：在这部影片中，两样东西显得重要：您对墨西哥的热爱以及您对自由意识形态的口味。但您认为墨西哥革命有极高的重要性吗？

莱昂内：墨西哥是引出战争和革命的潜台词。在一些段落里，我抄袭了其他时代、其他地方的一些历史事件：国王出逃，一个"9月8日"[1]；达豪和茅斯豪森的地沟[2]……我甚至选择了一个像青年墨索里尼的演员，并给他穿上让人联想起德国军服的衣裳。这是所有（能）描绘战争和革命的、既感动又可怕的符号。不论是在爱尔兰，在西班牙，抑或别的地方。这里，墨西哥革命只不过是个象征，并不是真正的墨西哥革命。此外，只是它与电影的关系让我感兴趣：潘乔·比利亚，《潘乔·比利亚的战士们》[3]……那是一个真正的神话。但我想回避一些误解，所以拒绝了那种"阔边毡帽的别致"（pittoresque du sombrero），我的动机是本质的，就

---

[1] 此处很可能指1943年9月8日意大利国王埃马努埃莱三世出逃事件。迫于盟军的压力，埃马努埃莱三世解除了墨索里尼的总理职务并将其秘密逮捕；同时，埃马努埃莱三世与盟军秘密商谈签署停战协议。停战协议在9月3日签署，为避免德国迅速占领意大利半岛，直到9月8日，盟军发动登陆意大利半岛萨莱诺的雪崩行动时，才正式对外宣布。但宣布停火协定的同时，埃马努埃莱三世并未对意大利军队下达任何命令，便逃出罗马，导致各地的意大利军队陷入混乱。在意德军迅速占领大片意大利领土，大批意大利军人被杀或被俘，部分则加入了德军。这次错误最终导致意大利君主制在战后1946年的全民投票中被废除。
[2] 达豪（Dachau）是德国南部的一座小城，茅斯豪森（Mauthausen）是奥地利的一座小城，两座城市在二战期间成为德国纳粹的犹太集中营，修建了大量处决犹太人的地沟。莱昂内在《革命往事》中以在地沟中屠杀革命者的方式对此进行了讽喻。
[3] 《潘乔·比利亚的战士们》（*La Cucaracha*, 1959）是墨西哥导演伊斯梅尔·罗德里格兹（Ismael Rodríguez）导演的一部根据潘乔·比利亚的故事改编的电影。该片参加了1959年的戛纳电影节。

是展现一种友谊，在里面加一个颠倒的"皮格马利翁的故事"[1]。这两个人：一个是农民，一个是自私的知识分子。在各种极端情况下，受教育的知识分子与老百姓之间都存在冲突，他们不可能走在一起。(他们)只有在革命时才会走到一起，而且是暴力革命。在这部影片中，是农民给知识分子上了一课，他讲了他对革命的定义："一个聪明的家伙对老百姓说必须革命。一个穷人听了，相信了他，他也这么做了，革命。当聪明人赢了革命，那个穷人呢，他死了，结果还要重新革命。就是这么回事。"于是，当农民说完这番话时，知识分子把他那本巴枯宁（Bakounine）的书甩到了水坑里。是他将要失败，是他将会死去……

森索洛：这场戏在剧本里有吗？

莱昂内：没有。我是在拍摄期间写的。我还要表现独裁者在泥浆里找到了这本无政府主义的书，而且他也知道巴枯宁是谁！必须理解科本把书丢掉的这个手势，这意味着我对所有革命形式的幻灭。我这代人听到了太多的承诺，他们有梦想，但他们只留下遗憾。所以，这就是为什么说墨西哥1913年革命只是一个背景，我想说的是："言革命者皆惑也"（Qui dit révolution dit confusion）。

森索洛：为什么把毛泽东的名言放在影片开始？

---

[1] 皮格马利翁效应（Pygmalion Effect），塞浦路斯王子皮格马利翁喜爱雕塑。一天，他成功地塑造了一个美女的形象，爱不释手，每天以深情的眼光观赏不止，最后美女竟活了。美国心理学家罗伯特·罗森塔尔（Robert Rosenthal）和莱诺尔·雅各布森（Lenore Jacobson）在1960年代通过实验系统地阐述了以这一神话传说命名的心理学现象：人的情感和观念会不同程度地受到别人下意识的影响。人们会不自觉地接受自己喜欢、钦佩、信任和崇拜的人的影响和暗示，并在强烈的自我暗示下，让梦想成为现实。

莱昂内：我必须清晰地定义这些东西，而毛泽东这句话深深打动我："革命不是请客吃饭，不是作文章，不是绘画绣花，不能那样雅致，那样从容不迫，文质彬彬，那样温良恭俭让。革命是暴动，是一个阶级推翻另一个阶级的暴烈的行动。"[1]我曾想把影片叫作"Once upon a time...the Revolution"（革命往事），可只有法国保留了这个名字。在意大利，发行商怕与贝托鲁奇五年前的一部片子《革命前夜》(*Prima della rivoluzione*) 混淆，所以我选择了"*Giù la testa*"，意思是"卑躬屈膝"。在一些英语国家，他们删掉了毛泽东的话，然后把片名改为《为了一小把炸药》(*A Fistful of Dynamite*)。什么浑蛋！我还没说影片被剪掉的段落的数量呢。在多数国家，没有最后的闪回，这太严重了！我记得这场戏似乎只在法国版本里被保留了。我们看到两个爱尔兰人爱上同一个女人。这不仅是开化的意识形态或性爱自由，还有一个象征的维度：这个女人，就是全世界都想拥抱的革命，而科本在他所抽的填满炸药的奇怪烟草中看到了这些画面。我们不知道他是在做梦，在想象，还是在回忆。他仅仅是找到了自己的幻想。我插入这场戏，是让人们觉得斯泰格仿佛也看到了科本的这个幻想……所以，他们最终汇合了，就在爱尔兰人引爆炸药之前。他用把自己炸飞的方式逃离现实，选择死亡。他把这些狗屎和失望留给了斯泰格，他把他的梦丢给了对方。这更悲观，因为没有出路。永远不要用一种理想去联合农民和知识分子，最后总是知识分子背叛农民。在这里，他利用幼稚创造了一个英雄，利用他抢劫卡萨贝尔德（Casa Verde）银行的愿望，让他变成英勇的革命领袖。幸亏有这样一个形象，我才在这场戏里向卓别林的《摩登

---

[1] 语出自毛泽东1927年3月的《湖南农民运动考察报告》。

时代》（*The Modern Times*）致敬。您能想起来他（卓别林）捡卡车上掉下来的红旗那场戏吗？所有人都跟着他跑，他还不明白怎么回事就成了领袖。就像在《革命往事》里，斯泰格去找金子，结果找到一群想跟随他的政治犯，还有民众。对于科本来说，这是一场善意的闹剧，但它必然会造成某种后果，玩笑最终给这个幼稚农民的全家带来了死亡。友谊确实存在于这两个男人之间，但这种友谊有着浪漫的一面和犬儒的一面。当爱尔兰人把这种意识带给墨西哥人时，他成为最失败的人。

森索洛：在1970年代，人们对爱尔兰革命军谈论很多。您对爱尔兰革命有什么特殊的感受？

莱昂内：谈到爱尔兰，我想说说约翰·福特一生中拍过的最耻辱的一部电影，这就是《蓬门今始为君开》（*The Quiet Man*, 1952）。对我来说，那就是《白雪公主和七个小矮人》！是对爱尔兰现实的畸形颠倒（inverse aberrant）！我承认约翰·福特不再生活在那里了，他是美国人，他的世界是不同的。但他永远不会孤单，他总需要与共同体（communauté）生活在一起，或是剧组，或是家庭，或是军队。总之，是集体。但那是孤立的群体（groupe isolé）……他要在《双虎屠龙》中改变，他的全部作品都变了。我们看到一个人对立于他的群体。在他最后的作品《七女人》（*Seven Women*, 1966）里，同样是某个人面对一种集体观念的思想。但在《蓬门今始为君开》那个时代，他创作了一个没有任何关于爱尔兰共和军的暗示的故事，但那场运动在故事发生的那个年代比今天还要活跃。诚然，那个故事很美，但让我不习惯的是它发生在爱尔兰。他向我们展现的这个国家就像天堂般的乌托邦，而且他从未宣布那里是乌托邦，他甚至想让人相信那就是日常生活。

森索洛：但是科本扮演的人物也是个理想主义者，这在您的作品里是一个比较新的人物，他经历过爱情、革命和他的所有思想。他后来只想死，他不再相信他的炸药。

莱昂内：炸药是革命者的第一武器。不是冲锋枪！不是左轮！不！革命的神是炸药！而他，是个爆破技术专家，他所有的思考都与这种科学有关。于是，当他留在那座桥前架起机枪，从他的角度看，完全就是有意识的自杀。在那儿，他经历了一切，他甚至看到了背叛，他不再相信革命中的一切……

在梦中，他的爱尔兰朋友的背叛，以及罗莫罗·瓦利扮演的这个人物的背叛，不再是像《黄金三镖客》那种闹剧式的背叛，肖恩/科本的战争变成了个人行为，与意识形态无关。由于要跟他留在桥前，胡安/斯泰格妨碍他安静地死去，更坏的就是他们最终逃脱了死亡，而他们想保护的人却被处决。他们因一场完全疯狂的行为而幸免于难，我很喜欢这种黑色的讽刺。

森索洛：在火车上，科本把马德罗（Madeiro）交给了斯泰格，但在之前，他用帽子打这个独裁者，这一段给人留下非常强烈的印象。

莱昂内：我坚持用这个动作。用帽子打，要比耳光更讽刺，它把这个政客还原为狗屎上的苍蝇。看着这个场景，胡安/斯泰格什么都明白了……

森索洛：说到这，这个人物既温柔又粗俗。

莱昂内：在这种幻灭的意义上，温柔是最后的希望。在展现斯泰格面对枪决那场戏时，我把温柔与粗俗以一种极有意味的方式混合在一起。一只鸟在他头上拉屎，他看着，他的评语非常简单:"对于别人,你歌唱!"但还有其他原因,让我用了这两样东西:我要终结传统西部片和我所创造的西部片。此外,影片开头,斯泰格与那个豪华马车中的女人在竞技场上做爱,而不是决斗。我用一场普通且粗俗的戏取代了英雄表演。这是一种不错的方式,表现出我想在这部影片里实现的真正方向。接下来,我剥光了贵族们的衣服。当他们被掀翻在垃圾堆时,人们听到第一声爆炸。于是,第二个主人公出场了,他骑的不是马,而是摩托,于是我们开始了一部关于友谊和政治的电影……

接下来,我对我工作的一个时期进行总结,所以我重新上演了我之前影片的主要情节:抢劫银行、炸桥……我努力以不同方式背叛这些情节,但忠于我的风格。很快,我意识到《革命往事》变成了一个新三部曲的第二部。在《西部往事》里,我展现了母系社会的诞生和缺乏雄性力量的世界的到来。在这部里,通过这个革命年代,我到达了美国的"第二边界"。在这之后,我知道我将能讨论我最后的幻想:我与美国的关系,失落的友谊与电影。因为从《罗德岛巨像》到《美国往事》,我从未忘记电影在我工作中的映照,它(我的工作)充满了对电影的引用。而这一点存在于所有可能的意义中……

森索洛:尽管您对政治很伤心,但您这部电影并不缺乏幽默……

莱昂内:伤心,当然。因为很多朋友死去。其他的,因走上仕途而变得恶心。我父亲的苦难对我来说是决定性的,这影响了我的一生。然而,我需要在我的传奇中纳入幽默,这是必要的燃料。一个精明而智慧的人给我影响很大,那就是基督教民主党的安德烈奥蒂[1],他在政治演说和日常生活中都很幽默。我甚至可以说,他是在政治地探索幽默,凭借一句充满机智的话,他能在一场艰难的辩论中成为胜利者。这很有教育意义……就我自己来说,我幽默地以传播的语境小心地运用它。这与路易十三和黎塞留[2]的故事或者维克多·雨果(Victor Hugo)的《悲惨世界》(*Les Misérables*)里体现的精神类型不同。可惜啊!影评人不喜欢类型的混合。他们不知道莎士比亚曾多少次教过我们把幽默混合在悲剧中,而卓别林知道这么做。此外,正是因为这一点,他从未因他的影片而获得奥斯卡奖。

森索洛:但是,所有的评论都推崇《革命往事》。

莱昂内:甚至有人把我比作维克多·雨果。但我根本不在乎。我从不会改变我的风格以迎合评论。我知道有一些导演总惦记某些电影杂志的观点。他们忘了应该去做他们感到的东西,他们也忘记了真正的观众。这太可悲了,他们最终不再拥有原创性和真实性。

森索洛:今天,您怎么看《革命往事》?

---

[1] 朱利奥·安德烈奥蒂(Giulio Andreotti, 1919—2013),意大利政坛明星,意大利基督教民主党核心人物,1972至1992年间三次当选意大利总理,还曾任内政部长、国防部长和外交部长。他的绰号是"Divo Julius",取意拉丁语"神圣恺撒"(Divus Iulius)。2008年意大利导演保罗·索伦蒂诺(Paolo Sorrentino)的影片《明星总理》(*Il Divo*)即描写他政治生涯中与意大利黑手党之间的关系,获得戛纳电影节评委会奖。

[2] 黎塞留(Armand Jean du Plessis de Richelieu, 1585—1642),法国路易十三国王的重臣,红衣主教,1622年任法国首相,极富外交政治才干,在法国政务决策中具有主导性的影响力,是三十年战争(1618—1648)的实际推动者和幕后策划人之一。

莱昂内：这不是我最钟爱的电影，但这是让我付出最多的一部，就像一个没培养好的孩子。我为它操了不少心。之后，某一天，在巴黎，发生了一件让我感动的事。这部影片刚在法国上映，我跟几个朋友吃饭，受在另一桌用餐的一位先生嘱托，服务生给我们拿过来一瓶香槟酒。我打开它，举杯向送酒的那位慷慨的先生致意。那个男人站起来，来到我们的桌子旁。"莱昂内先生，我是意大利人，我娶了一个法国女人。我们有两个儿子，他们是法国国籍，他们不了解意大利。这有些遗憾。现在，我必须向您介绍您正在喝的这瓶香槟，这不是一瓶我要赠予您的酒，而是我的整个工厂。因此，我必须对自己诚实一点，我要给您解释送您这瓶酒的原因。我跟您说过我有两个儿子，他们分别是二十二岁和二十岁。在政治上，他们像疯了一样，彻底反对我的个人观点。我们生活在非常激烈的争吵中。因此他们离开了家，这给我和我的妻子带来非常大的不幸……很多年了，我们都没有见面……而正由于您的《革命往事》，他们回来跟我们住了。他们对我们说，您的影片让他们意识到自己有多么错误。他们向我道歉。他们永远地回来了。这就是我为什么喜欢您的电影，这就是为什么我送您这些东西。"我非常感动，我向他表示感谢，并对他说，他说的所有这些对我来说要比世界上最好的影评还好！

14

制片生涯

特尼达和特伦斯·希尔

一些计划

广告片

森索洛：在《革命往事》之后，您开始了制片工作，为什么？

莱昂内：我总是不能拍《小混混》。我想我是不是该考虑其他的计划。为了尝试一点冒险，我需要找一个能让我满意的题材。这并不容易。我喜欢转向制片工作，这并非为了赚很多钱，而是一种可以留在电影界的方式。我总是把这种实践考虑成一种"嗜好"。甚至我在家时，也喜欢跟电影圈的人聊天。我们在一起只是为了谈论电影。就像我跟你说的一样，我的制片观念与美国人相似：选一本书或一个题材，购买版权，雇一些编剧，控制改编，讨论选角并找一个技术好手做导演。在我眼中，最重要的负责人应该是制片人。无论影片是失败还是成功，他都承担全部责任。想象一下，如果《乱世佳人》没能成功，其结果对于塞尔兹尼克来说将是悲惨的，说的不是那半打为塞尔兹尼克工作的导演，而最后只有维克多·弗莱明[1]一个人在演职员表上署名。因此，我创立了一个原则：一部由别人执导的塞尔吉奥·莱昂内电影。可是，这是非常坏的考虑，因为这个体制在意大利是无法实现的。在我们国家，真正的制片人太少了，我们有的多数是小投机商。他们

---

[1] 维克多·弗莱明（Victor Fleming，1883—1949），美国导演，代表作有《乱世佳人》。

教唆刚获得一点成功的导演，要求他去拍一部时尚喜剧，或者为某个当红女明星拍一部片子，然后这个导演就负责一切，让他成为影片的"完全作者"：他考虑故事，他改编，他来拍。从这个角度看，我们可以说所有的意大利导演都是作者，包括最好的和最差的。于是，当人们成为像我这样的制片人-作者时，太难跟这类导演-作者讨论了。我必须做一些让步。我尤其不想再次遇到塞尔吉奥·莱昂内的复制品……有时，他们可能会怀疑我，或遇到一些嫉妒我的人。总而言之，还是有一部分制片工作让我至少感到如愿以偿。这局限在找投资和演员上。接下来，我只需把我的名字放在海报上，以推动那些和我无关的产品。

森索洛：您制片的第一部是《无名小子》（*Il mio nome è Nessuno*, 1973），是怎么选的导演？

莱昂内：他是我过去的助理：托尼诺·瓦莱里[1]。这个孩子在跟我工作之前没做过与电影有关的任何东西。他害怕阳光，不会跑。所以，我对他说最好是做一个导演。无论如何，当时谁拍西部片都行，为什么他不行？他够聪明并受过不错的教育……他变成了一个正确的导演。没什么天才，但很诚实。《无名小子》是一部还算成功的影片。

森索洛：您拍摄了其中几场戏，这是真的吗？

莱昂内：确实如此。我导演了开场那场戏、战斗和结尾的决斗。我是迫不得已，因为亨利·方达的时间非常有限。也就是说，

---

[1] 托尼诺·瓦莱里（Tonino Valerii, 1934—2016），意大利导演，跟随莱昂内做助手，主要拍摄意大利西部片，因执导《无名小子》成名。他的另一部意大利西部片《愤怒的末日》（*I giorni dell'ira*, 1968）也是名作。

在一定时间后,他必须离开拍摄现场去演另一部剧或另一部影片。为了保证工作计划,我指导了第二组。

森索洛:人们传说方达只接受您的指导,这是真的吗?
莱昂内:这是假的,没有这类问题。

森索洛:为什么要拍一部由特伦斯·希尔(Terence Hill)主演的片子?
莱昂内:希尔是以他的真名马里奥·吉洛蒂(Mario Girotti)开始拍戏的,我记得是在迪诺·里西的一部片子里。接下来,他曾跟弗朗齐奥里尼[1]和科利齐[2]合作过。他还跟卡米纳·加隆尼合作过历史神话片,他甚至在维斯康蒂的《豹》里演过一个角色。然后,他在科利齐的西部片《虎狼喋血》(*Dio perdona... Io no!*)里取了"特伦斯·希尔"这个艺名。然后是巴尔博尼[3]的《他们是神》。我已经跟你说过,这片子特别阴险。看到所有人都对这种表演报以笑声,我都惊呆了。但我后来明白是怎么回事了。其实,他们拍的是非常严肃的片子。当他们听说人们都笑场时,颇受打击,特伦斯·希尔都认为他的演员生涯就此结束了呢。但是,面对这种闹剧式的成功,他们决定调整目标。在第一部"特尼达"中,特伦斯杀人。接下来,他只扇耳光。这让观众开心,因为他们期待一些新的东西。很多年来,观众忍受着这些愚蠢的影片,其中总是那六个替身演员在扮演坏蛋。到处充满了厌倦甚至气愤的情

---

[1] 詹尼·弗朗齐奥里尼(Gianni Franciolini,1910—1960),意大利导演、编剧。
[2] 朱塞佩·科利齐(Giuseppe Colizzi,1925—1978),意大利西部片代表导演之一,以与特伦斯·希尔和巴德·斯宾塞的合作而闻名。
[3] 恩佐·巴尔博尼(Enzo Barboni,1922—2002),意大利摄影师、编剧、导演,经常署名"E. B. Clucher"。

绪。在《如果你见到萨塔纳，告诉他他死定了》(*Si tu vois Sartana, dis-lui que c'est un homme mort*)上映时，观众给改名了，叫《如果你见到萨塔纳，告诉他他是个蠢货》。影片中用以决斗的不是左轮，而是耳光。观众感到一种宣泄。这是一种报应。他们非常高兴看到所有这些影片里的坏蛋被人扇耳光，或者把帽檐一直压到耳朵。所以，这第二部"特尼达"也获得了巨大成功……它让人在一个奄奄一息的电影类型面前达到了愤怒的临界点。不久后，这部影片重新上映，就没有获得任何成功。但在《无名小子》时代，把西部神话与它的漫画对立起来还是挺有趣的：亨利·方达vs特伦斯·希尔。我想表现这个漫画，它以侵犯的方式去戏弄这个神话，直到把它引入一场不可能的战斗。最终，神话离开，他警告他的复制品。他告诉他真理迟早会回到他手中。可惜！这片子有点让人失望。瓦莱里不懂得给这种相遇提供足够多的诗意维度。

森索洛：有些人特别喜欢这片子。

莱昂内：可能吧……有一天，我对斯皮尔伯格说《决斗》(*Dual*)是他最好的电影。他对我说，在他看来，我最好的片子是《无名小子》。让人烦恼的是，他说这话时带着开玩笑的口气。而我没开玩笑。我真的认为《决斗》是他最好的电影。

森索洛：为什么在《天才、小鸟和钟表》中（*Un génie, deux associés, une cloche*）用达米亚诺·达米亚尼[1]？

莱昂内：我发现这是个很有意思的作者。他最开始的片子

---

1 达米亚诺·达米亚尼（Damiano Damiani, 1922—2013），意大利电影导演、编剧，在执导《天才、小鸟和钟表》前曾获莫斯科电影节金奖，1985年将"比萨网络"事件改编成电影，获柏林电影节银熊奖。

是扎瓦蒂尼[1]写的剧本：《密岛》(*L'isola di Arturo*, 1962)。我很喜欢他那个关于两个迷恋旧日时光的老伙伴的故事：《再相逢》(*La Rimpatriata*, 1963)。我对《黑手党》(*Mafia*, 1963)尤其情有独钟。正因为他曾经拍过一部有意思的西部片《将军的子弹》(*El Chuncho, quien sabe?*, 1966)，我觉得他是个人选。就在这儿我犯了个大错误。达米亚尼在悲剧里表现出色，但他不是个幽默家，他没有一点讽刺和闹剧的感觉。而我想把这部片子拍成西部片中的《骗中骗》(*The Sting*, 1973)，结果是可悲的。

最初，我想用《远行他方》(*Les Valseuses*, 1974)中的三个演员来架构我这个故事：热拉尔·德帕迪约[2]、帕特里克·德瓦埃尔[3]和缪缪[4]。但是贝特朗·布里耶[5]的这部电影只在法国获得了成功。所以，我用特伦斯·希尔和罗贝尔·沙勒布瓦[6]演那两个男孩。对沙勒布瓦，这是一次错过很久的约定。他有着埃里·沃勒克的幽默和人性。但是达米亚尼不懂得利用。缪缪是唯一及时从这里摆脱出来的，她是一个完美、漂亮和优秀的演员，很有气质。

---

1 塞萨尔·扎瓦蒂尼（Cesare Zavattini, 1902—1989），意大利编剧，早年为影评人，意大利新现实主义理论的最早阐发者之一。
2 热拉尔·德帕迪约（Gérard Depardieu, 1948— ），法国当代最著名的男演员，并身兼导演、制片人之职，1970年代因出演贝特朗·布里耶的喜剧片成名。
3 帕特里克·德瓦埃尔（Patrick Dewaere, 1947—1982），法国演员，1974年因《远行他方》走红，在多部名作中有出色表演，与德帕迪约齐名，1982年吞枪自杀。
4 缪缪（Miou-Miou, 1950— ），法国女演员，本名Sylvette Herry，参演《远行他方》走红时用的是缪缪的艺名，并沿用至今。
5 贝特朗·布里耶（Bertrand Blier, 1939— ），法国著名导演、编剧和演员，法国演员贝尔纳·布里耶（Bernard Blier）之子，早年拍摄黑色电影和政治批判电影时默默无闻，因改编《远行他方》一举成名，成为法国当代重要的黑色荒诞喜剧导演。
6 罗贝尔·沙勒布瓦（Robert Charlebois, 1944— ），加拿大著名作曲家、演员，加拿大最重要的法语歌手之一，在《天才、小鸟和钟表》中扮演三位主角之一。

森索洛：**您也拍了影片中的一些戏？**

莱昂内：我拍摄了序幕中假印第安人进攻那场戏。吉奥里亚诺·蒙塔尔多[1]拍了印第安人营地那场戏。所有这些都是因为时间问题。但是影片让我非常失望，以至我决定不再制作任何西部片。

森索洛：**在《谁杀死了猫》(Qui a tué le chat) 中，您用了吕奇·科曼奇尼。**

莱昂内：这是一只引发一系列谋杀案的猫的故事。这个题材来自艾伯托·索尔蒂[2]，但我让乌戈·托格纳齐跟梅拉多[3]在银幕上组成最佳情侣。把导演工作交给科曼奇尼，我非常放心。我曾是他的助理，而且我知道他是个伟大的专家。不久以后，我被一个恶劣的巴黎记者的问题惹怒了。这个没脑子的人居然问我是否对科曼奇尼的拍摄进行了风格上的建议。我对他说，应该是科曼奇尼给我一些建议才对。但这件意外让我发现我做制片人的难题：如果影评人认为是我在导演我所制片的电影，那导演们最终也会这么想。因此，很难避开一些争议或滑稽的让步……然而，《谁杀死了猫》是一部好电影，罗伯特·阿尔特曼[4]后来偷了这个主题，

1　吉奥里亚诺·蒙塔尔多（Giuliano Montaldo，1930— ），意大利导演、编剧，作品有《萨可与方齐迪》(*Sacco e Venzetti*, 1971)，获得戛纳电影节最佳男演员奖。
2　艾伯托·索尔蒂（Alberto Sordi，1920—2003），意大利著名演员，也是导演和编剧，意大利喜剧中典型罗马人形象的著名缔造者之一，主演影片过百部，获1972年柏林电影节最佳男演员奖。
3　玛丽安基拉·梅拉多（Mariangela Melato，1941—2013），意大利女演员。
4　罗伯特·阿尔特曼（Robert Altman，1925—2006），美国电影导演，高产且风格多变，他与安东尼奥尼是迄今仅有的两位囊括金棕榈奖、金狮奖和金熊奖的导演。作品有《陆军野战医院》(*M.A.S.H.*, 1970)、《短篇集》(*Shot Cuts*, 1993) 等。

让罗伯特·本顿[1]用《猫知道谁是凶手》(Le Chat connaisse l'assassin)的名字重新拍了一部电影，完全是相同的故事。

森索洛：您最后一部制片的电影是哪一部？

莱昂内：《危险玩具》(Il Giocattolo, 1979)，1979年，由吉奥里亚诺·蒙塔尔多导演……然后，我觉得够了。我让拉弗安公司发扬光大了。但是，有些计划让我兴奋。我想制作一部安哲罗普洛斯的电影。这是一个诚实且出色的导演。此外还有亚历杭德罗·佐杜洛夫斯基[2]的片子……但今天，我非常犹豫是否继续从事这个工作。我跟马可·维卡里奥[3]谈过很多次。他变成一个非常优秀的导演。他的处女作是改编自莫拉维亚[4]的《赤裸时刻》(Heures nues)。接下来，他导了一部非常不错的动作片《七个金人》(Sept hommes en or)，他还把维塔里亚诺·巴兰卡迪的小说《保罗的猪》(Ce cochon de Paolo)搬上银幕,这部《合法情人》(La Maîtresse légitime)在美国获得了极大成功。我认为我们能合作得不错，后来，我们都看到了……

森索洛：在《革命往事》之后，没人建议你拍什么片子吗？

莱昂内：当然有。《教父》刚出版而且还在经受考验时，就有人建议我把它拍成电影。但是我英语不好，我把这本书交给一

---

1 罗伯特·本顿（Robert Benton，1932— ），美国导演、编剧、作家，曾参与《雌雄大盗》《超人》等影片的剧本创作，导演作品有《克莱默夫妇》等。
2 亚历杭德罗·佐杜洛夫斯基（Alejandro Jodorowsky，1929— ），智利导演，同时也是作家、诗人，其影片以怪诞形象和超现实主义著称，代表作《鼹鼠》(El Topo, 1970)、《圣血》(Santa sangre, 1989)等。
3 马可·维卡里奥（Marco Vicario，1925—2020），意大利演员、编剧、导演和制片人。
4 艾伯托·莫拉维亚（Alberto Moravia，1907—1990），意大利著名作家。

个朋友读，他看完后对我说这书写得不是很好。不久后，当意大利语版本出版时，我读了这部著作。我明白我们可以把它拍成一部不错的电影。尤其是那些后来出现在《教父II》（1974）中的素材……但是太晚了，科波拉已经介入了。

除此之外，电视台建议我拍《马可·波罗》（Marco Polo）和《加里波第》（Garibaldi），当我知道这些片子不能谈论这两个人的事实时，我拒绝接受这个礼物。我没有欲望去建构一些类似象鼻和马脚的故事。

我还拒绝导演改编雨果·普拉特[1]的《高卢夺宝记》（Corto Maltese）。坦诚地讲，我不相信那部漫画能成为一部电影。让我兴趣最大的建议是迪诺·德·劳伦蒂斯建议我拍《飞侠哥顿》（Flash Gordon），但当我知道他的计划其实跟亚历克斯·雷蒙德的漫画没什么关系时，我就拒绝了。

森索洛：那您自己呢？您自己有什么建议吗？

莱昂内：有啊。我跟电视台签合同拍摄根据《百年孤独》改编的电视剧，每集五十分钟，共十集，这是加西亚·马尔克斯写的现代版奥德赛。但是他索要一百万美元的版权费，电视台没有办法支付这么大一笔费用……

森索洛：那塞利纳的小说呢？

莱昂内：我已经说过这件事，但我承认，这让我很难拒绝。在我二十岁时，我读过《茫茫黑夜漫游》，可它对我的影响是持续的。当我知道塞利纳的妻子希望我来拍这部电影时，我非常感

---

1 雨果·普拉特（Hugo Pratt, 1927—1995），意大利漫画家，《高卢夺宝记》是其重要的漫画作品。

动。米歇尔·奥迪亚尔[1]跟我说他想写改编剧本，这让我非常高兴。我很喜欢奥迪亚尔。他用他的对话感动过很多人。他明白说的语言（langage parlé）是什么。我主要是通过维尔纳伊[2]的两部电影发现他的：《地下室旋律》（*Mélodie en sous-sol*）和《冬天的猴子》（*Un singe en hiver*）。我真的非常喜欢《茫茫黑夜漫游》，但这部小说过于完美，我犹豫是否应该碰它。

森索洛：有人建议您去拍"歌剧电影"（ciné-opéra）吗？

莱昂内：我结识了达尼埃尔·托斯坎·迪·普朗捷[3]，他是人们让我看到的最具喜剧色彩的人物，但在世界上很难找到比他更不了解电影的人。他四处散布说我根本不理解比才的歌剧《卡门》（*Carmen*）。他冷笑着说我只看重金钱。这完全不对。实际上，他给我介绍了罗林·马泽尔[4]，我对这位指挥家说，我暂时还不能拍《卡门》，但只要有一天我拍了，我一定要用自己的方式做：现实主义的，用真的茨冈人，像卡米纳·加隆尼那样用后期混音……我事先告诉他我不想拍歌剧，因为我讨厌歌剧。最终，罗西拍了这部电影。我分享这个成果。他很有情调，很好地应付了还原现实的问题，这是高蒙公司推出的歌剧电影系列中最好的一部。

---

1 米歇尔·奥迪亚尔（Michel Audiard，1920—1985），法国著名编剧、作家，参与过许多电影作品的编剧。其子为法国当代著名导演雅克·奥迪亚尔（Jacques Audiard）。
2 亨利·维尔纳伊（Henri Verneuil，1920—2002），法国导演，法国电影界的多面手，以犯罪电影和间谍电影最为成功，作品有《蛇》（*Le Serpent*, 1973）等。
3 达尼埃尔·托斯坎·迪·普朗捷（Daniel Toscan du Plantier，1941—2003），法国导演莫里斯·皮亚拉（Maurice Pialat）的幕后制片人，此外还担任过费里尼的《女人城》（*La Città delle donne*）和约瑟夫·罗西（Joseph Losey）的《唐·乔万尼》（*Don Giovanni*）等影片的制片人。
4 罗林·马泽尔（Lorin Maazel，1930—2014），美国指挥家和小提琴家。

森索洛：在那个时期，您拍了不少广告片，是为了玩儿吗？

莱昂内：有一点那个意思。但实际上我拍的很少，也就五六部吧……很长一段时间里，我拒绝做这个。世界各地的人都怂恿我做这个，我拒绝了。我不感兴趣。最终，我是被我的朋友弗里德里克·罗西福[1]拽到这里来的，我是通过让·米罗纳斯（Jean Mylonas）认识他的，米罗纳斯给他打工。罗西福是哈谢特电视台（Télé Hachette）的董事长，他向我承诺说这场冒险会让我非常开心。我不清楚我能在三十秒或五十秒里做些什么。一般来说，我需要很长时间才能合上拍板（clap）。但罗西福坚持，我也没让他失望。习惯了拍摄三个小时的电影之后，去拍一些只有半分钟的电影是相当好玩的事儿。

森索洛：您是怎么考虑广告片的拍摄的？

莱昂内：首先，我从不接受用那些被人们矛盾地称为"设计者"（créatifs）的人所做的故事板去拍。很难找到比这伙人更有坏点子的人了。还是那样，当我接受一个拍摄计划，我要求一部分自由。在这种条件下，当没有时间去雇一个听话的导演时，人们就怂恿我来拍。那些地方都被电视台买下来了，时间都安排好了，东西必须马上就绪。一般来说，我只需要两个礼拜就能完成构思、拍摄、剪辑和混音。这让我开心，因为他们不得不让我安静。

森索洛：您拍的广告有哪些？

莱昂内：第一个是杰维斯公司（Gervais）订制的冰激凌广告。在摩洛哥的沙丘上用直升机一个镜头拍下来的。我们从空中一直

---

[1] 弗里德里克·罗西福（Frédéric Rossif, 1922—1990），法国著名纪录片导演，作品有《反犹时代》（*Le Temps du ghetto*, 1961）等。

拍到一个阿拉伯人骑在骆驼上走,他妻子像奴隶一样牵着骆驼,而他则在吃着一个爱斯基摩雪糕[1]。接下来我拍了雷诺18的促销广告。这个是我最喜欢的。我讲述了一个贞女(vestale)创造一辆汽车的全过程,这发生在一座寺院中,女人从这个圣地中牵出一辆汽车,我们在她–它之间感觉到了爱的气息。她给汽车打了一个手势,汽车就飞驰在高速公路上去直面现代生活了。

我还给雷诺拍了点别的东西。汽车下线了,在竞技场上完成了荣誉之旅。这是我在一个突尼斯的小山上拍的,这片子获得了白金智慧女神奖(Minerve de platine)。我还给欧洲保险公司(Europ-Assistance)和棕榄公司(Palmolive)拍过。

我拍广告片就是为了好玩。我旅行,并试验一些新东西。在这个背景下,你可以实现很多有趣的设想。一个好的广告片导演总是抱怨人们在平庸的电视片里不停地插入他们高质量的广告,但科曼奇尼对今天的电视说出了一句不俗的话:如果外星人来地球,他们会问那些让他们不能安静看广告的电视片段到底是什么。

森索洛: 有人建议您拍音乐电视(védioclips)吗?
莱昂内:不少于一百次吧,但我对这东西一点都不感兴趣。

---

[1] 爱斯基摩(esquimau)这个词也有紫雪糕的意思。

15

《美国往事》

《小混混》

哈里·格雷

热拉尔·德帕迪约

罗伯特·德尼罗

大烟梦

地狱之旅

电影往事

森索洛：您是怎么发现《小混混》这部小说的？

莱昂内：最早是朱塞佩·科利齐介绍给我读的，他是吕奇·赞帕的侄子，一个作家。他曾跟过《黄金三镖客》的剪辑，因为他也想拍西部片。况且也是他，在恩佐·巴尔博尼用假名"E. B. Clucher"拍了《他们是神》之前，就设计出特伦斯·希尔和巴德·斯宾塞[1]的决斗。有一天，科利齐跟我说他偷了一部美国小说的整整一章用在他的电影《要命不要钱》（*I Quattro dell'Ave Maria*, 1968）里。这本书的名字翻成意大利语叫"持枪的手"（*A main armée*），作者叫哈里·格雷，书的原名叫《小混混》。

科利齐根本就没有申请这个段落的授权，影片在抢完银行之后就变得乱七八糟。后来在我自己的电影里，我把抢银行的戏删掉了……读了这本书，我不是非常喜欢，（它）并不那么精彩。但是，我找到了一些让我兴奋到想拍电影的元素，一些东西吸引了我。这本书的封面上写着："一个真实黑帮成员的自传"。我非常想见见这个哈里·格雷。

拍完《西部往事》，我去了纽约。于是，我试着给这个哈里·格

---

[1] 巴德·斯宾塞（Bud Spencer, 1929—2016），意大利西部片著名演员，本名 Carlo Pedersoli，经常与特伦斯·希尔合作。

雷的经纪人打了个电话。结果他对我说他的客户谁都不想见，有什么事直接找他谈就行了，这是作者本人批准的工作方式。我听了这套话，就猜到这本书的版权还没有着落。但我还是想见见作者本人，所以我对他说："我是一位意大利导演，路过这儿。我想约见一下写这本书的人。我有很多细节要跟他谈。我对这部小说感兴趣，很想跟写这本书的人聊聊。如果我买下《小混混》的电影版权，那就不是为了拍一部平淡无奇的改编电影。所以，我必须跟写这本书的人好好谈谈。而这跟您毫无关系。我们要谈的是钱的问题，您和我，但那是在这之后！我，我要见这个名叫哈里·格雷的人。我的名字叫塞尔吉奥·莱昂内，我只在纽约待几天。"

四十八小时之后，我接到一个电话，我听到一个深沉的声音对我说："您是塞尔吉奥·莱昂内先生吗？我是哈里·格雷！"妥了，我马上就知道他有多么喜欢我了。我所有的电影他都看过好几遍，他非常想见我，条件是不能有第三者在场……我对他说这不可能，因为我说一口非常操蛋的美国话。我必须带一个翻译。我向他推荐我小舅子，并强调他是个专门研究美国故事的意大利人，跟他在一起，没有什么好顾虑的。于是，格雷同意我们第二天就见面。

森索洛：他长得像谁？

莱昂内：他让我想起爱德华·G. 罗宾逊[1]。同样的气质，小个子，粗壮矮小，粗粗的脖子，一头白发，偶尔还有几根像婴儿毛一样的红色。他话不多，会面结束时，他才对我说他有个棘手

---

[1] 爱德华·G. 罗宾森（Edward G. Robinson，1893—1973），美国演员，生于罗马尼亚，犹太人，主要以扮演黑帮人物闻名，成名作是黑帮片《小恺撒》（*Little Caesar*, 1930）。

的问题：这本小说的版权已经卖给一个叫丹·柯蒂斯[1]的制片人。过去，这本书的版权属于乔·莱文（Joe Levine），是他把版权转让给了丹·柯蒂斯。我给莱文打电话，他证实了这件事。我又联系丹·柯蒂斯，他斩钉截铁地拒绝把版权让给我。他声称要自己拍这部电影。我失望了，回到罗马，试着翻过这一页去找新的题材。可是没什么好拍的。《小混混》中所有关于童年的素材都不停地缠绕着我。那种迷恋极其强大，我能拍得非常好，格雷这部小说的底子强烈地启发着我。

一段时间过去后，我跟安德烈·热诺维[2]谈到了这件事。他制作过好几部克洛德·夏布罗尔[3]的片子，而且非常想跟我合作。他了解这个情况，我向他保证，如果他成功买到版权，我就跟他合作这笔生意。他说他试试，他甚至给这本连两万美元都不值的小说出价到二十五万美元……柯蒂斯还是不同意。这场投机买卖持续了十八个月，直到我再次参与进来。赶上一次有空，我回到了格里马尔蒂那儿，我跟他说："我们不能签任何合同，除非你把这本书的版权搞到手，我们再谈。"格里马尔蒂就上了飞机，等他回来的时候，为我带回了这本书的授权协议……

森索洛：他是怎么成功的？

莱昂内：其实，他用了一个非常简单的手段，丹·柯蒂斯一

---

[1] 丹·柯蒂斯（Dan Curtis, 1927—2006），美国导演、编剧和制片人，1967年以编导电视肥皂剧《黑影》（*Dark Shadows*）而成名，后因《美国往事》的版权交易得以涉足电影。

[2] 安德烈·热诺维（André Génovés, 1941—2012），法国制片人，曾担任克洛德·夏布罗尔、卡特琳娜·布莱雅等人的制片人。

[3] 克洛德·夏布罗尔（Claude Chabrol, 1930—2010），法国著名导演，也是制片人、演员和编剧，法国新浪潮运动手册派五位代表人物之一，作品有《漂亮的塞尔日》（*Le Beau Serge*, 1958）、《冷酷祭奠》（*La Cérémonie*, 1995）等。

直在给电视台制作和拍摄一些小电影。格里马尔蒂对他说："我想跟塞尔吉奥·莱昂内拍《小混混》，不是您。而您呢，如果您想拍电影的话，就选择另外一个题材，我给你拿钱，作为交换，你要把哈里·格雷这本书的版权让给我。"格里马尔蒂信守诺言，他让柯蒂斯跟贝蒂·戴维斯[1]拍了一部《庭院深深》（*Burnt Offerings*, 1976），一部投资两百万美元的电影。在我们协议和解（分手）之后，他的生意做得还是不错。

森索洛：您是怎么为影片选编剧的？

莱昂内：我最开始找了基姆·阿卡利[2]，他是剪辑师，但也给贝托鲁奇写过剧本，比如《随波逐流的人》（*Il conformista*, 1970）、《巴黎最后的探戈》《1900》……他还给丁度·巴拉斯[3]做过助理导演。我让他找到了恩里科·梅迪奥利[4]，一个曾经跟瓦莱里奥·祖里尼一起工作的编剧，但他更多是给维斯康蒂做编剧，写过《豹》《我们女人》（*Siamo donne*, 1953）、《路德维希》（*Ludwig*, 1973）和《家族的肖像》（*Gruppo di Famiglia in un Interno*, 1974）……

---

[1] 贝蒂·戴维斯（Bette Davis，1908—1989），原名鲁思·伊丽莎白·戴维斯（Ruth Elizabeth Davis），美国电影、电视和戏剧女演员，两获奥斯卡最佳女主角奖。她饰演的角色形象多变，演出作品类型包括侦探剧、历史剧和喜剧等，其中以爱情剧最受观众肯定。
[2] 基姆·阿卡利（Kim Arcalli，1929—1978），本名 Franco Arcalli，意大利剪辑师、编剧和导演，曾为许多意大利名片做剪辑和编剧工作，参与了《美国往事》的剧本工作。
[3] 丁度·巴拉斯（Tinto Brass，1933— ），意大利颇具争议的导演，以执导带有喜剧色彩、大胆裸体和性爱镜头的情色片著称，在1970年代欧洲情色电影高潮时期红极一时。
[4] 恩里科·梅迪奥利（Enrico Medioli，1925—2017），意大利编剧，曾为维斯康蒂的《洛可和他的兄弟》《豹》等影片做编剧，也参与了《美国往事》的编剧工作。

整整三个月，我们拿出第一个版本。然后我让阿卡利写剧本，我带着梅迪奥利去美国会见哈里·格雷。这一次，我们这位先生变得特别能说，他告诉我们他是在星星岛（Sing-Sing）居住的时候写的这本书。他对我说他厌恶美国的黑帮片，觉得拍得极端虚假，正是为了反对这些黑帮片，他才写了这本揭示真相的《小混混》。那时，我完全明白他要说什么。因为，其实他的小说里塞满了从黑色电影里抄来的桥段，好的和差的都抄。他就是在剽窃。过了童年这一段，其余的都不可遏制地滑向平庸。突然，我的直觉唤醒了我，他这个小说里唯一真实的东西就是童年那些段落。这时，我想到：只有当想象在一定程度上超越现实，当一个作者想要在流行的俗套里创造新的东西，才能真正进入这个神话的中心。那时，我明白了，我应该围绕这一点来拍这部电影……我的选择是对的，应该向黑色电影这个类型和电影本身致敬。

森索洛：您让人重写剧本了吗？

莱昂内：当然。我对阿卡利和梅迪奥利重新解释我的想法。很遗憾，阿卡利没有跟到最后，他死于癌症。至于梅迪奥利，在剧作创作和这个类型上来说，他是理想人选，做电影也可以，但还需要别人来写童年这段。

我想到了莱昂纳多·本福努提[1]和皮埃罗·德·贝尔纳蒂[2]，他俩曾一起给很多人写过剧本：祖里尼、卡米纳·加隆尼、拉杜阿达、杰尔米、马里奥·曼弗莱迪[3]、迪诺·里西、莫尼切利……但

---

[1] 莱昂纳多·本福努提（Leonardo Benvenuti, 1923—2000），意大利电影编剧，作品超过百部，参与了《美国往事》的编剧工作。
[2] 皮埃罗·德·贝尔纳蒂（Piero de Bernardi, 1926— ），意大利电影编剧，作品超过百部，参与了《美国往事》的编剧工作。
[3] 马里奥·曼弗莱迪（Mario Manfredi, 1939— ），意大利导演。

是我主要是想起了弗朗科·罗西[1]的一部片子:《一生的朋友》(*Amici per la pelle*, 1955），他们把那个主题处理得很好。我觉得他们可能有能力完美地处理面条（Noodles）、麦克斯（Max）和其他那些孩子的童年段落。所以我找到他们，跟他们谈了我自己在罗马塔斯特韦尔的童年，还有我年轻时写过的那个剧本《童年往事》里的很多元素。

森索洛：您跟哈里·格雷还保持联络吗？

莱昂内：我后来又去了好几次纽约，我们见了好几次。他的真名叫"戈德伯格"（Goldberg），他对我说他曾经跟过一个意大利老大，名叫弗兰克（Frank），我很快意识到，这其实就是弗兰克·科斯特罗[2]……

我们谈了很多很多，他向我承认这本书里唯一可以随便写的就是麦克斯。提到这个麦克斯，事实上，他还没有死。在七十岁时，他因一起联合杀人案被监禁。那是一家犯罪公司，由利普克[3]创建，别名叫罗宾（Robbin）。这是犯罪史上最天才的发明：公司按合同杀人，在杀手和被害人之间没有任何关系。这是无懈可击的，麦克斯每年都在这家公司接一两个合同，保证能混口饭吃。但这个麦克斯不满足，他总有新的计划。所以，都七十岁了，麦克斯还对格雷建议去抢劫银行，结果格雷的老婆极力反对，她对格雷说："都七十岁了，你如果还干这个，我马上就离开你。"后来这事泡

---

[1] 弗朗科·罗西（Franco Rossi，1919—2000），意大利导演、编剧。
[2] 弗兰克·科斯特罗（Frank Costello，1891—1973），生于意大利，美国历史上最有影响的黑帮大佬，控制赌博产业，绰号"地下社会的总理"（Prime Minister of the Underworld），喜欢通过黑帮活动扩大个人政治影响。
[3] 利普克（Lepke）即路易·巴夏尔特（Louis Buchalter，1897—1944），美国纽约1930年代的著名犹太黑手党，以管理杀手公司（Murder Inc.）著称。

汤了，但格雷并不遗憾，因为几个礼拜以后，他就在电视上看到麦克斯被捕的消息。麦克斯竟然一个人去干了，他到现在还待在监狱里。

森索洛：通过哈里·格雷，您还认识其他黑道人物了？

莱昂内：我还见了一个非常著名的黑帮人物，我不能说他的名字。这是一个目光锐利、炯炯有神的男人，但这种眼神中没有丝毫死亡的气息。他是个小个子，穿着带裤角边的裤子，看上去平静而聪颖，他是卡里布利亚人[1]。他的所有同伙都是意大利人，他们中有一个人想让我拍关于他们的老哥们拉奇·吕奇亚诺[2]的电影。这个家伙甚至在没有征求我意见的情况下，就买下了一本书的版权，放在我的办公室里。其实除了他，其他帮会成员都没有诚心想拍吕奇亚诺的电影，因为这么做对吕奇亚诺的影响非常不好，而他们都曾经跟过他。我感觉他们在绕圈子，所以我在饭桌上就跟他们摊牌了："我啊，我想拍一部关于犹太人黑帮的电影。"马上，正在吃饭的那个黑帮人物就停了下来，用非常慢的语速对我说："这才是需要拍的电影，您能获得我的全力帮助。"

森索洛：您受到这个意大利黑手党的帮助了吗？

莱昂内：没有。我没有接受任何帮助。当然，也没遇到什么麻烦……可据说为了《教父》，科波拉和他的剧组倒是遇到了点"烦恼"……

---

[1] 卡里布利亚是意大利南部的一个地区。
[2] 拉奇·吕奇亚诺（Lucky Luciano, 1897—1962），原名 Salvatore Luciano，拉奇·吕奇亚诺是其江湖绰号，意为"幸运的吕奇亚诺"。生于意大利西西里，历史上影响最大的意大利黑手党头目，被认为是现代有组织犯罪之父，也是许多美国黑帮电影的人物原型，1962年因心脏病死于那不勒斯国际机场。

森索洛：您是怎么搜集关于纽约的资料的？

莱昂内：当确定这件事谈妥了，我在三年里见了很多人，有犹太人还有意大利人……我非常了解犹太人的心态，童年时代我曾接触过许多犹太人，其中一些人成了我的好朋友。跟他们在一起我没感觉到有什么不适应。至于意大利黑手党，我从来没接触过，倒是我的电影影响了他们，是我让他们相信他们想要的东西是什么。更不用说，妓女和黑道人物经常把电影圈的人看作同路人或忏悔者，他们给我们讲了很多，真假掺杂，滔滔不绝。他们绘声绘色地描述他们夸张的故事。从某种角度来看，他们在我们面前"电影化"这些故事。而我就是听。因此我才能看到一个犹太街区。我沉浸在这些故事里，以便让自己变形为一个真正的纽约犹太人。为了实现这种渗透，我依靠一个对我来说非常宝贵的体系，我跟一个非常能说会道的朋友结盟，他给我看他的地盘，而我能静静地观察，然后默记于心，最终获得了我需要的所有东西。很快我就了解了一个犹太黑帮人物，尽管他可能非常恶毒，但应该很早就是一个信徒，他把自己包裹在宗教里。这确实发生在《教父II》中斯特拉斯伯格（Lee Strasberg）诠释的迈耶·兰斯基[1]身上。艾尔·卡彭[2]和拉奇·吕奇亚诺就从未像他那样在古巴从事敲诈并控制了那里的政治，他简直太危险了。七十岁时，他患了绝症，决定放弃美国的一切而死在以色列。为了这个目的，

---

[1] 迈耶·兰斯基（Meyer Lansky，1902—1983），美国犹太黑帮头目之一，与拉奇·吕奇亚诺齐名，是美国媒体所谓"国家犯罪辛迪加"（National Crime Syndicate）头目之一。

[2] 艾尔·卡彭（Alphonse Gabriel "Al" Capone，1899—1947），美国著名黑帮人物，意大利裔，以在禁酒令时期走私酒起家，活跃于20世纪二三十年代。艾尔·卡彭是许多美国黑帮片人物的原型，如1932年版《疤面人》（*Scarface*）中的托尼。他本人也曾在电影中扮演过角色。1947年死于中风引起的肺炎。

他给以色列的犹太人捐资一亿美元，但还是遭到了拒绝。人们不希望他回以色列。一个犹太人除了在战争中是无权杀人的……后来，他留在了迈阿密，满心不安地不断尝试死后能安葬在他心中的圣地。这种东西让我迷恋，因为它能在影片的最后让麦克斯的行为变得可信。麦克斯被看作有罪的，但他渴望能被他最好的朋友原谅，这不可能发生在一个意大利人身上。吕奇亚诺绝对会杀了这个朋友，他完全不在乎这个。意大利黑手党是彻底嘲弄宗教的，他们只把它当作一个托词罢了。对他们来说，重要的是家庭——父亲和母亲，跟犹太人的意识毫无关系。

森索洛：在策划的时候，您是不是请过热拉尔·德帕迪约来演麦克斯？

莱昂内：那是在开始的时候。我想麦克斯是一个法国人，这不仅仅是出于联合制片的考虑，我还想展现那些生活在美国的法国人。毕竟，《法国贩毒网》（*French Connection*, 1971）可不是编剧们凭空创作出来的……当然我也感到把这个特征安在这个人物身上将会冒着减轻这个故事分量的风险。如果一个法国人在里面，这段故事就好像是影射某种独一无二的情形。因此，我犹豫了。热拉尔·德帕迪约是一个戏路很宽的演员，他非常想扮演麦克斯，甚至如果麦克斯不是法国人，他都准备去学一口完美的美式英语。我被诱惑了，我觉得他在《1900》中的表演真的非常精彩，而且我知道他也经常去犹太街区这类地方……但如果这个故事里只有一个法国人似乎有点不贴，所以我放弃了这个想法，换之以另一个更美妙的设想：根据人物的不同年龄选择不同的演员，有孩子、成年和老年……他们长得都比较相像，如果我考虑用德帕迪约做成年麦克斯的话，那我就用让·迦本演老年麦克斯。

森索洛：您跟他提过建议吗？

莱昂内：是的。我相信让·迦本会挺喜欢我。而我则始终崇拜他。他同意演这个角色，唯一的条件是不能坐飞机。他跟我说："听着，莱昂内，我们要一起坐船去美国，两个人一起。这样我们就有足够的时间讨论这个角色，并做好一切准备工作。我啊，受不了飞机。船，我很喜欢，而且熟悉。但我最希望的是'硬'的东西，火车是最悠然自得的旅行工具了。"

森索洛：在这个设计下，是谁来演面条？

莱昂内：计划到这个阶段时，理查德·德雷福斯[1]将演成年的面条。我对他在斯皮尔伯格《大白鲨》(Jaws, 1975)中的表现印象很深，尤其是在《学徒》(The Apprenticeship of Duddy Kravitz, 1974)中，那是一部特德·科特切夫[2]的片子，他在其中扮演一个犹太人。他本人也非常想扮演面条，但当时他遇到太多个人问题，不再可能接戏。很遗憾。我还考虑詹姆斯·卡格尼[3]来演老年面条，卡格尼听到这个建议表示荣幸，但他给我展现了他那双已经颤抖的双手，其实是在暗示我（不行）……计划进行到这个阶段，我们需要很多过去的明星，比如乔治·拉夫特[4]……我甚至找了保罗·纽

---

1 理查德·德雷福斯（Richard Dreyfuss, 1947— ），美国演员。1977年因《再见女郎》(The Goodbye Girl, 1977)获得奥斯卡最佳男演员奖。

2 特德·科特切夫（Ted Kotcheff, 1931— ），加拿大电影和电视导演。

3 詹姆斯·卡格尼（James Cagney, 1899—1986），美国著名演员，曾以《胜利之歌》(Yankee Doodle Dandy)获1942年奥斯卡最佳男主角奖，但他最深入人心的银幕形象还是在其他电影中出演的硬汉。他也是美国电影学院终身成就奖、肯尼迪中心荣誉奖得主。1999年，他被美国电影学院选为百年来最伟大的男演员第八名。

4 乔治·拉夫特（George Raft, 1895—1980），美国电影演员，以出演1930、1940年代犯罪情节剧中的黑帮分子著称。

曼[1]，但他跟我说不想再出现在有暴力色彩的电影中。

森索洛：您马上就想到剧本的美国改编（adaption américaine）**了吗？**

莱昂内：事态让我不得不修改这个剧本。格里马尔蒂向我推荐诺曼·梅勒[2]，他特别想在海报上炒卖我们两个人的名字。我也比较希望会一会梅勒。从第一次会谈起，他就提示我要小心："我读了您的构思。我非常愿意做这个工作，但只是因为我觉得自己更像一个黑帮分子而不是犹太人。我认为您想处理同样的题材简直是疯了。这地方是犹太人的，电影界也是犹太人的，'他们'根本不可能让您拍这部戏。"

我回答他说我在这里根本不想展现什么。没有人是善意的或恶意的。我知道在那些大城市里有犹太人街区，但在这个国家的小地方，人们只知道意大利黑帮和爱尔兰黑帮。而且我补充说，我没怎么考虑去揭露什么东西，因为我知道，如果我这么干，那些"大集团"就没有生意了。尽管如此，我感到诺曼·梅勒始终用一种非常诚恳的态度跟我谈这些事。我们跟他又前进了一步。可惜啊，他太陷入妄想了，他写的那些东西对我一点意义都没有。事情变得复杂了。格里马尔蒂受困于一起诉讼，而梅勒放弃了这

---

[1] 保罗·纽曼（Paul Newman，1925—2008），美国著名演员，1986年因《金钱本色》（*The Color of Money*）获奥斯卡最佳男主角奖，作品有《铁窗喋血》（*Cool Hand Luke*, 1967）、《虎豹小霸王》（*Butch Cassidy and the Sundance Kid*, 1969）、《骗中骗》（*The Sting*, 1973）等。

[2] 诺曼·梅勒（Norman Mailer，1923—2007），美国著名作家，犹太人，作品直接反映美国的社会问题和政治问题，代表作有《裸者与死者》（*The Naked and the Dead*, 1948）、《刽子手之歌》（*The Executioner's Song*, 1979）等。

部影片……而我们转向了约翰·米利厄斯[1]。

森索洛： 跟他的情况怎么样？

莱昂内：约翰·米利厄斯是一个非常特别的人。我非常喜欢他跟沃伦·奥茨[2]一起合作的影片《大盗龙虎榜》(*Dillinger*, 1973)。他一见到我就说自己是洛杉矶大学的学生，他在那儿跟科波拉、斯科塞斯和德·帕尔玛一起把我所有的电影都研究透了。他对我发誓他是我最大的粉丝，并说他在给休斯顿写《罗伊·比恩法官的生平》(*The Life and Times of Judge Roy Bean*, 1972)和给西德尼·波拉克[3]写《猛虎过山》(*Jeremiah Johnson*, 1972)时，就是想着我的电影写的。总之，一份伟大的爱的宣言。而且，他用一种非常奇怪的方式招待我：他来接我们到他家去吃晚餐，我们坐在他的敞篷跑车里，我听到天空中传来我所有电影里的音乐，他在他山上的房子周围都安上了高音喇叭，并且放到最大，到处都能听见回荡的音乐。等我们到了他家，他带我看了一个大房间。我还以为他保存了什么珠宝呢，结果全是枪。米利厄斯喜欢枪，他收集各种枪，非常疯狂……

我们聊了很多，但他不可能给我工作了，因为此时此刻他正在写一个故事，名字就叫《现代启示录》。

---

1 约翰·米利厄斯（John Milius，1944— ），美国编剧、导演和制片人，曾担任唐·西格尔的《肮脏的哈里》(1971)和科波拉的《现代启示录》(*Apocalypse Now*, 1979)的编剧，后做导演工作。
2 沃伦·奥茨（Warren Oates，1928—1982），美国演员，曾主演新西部片名作《日落黄沙》。
3 西德尼·波拉克（Sydney Pollack，1937—2008），美国电影导演、演员和制片人，执导的《走出非洲》曾获1985年奥斯卡最佳影片奖。

森索洛：您为什么与格里马尔蒂分道扬镳？

莱昂内：制作这部片子他太缺乏耐心了。但贝托鲁奇的《巴黎最后的探戈》获得了成功。接下来是一连串的失败：《1900》和《卡萨诺瓦》（*Il Casanova di Federico Fellini*, 1976）。后者简直是一场投资灾难，给格里马尔蒂致命一击。他希望我的这部片子能带他走出困境。他改变了我们的计划。他不想再像《1900》那样做成两部分。他也有点慌，因为他当时刚刚失去大片厂的庇护，雪上加霜。我希望中止我们的协议但带走改编版权。他拒绝了。于是便有了诉讼，非常漫长，三年多时间，而我继续准备这个计划。其他的制片人被吸引了，最终，幸亏伊夫·卡塞尔[1]，我认识了阿尔农·米尔肯[2]。又是三年的犹豫不决。当他确能为这部只值两千万美元的片子找到三千万美元的投资时，就做了决定。首先，他把一千万美元放在口袋里。他用可观的五十万美元从格里马尔蒂手里重新购买了版权，制作终于开始了。

森索洛：在那个时期，罗伯特·德尼罗参与进来了吗？

莱昂内：我是在《1900》的前期筹备时认识他的，他那时还不是个明星，只是在斯科塞斯的《穷街陋巷》（*Mean Streets*, 1973）中崭露头角。在那个时期，我就跟他谈过这部片子，并承诺让他在影片中出演角色。米尔肯接过制片工作时，刚跟马丁·斯科塞斯合作过《喜剧之王》（*The King of Comedy*, 1983），德尼罗成为他的朋友，但他跟一部影片还有十八个月的合同。他没告诉我就中

---

[1] 伊夫·卡塞尔（Yves Casser），法国制片人，曾参与过莫里斯·皮亚拉的《路路》（*Loulou*, 1980）、安德烈·泰西内（André Téchiné）的《布隆泰姐妹》（*Les Soeurs Brontë*, 1979）等影片。

[2] 阿尔农·米尔肯（Arnon Milchan），以色列制片人、娱乐大亨，在2008年《福布斯》杂志评选的"世界十大娱乐大亨"中位列第八。

断了那个合同,只是为了能演面条。几年以后,他成为世界上最耀眼的明星。

森索洛:在麦克斯这个角色上发生了什么?

莱昂内:我希望这能是个新人。我们做了差不多两百次试镜,直到我在戏剧舞台上发现了詹姆斯·伍兹[1]。我觉得他不错。他的试镜不是很有说服力,但我感到在他奇怪的脸孔后面有一种真实的神经质。这很吸引我。我说服了德尼罗应该用这个人。鲍勃(Bob,罗伯特·德尼罗的昵称)希望我用他的朋友,我们给他的朋友们做了很多试镜,幸运的是,鲍勃很诚实。看着这些试镜镜头,他意识到他的朋友中没有谁真正适合演麦克斯。乔·佩西[2]的情况有所不同。米尔肯对他承诺让他演麦克斯,我觉得他在《愤怒的公牛》(*Raging Bull*)里演得不错,但我事先对他说他演不了这个角色。我让他选一个别的角色,我们后来达成了一致。可是,德尼罗给我带来他的一个朋友:涂斯黛·韦尔德[3]。我想起她在早期的一些片子里像碧姬·芭铎一样漂亮。第一次试镜就很清楚了,她能扮演这个角色。

森索洛:那些孩子呢?

莱昂内:我不想用童星,我只想要一些我知道如何控制的憨

---

[1] 詹姆斯·伍兹(James Woods,1947—),美国舞台剧和电影演员,在《美国往事》中扮演主角麦克斯,1987年因出演奥利佛·斯通(Oliver Stone)的《萨尔瓦多》(*Salvador*, 1986)而获奥斯卡最佳男演员奖提名。
[2] 乔·佩西(Joe Pesci,1943—),美国演员,因常在黑帮片中扮演帮派人物而著称。在《美国往事》中饰演黑帮人物弗兰基(Frankie)。
[3] 涂斯黛·韦尔德(Tuesday Weld,1943—),美国演员,童星出身,1960年获金球奖最具潜力新人奖。在《美国往事》中扮演麦克斯的情人卡罗尔(Carol)。

厚小伙子。在这个问题上，齐斯·科尔曼[1]极其有用……

森索洛：在拍摄时，您跟德尼罗相处得怎么样？

莱昂内：刚开始时，我们确实有很多激烈的争吵，但很快就相处融洽了。一种罕见的和谐。不仅仅我知道他想要的是什么，而且我发现我们想要的东西是相同的。幸运的是，我得到一个棒小伙的辅佐：布里安·弗莱里诺[2]，他是我的左膀右臂。他的英语说得像意大利语一样好。他的存在真正地巩固了德尼罗和我的关系，所有人都说像奇迹，包括在拍《喜剧之王》时，不断在德尼罗和斯科塞斯之间做沟通的米尔肯也这么认为。跟我在一起，没有争吵，一种完全的倾听和绝对的信任。当我自己演示的时候，鲍勃就笑，那是一个合谋者安心的笑容。

森索洛：对您来说，《美国往事》是一部最意大利的美国电影，还是最美国的意大利电影？

莱昂内：我们可以说这是一部最美国的意大利电影。首先，我是罗马人，也是个部分的那不勒斯人。我把我的生活和全部经验都放在了天平上，这都发生在影片中。总之，这是一部双重的传记：我的个人生活和我作为美国电影观众的生活。我对电影总是不满足，电影成了我的毒品。所以，《美国往事》中有一些我必须表达的致敬。就像俄罗斯流浪汉在楼梯里的那场戏，是对查理·卓别林的致敬。不是在模仿他的一部电影，也不是剽窃他拍过的一场戏，只是表达一种简单的对他的热爱。我甚至认为他

---

[1] 齐斯·科尔曼（Cis Corman），美国制片人，《美国往事》剧组的选角主任。
[2] 布里安·弗莱里诺（Brian Freilino），意大利演员，在《美国往事》中任对话导演（dialogue director），后来出演过科波拉的《教父 III》。

也会以这种方式来拍摄这场戏……但在仔细谈论这部影片之前，我坚持说，剪辑版本掏空了卓别林的灵魂在我作品中的呈现。人们把这部片子做成了一百三十五分钟的电视剧集，那完全是很平的大事记：童年、青年和老年。不再有时间，不再有神秘、旅行、烟馆和大烟，完全的悖谬。我不能接受原始版本太长这种说法，它有着应有的恰当长度。在戛纳电影节放映结束之后，迪诺·德·劳伦蒂斯对我说影片很精彩，但应该剪掉半个小时。我回答他说：说这个话的人不应该是他。因为，他净拍一些两小时的片子，但感觉上像四小时，而我拍的四小时片子却像两小时。这就是迪诺不能理解的原因。我想补充说，这也是我们始终无法合作的原因。

森索洛：在《西部往事》中，是一个世界的终结与另一个世界的开始。在《革命往事》中，是一种疾病（maladie）的开始。我感觉对您来说，《美国往事》也是一个世界的终结。

莱昂内：一个世界的终结。一个电影类型的终结。电影的终结。对我来说，正是如此。但一切都期待这不是真正的结局，我喜欢叫它"没落的序曲"（la prélude à l'agonie）。但是，在德尼罗最后的目光中有一丝希望，正如我说："如果您很好地理解了与这部电影相似的电影，人们就能拯救电影，爱电影和去看电影。"是的，这是一个类型的终结。是的，这是某种保障的终结。是的，这是一个世界的终结。但它不是一个梦想的终结。自从影片上映后，我明白了，我发现这一点是多么真实。今天，在这个1986年的秋天，我五十六岁了，我非常清楚地意识到这一点。我拍这部电影时五十二岁，当时我想我在给我的同龄人拍一些东西，带着一些经验和一些电影的记忆。我没错，因为这一代人喜欢这部片子。但那些热爱这部片子直至狂热的人，那些恨不得看上二十五次的人竟然是一些二十来岁的青年。一些人根本不了解电影，他们不知道谁是格里菲斯、斯约斯特洛姆、福特，甚至不知道卓别林。一些人在《革命往事》上映时还不到十岁。这向我证明了存在一种观看某些电影的天然欲望。就是它，是希望！

森索洛：这部电影难道不也是一个与大烟梦有关的美国历史吗？

莱昂内：大烟的独特性在于它是一种让您像回忆过去那样去想象未来的东西。大烟创造未来的幻象。其他麻醉品只能让你看到过去。于是，当面条梦想他将来的生活、想象他的未来时，就给我提供了一种可能性。对我来说，这也是一个欧洲导演在美国神话中所做的梦。我们一起经历面条和他的梦，还有我和我的梦。这是两首交融的诗。因为，与我有关的是面条从未离开1930年，一切都是他梦到的，整部影片是面条的大烟梦，他的梦交织了我对电影和美国神话的梦。

森索洛：这次，女人与性比在您之前的影片中更加重要？

莱昂内：这是必然的。我们不再是在西部片里了。我们是在美国电影里，这包含其全部的意义：性、激情、背叛、友谊和爱。此外，伴随着面条的梦和我的梦，还有另一种怀旧：时代[1]。时代改变了一切。最初，面条被他人左右着，他给一些年纪大的小偷做帮手，直到守护天使的到来，这就是麦克斯。麦克斯对他说："我们被人收拾，我们孤立，我们没有老板。"麦克斯才是无政府

---

1 在法语和意大利语原文中，"temps"这个词同时具有"时代"和"时间"的意思，译者根据莱昂内的表达意图，在这个段落分别将其译为"时代"和"时间"。

主义者！而面条在替别人坐牢的时候明白了这个教训。他在铁窗里度过了十五年。当他出来时，他的想法并没有改变。但时代转变了形势。为了保存他自己，他必须背叛。麦克斯加入了，他考虑的是政治。他要为工会工作。而面条忠于他最初的理想。通过这个大烟梦，我强调通过这个大烟梦，给我提供了一个探索我对电影全部的爱、神话及拍电影的理由的可能性。这很复杂。在影片结尾不能直接展现麦克斯的死。尤其是在面条离开他家时，不应该拍詹姆斯·伍兹的特写镜头。不是在这一时刻，因为麦克斯所构建的世界已被扔到今日美国的垃圾堆里了。不再是个人主义，而是辛迪加。这是自由理念的终结。由于所有这些情感，我向莫里康内要求有一点不同的东西。我们从一首那个时代的歌曲出发：《阿玛宝拉》[1]，我想加入几首确定的曲子——欧文·伯林[2]的《天佑美国》、科尔·波特[3]的《日与夜》和乔治·格什温[4]的《夏日时光》。此外还有莫里康内的原创曲子和那个时代的一些神秘旋律，我还加入了一些今天的东西：约翰·列侬和保罗·麦卡特尼的《昨天》（*Yesterday*）。为了能够触动这些本质的观点：对一个世界的怀旧，这种怀旧只存在于我清醒的脑海中，可能不存在于现实里……它作用于我的想象。此外，这里，还有爱德华·霍珀、雷金纳德·马

---

[1]《阿玛宝拉》（*Amapola*），歌名是西班牙语，意为"罂粟"，是西班牙作曲家约瑟夫·拉卡尔（Joseph LaCalle）创作于 1924 年的歌曲，1940 年代流行于美国。

[2] 欧文·伯林（Irving Berlin，1888—1989），美国犹太作曲家，是著名的流行乐曲作者。《美国往事》中用到的歌曲《天佑美国》（*God Bless America*）由他创作于 1918 年，由凯特·史密斯（Kate Smith）演唱。

[3] 科尔·波特（Cole Porter，1891—1964），美国作曲家，《日与夜》（*Night and Day*）是波特 1932 年为音乐剧《快乐的离婚》（*Gay Divorce*）谱写的爵士风格歌曲，后成为美国流行歌曲，是科尔·波特对流行音乐贡献最大的作品之一。

[4] 乔治·格什温（George Gershwin，1898—1937），美国作曲家，在为百老汇创作传统风格作品的同时，也创作爵士风格的流行歌曲。《夏日时光》（*Summertime*）是格什温 1935 年为歌剧《波吉与贝丝》（*Porgy and Bess*）创作的乐曲。

什和诺曼·洛克维尔的绘画作为催化剂，不再是像在《黄金三镖客》中的马克斯·恩斯特或基里科。[1]甚至为了犹太街区的场景，都需要找回那些被过去遮蔽的真实。人们向我推荐科波拉在《教父II》中用过的那条街，我不觉得那个地方很合适。我希望犹太街区那些景与景深处的布鲁克林大桥在一起。这是最带劲儿的。但今天这个地方不再是犹太街区，波多黎各人住在那里。出于这个原因，人们建议我不要在那儿拍摄，人们对我说非常危险。我没有向这种压力让步。我是对的，因为波多黎各人没有给我们带来一丁点儿麻烦。他们总是在那里看着，但很文明，甚至连一块木头都没偷。毫无疑问，因为我们是意大利人。我们甚至可能没想到，他们是在保护我们。这是一群小偷在巡视，为了我们不被偷走任何东西。

森索洛：您的影片展现了现代结构中的一种传统写作……

莱昂内：我们为此进行了很多工作。影片开始时，提供了大量观众只有在之后才能明白的信息。正像我对你说的，《美国往事》的全部结构展现了"时代"，甚至有很多难以理解的平移镜头，因为我不想以此来描绘一座城市、一条街道或一个地方。摄影机只是跟随着人物运动。它的运动伴随着一个人在一个只能称作"时代"的空间里移动。少一点奇观是必要的，因为我让技术服务于情感，不再像《西部往事》那样，是发现一个世界、一个故事的方式。在那部片子里，当摇臂升起，是为了展现一个创建中的城市。在这部片子里，城市已经在那儿了，没必要这么展现。

我注意到我的电影呈现出的静态（statisme）。实际上，它不

---

[1] 关于莱昂内对绘画的看法和偏爱，参见本书第八章。

停地运动。但所有的"静态"被感受到是因为"时间"的静态：一切都停在大烟馆，而一切也从那里开始。

森索洛：但这（静态）并不排除现实主义……

莱昂内：准确地说，在这个梦中需要现实主义。为了电影的全部神话，让故事发挥作用，必须给它提供一个纪实的维度。做一些仿佛是隐藏摄影机的东西，产生一些让我感觉是老电影的效果。不管人们是否相信！这就是为什么所有的地点都是真实的。我重新找到那些地方。而且，也有一点"追忆逝水年华"的意思。那个时代的纽约中央车站（New York Central Station）已经不存在了，被拆了。但我知道它其实就是巴黎北站（La Gare du Nord de Paris）的复制品。所以，我在巴黎北站拍了那几场戏，都是同样的橱窗、同样的混凝土柱子和石头、同样的材料。在长岛酒店（Hôtel de Long Island）那场戏也是一样的，德尼罗带着黛博拉（Deborah）去那里，那个地方已经不存在了，但它是威尼斯广场的复制品，所以，我在威尼斯拍了那场戏。这是符合逻辑的。美国在这方面不可能是别的东西，只能是对欧洲的模仿。我追随我的直觉，到原始模型（modèle original）那里拍摄，既非附庸风雅，亦非沙文主义，唯一的原因是这样的现实在美国已不复存在。一切都失去了，被遗忘，拆毁……而我，为了拍一部关于回忆和记忆的电影，我必须重新找到这些现实的影像。为了更好地解释神话和梦的观念，我必须用最可靠的现实工作。在这一点上，所有的东西都关联在一起。"时代"就是影片的怀旧，"时代"总是正确的。所以，当面条回来时，是在歌曲《昨天》中穿越了雷金纳德·马什的一幅画，带着今天美国的一个红苹果。人们不再卖巴士票了，去赫兹公司（Hertz）租一辆车驶向地狱。这是合乎逻辑的，因为我的影片就是一场"地狱旅行"（un voyage en enfer）。

森索洛：您不喜欢温柔的面条吗？

莱昂内：我写了一段文字在下面，我读给你听，它会向你解释我与面条之间的关系……听着："我在芝加哥下东区（Lower East Side）看到了少年面条，我看到一个小男孩为敲诈者工作。之后，我看到他缜密而充满激情地杀了基督徒。在此以后，我看到他一个人投入反对有组织犯罪之神的没有胜负的战争中。但面条既不是达基·舒尔兹[1]，也不是彼得·洛尔或阿仑·拉德，既不是拉奇·吕奇亚诺、艾尔·卡彭，也不是亨弗莱·鲍嘉，没有人注意他：世界的目光穿过了他，就好像他是酒吧的橱窗。他是面条，如此而已。一个犹太街区的小犹太人。在禁酒令时代和城市暴力兴起的年代，一个曾手拿汤姆森冲锋枪搏一搏运气的'无名先生'（M. Personne）。他就像那些无数小罪犯一样，幸免于帮派混战，然后被关在一间劳教所的铁窗后面，他已经被钉上了一个硕大的十字架。甚至在夏天，他也会穿着代表黑帮审美的夸张短大衣。但他的风度仿佛是演员工作室的明星，他的大衣随风飘摆。太宽大了，就好像是鲍厄里（Bowery）的某个酒鬼身上出现了一个令人厌恶的'好撒玛利亚人'[2]。那衣服真的不适合。坏事接踵而

---

[1] 达基·舒尔兹（Dutch Schültz, 1902—1935），原名 Arthur Flegenheimer，纽约著名的本地黑帮人物，以在1920年代起的酒业走私起家，1935年被谋杀，死因成谜。据传因他要谋杀当地检察官托马斯·杜威（Thomas Dewey），黑帮组织认为此举会激发当局的激烈反抗而将其暗杀。原书此处误作"Doc Schültz"。
[2] "好撒玛利亚人"（Bon Samaritain），是基督教文化中的著名成语，意为好心人、见义勇为者。源于《新约·路迦福音》（10：25-37）中耶稣基督讲的寓言：一个犹太人被强盗打劫，受了重伤，躺在路边。有祭司和利未人路过，但不闻不问；唯有一个撒玛利亚人路过，不顾教派隔阂，动了慈心照应他并出钱把他送进旅店。这个寓言旨在说明，鉴别人的标准是人心，而不是人的身份。

至。背叛、追杀、陌生、疏远，他必须逃走。我认同他是有原因的。《小混混》让我坚定了一个古老的观点：美国就是一个孩子的世界……卓别林也如此，在他那个时代，应该能感受到这一点。而今天，我确定我的朋友史蒂文·斯皮尔伯格也感受到了这一点。面条是一个孩子，不像弗兰克·卡普拉的童子军那样有帮助史密斯先生拯救世界的使命。这更是一个向别人亮出牙齿，紧攥着口袋里刀子的那种孩子，有点像《孤儿乐园》[1]中走霉运的米基·鲁尼[2]，永远遇不到扮演神父的斯宾塞·屈塞[3]。

森索洛：似乎面条强奸黛博拉那场戏很重要。

莱昂内：绝对的。在戛纳电影节，一个傻瓜因为这个段落谴责我，说我取悦厌女者，是反女权的施虐狂。她根本没理解。我对她说，我根本不是反女权主义者，可如果所有的女权主义者都像她一样，那我马上就要着手拍一部电影去反女权主义！我真的很生气，因为她的谴责太荒谬了！这场强奸戏是一种爱的嘶喊（un cri d'amour）。面条刚刚在监狱度过了十五年，他时刻思念这个在外面的女人，他始终像疯了一样爱着她。所以，他在生活里重新找到她，马上就与她约会，所以他才对她倾诉……讲述他所做的一切！这是一个职业黑社会，但他对这个女人的爱太深了，以至无可掩饰。他带她去他用重金租下的华丽餐馆，为的只是让她

---

1 《孤儿乐园》(*Boys Town,* 1938) 是美国导演诺曼·陶罗格（Norman Taurog）执导的影片。
2 米基·鲁尼（Mickey Rooney, 1920—2014），美国著名演员，早年与朱迪·嘉兰（Judy Garland）的组合赢得观众广泛喜爱，曾出演超过八十部影片。他与斯宾塞·屈塞共同主演了莱昂内此处提到的影片《孤儿乐园》。
3 斯宾塞·屈塞（Spencer Tracy, 1900—1967），美国著名演员，连续两次获得奥斯卡最佳男主角奖。1999年被美国电影学院评选为百年来美国最伟大男演员第九名。

选择一张自己最喜欢的桌子,那里只有幸福的他们……他太爱她了,甚至与她在一起时做得像个王子。他让这个晚上变成童话,向她坦陈他全部的爱。他对她说在他坐牢的十五年里,她就是希望。但是她回答说:"我来是为了向你告别。明天,我就出发去好莱坞。"她要去那里成为好莱坞的一个影像(image),也重新变成面条的影像!他静静地听着,眉头都不皱一下地忍受着这个可怕的消息。所以在汽车中,她给他一个慰藉的吻,仿佛在说:"可怜的小家伙,我给你一个吻,因为你对我有点生气了。"那时,面条不再接受,他想让她带着一个永远不会忘却的回忆离开。他以最大的暴力毁了她。他可以温柔地占有她,"温柔地强奸她",他明白,他感受到了,她在容忍他这么做。但他希望用这种粗暴的方式,让她永远不会忘记。他认为她已经把他在那晚送给她的全部美好都忘记了,但他相信她会想起他此时的暴力行为,这种暴力是难以描述的绝望。当我拍这场戏时,我要让人看到黛博拉向他做出一个温柔的手势。一个真相在这场牺牲中出现了,她爱面条,她什么都明白,明白永远不会有人比面条更爱她。在她为了好莱坞和她的事业而抛弃他之后,他曾试图为自己的过分而道歉。为了更好地理解这场戏,最好了解一下一个黑道人物的真实情感。这是一个总是把女人看作性玩物的人,但这一次,尽管是强暴,却来自他的尊重,来自爱,这就是爱。这就是一个黑道人物表达爱的方式。这是因为她向他宣布离开而打碎了最美的梦。她曾是一个影像,她在这个愤怒的时刻将重新变成一个影像。面条可以占有她的肉体,但仅此而已,她想成为演员。最终,演员只能是面具或机器人。他们迷失了。他们不再知道自己的原始身份。当他在三十五年后再次找到她时,她正戴着这个白色的面具,她只是一个演员。面条对她说了一句莎士比亚《安东尼与克利奥帕特拉》(Antony and Cleopatra)中的一句话:"你永远不老……"作为演员,她只能以一个神话出现,作为这个演员的代表。作为演员,就像一种病。在拍摄《革命往事》时,我对罗德·斯泰格说:"你的生活是什么?你演拿破仑。在一年里,你就是拿破仑。在接下来的六个月里,由于媒体的炒作和影片宣传,你继续是拿破仑。在拍摄前的六个月,你因准备角色就已经是拿破仑了。然后你为了《炎热的夜晚》而从拿破仑变成一个笨拙的警察。在几个月的时间里,你就是这个白痴警察。这个过程将周而复始。你越是相信演员工作室,你就越是投入你所表演的人物心理中。但第一个罗德·斯泰格哪去了?你还记得他吗?你能跟我说说他是什么样的吗?"罗德回答我说:"不能!我的人生就是这样。"这就是为什么演员都是说谎者,他们的病总驱使着他们成为另外一个人。

森索洛:德尼罗是个多面手,人们在街上认不出他,他不正像面条吗?

莱昂内:他是"无名先生"。为了变成老年面条,他真正地从外到内地转变了。只有很少的演员才懂得如何做到这一点。我需要这种面对麦克斯的现实。伍兹的衰老是故意被戏剧化的。(他们之间的)这种区别至关重要。麦克斯像在一场噩梦中衰老的,这就是戏剧!只有面条是在现实中衰老的。

森索洛:为什么还在考虑《茫茫黑夜漫游》的故事?有了这部电影,您相当于把它完成了,您还不满意吗?

莱昂内:我承认我完全意识到这一点,可能还会更多。我很难找到计划。在《西部往事》之后,我曾经很多次自我怀疑,我问自己是否应该放弃这个职业。这一部（电影）的情况有点区别，因为首先这是一部关于电影（cinéma）的电影（film），不仅是怀旧和悲观主义。对这一点我写了几句话，我给你读一下："在我眼中，《小混混》就是一个给游客的玻璃水晶球，里面有个小埃菲尔铁塔，或者一座小山，还有可能是小小的自由女神像。我们把水晶球倒过来，大的白色絮片飘落，我们看到它下雪了。这就是面条的美国，也是我的美国。微缩的（minuscule），传说的（fabuleuse），总是失落的。"

我必须补充说，这部影片也是一次痛苦的复仇。是的，我向美国和电影给我脑海中留下的一切展开复仇。我意识到这部影片与我以前的作品不同。这一次，我以一种彻底的清醒（lucidité totale）实现我所拍摄的精确。没留下任何疑问，没有一丁点儿的不安，我不怀疑。我踏上了一场我确信会有良好进程的旅行，我甚至是指这个拍摄过程。我真的很高兴等了十五年才拍成这部片子。这个时间是重要的，当我看到完成后的影片时，我反省到这一点。我明白了，如果我很早就拍完，对我来说它只不过是一部电影而已。现在，《美国往事》是塞尔吉奥·莱昂内的电影。我就是这部电影。同样一部电影，我们只能是用成熟、花白的头发和眼角边的褶皱才能拍成它。如果我四十岁时就能拍它，这部电影将永远不会像现在这样……

16

等待文艺复兴
向约翰·福特致敬
今天的电影
《列宁格勒九百天》

森索洛：今天，您五十六岁了，您如何评判您的成功？

莱昂内：显然，我在当今电影人中是最老的一代。我获得成功很快，但这不能改变我的悲观主义。可我很高兴能经历这个时代。没有人拥有像我们这代人一样的机遇。之前，我对我父亲说他很幸福，经历了美好年代[1]。我错了。他死于八十岁。但他没能亲历人类登月。一想到我们在一个世纪里能从马车过渡到航天飞船就格外令人着迷。这在世界历史上是独一无二的，没有任何时代经历过这些。今天，我们对过去的记忆太新鲜了，以至让我们质疑未来。我们只是简单地对我们经历过的东西感到幸福。我们惊讶地看到凡尔纳的预测以超乎他想象的方式成为现实。但如果我严肃地自问，在不远的未来会发生什么？就是焦虑。我想与我的家庭自我放逐到一个小岛上，在那里等待结局。

森索洛：您认为一种复兴是可能的吗？

莱昂内：我期望如此。手工业已经消失。现在，有钱人付很

---

1 美好年代（Belle Époque），在欧洲特指19世纪末到第一次世界大战前这段历史时期。彼时欧洲国家走出经济萧条，现代工业长足发展，以一系列重要的技术发明为其主要特征。

多钱去获得手工产品。艺术资助者（mécènes）的时代将会重新回来。但很难想象将会发生什么。这不再取决于人，而是取决于国家、战争和结盟……需要个人主义去反抗。我经常说，如果我不是导演，我愿意成为一个古玩收藏家。幸亏有古玩收藏家，我们拥有的才不是一个凝固的记忆。记忆可以是活的，我真的有一种对手艺人的乡愁。当我们看到乔托，只有他的天才才会造就如此美丽的作品，还有一些只有植物才有的独一无二的色彩。今天，所有的颜色都是系列的、一致的。由于他们探索出的相同的标准化材料，所有的画家都变得彼此相似。他们不再具有原创性。是"技术"在做我们依然称为"艺术"的东西。摄影也是一样。托尼诺·德利·克里不能用过去的胶片来界定他所需要的光线。都是一样的。他自我辩解，而一切还是一样的。我们怎么能谈论艺术？我们陷入与区分塑料船和木船相似的问题里。

在好莱坞，人们给我看了一个难以想象的巨大混音台，一种让人目瞪口呆的高精尖，一些难以想象的声音。我问他们什么样人的手能驯服这个家伙。他们有自己的专家。我对他们解释说，我不能在他们这里工作，除非跟一个有着这样一双手的人工作一年以上。在罗马，我跟同样的技术人员工作了五年，而我认为他们就是手艺人……

森索洛：团队理念……有点像约翰·福特？
莱昂内：可能吧。

森索洛：您曾经在意大利报纸上写过一篇纪念约翰·福特的文章，您都说了什么？

莱昂内：我给你读一下[1]：

就在漫长的电影远征而获得的战利品旁边，在我书房的墙上，挂着一张我的朋友约翰·福特临终前赠给我的照片。我们看到一个伟大的导演，穿着一件对他来说过于肥大的衣服，仿佛他在岁月中消瘦一般。他的嘴上叼着一支雪茄，脸上挤出一种陆军上尉似的古怪皱纹，让人想起一面光荣的旗帜。下面，是他小而紧凑的漂亮题字："To Sergio Leoni, With admiration, John Ford"。不是"莱昂内"（Leone），而是"莱昂尼"（Leoni）。毫无疑问，这位《关山飞渡》和《侠骨柔情》（*My Darling Clementine*, 1946）的导演完全可以这样称呼我的名字。约翰·福特，这位男性友谊（amitiés viriles）和第七艺术的荷马（Homère du Septième de Cavalerie）让我浮想联翩。这真太慷慨了。当然，我要承认，我也把这张签名照放在了最显眼的位置上，我喜欢它就像一个孩子珍爱他赢来的娃娃、塑料企鹅和烟斗一样。

我像所有人一样，对恭维话很敏感。然而，根据我的职业，对约翰·福特的钦佩要比其他友情和赞许更加重要。在这个广告宣传鼓声阵阵、掌声通常毫无根据、激动的影评人至少一周三次莫名其妙地惊呼奇迹的行业里，这个老爱尔兰人是罕见的配得上"大师"这个称号的人之一。福特在"赛璐珞[2]内战"（la

---

[1] 这篇文章是莱昂内在约翰·福特逝世十周年时，应意大利报纸 *Corriere della Sera* 的邀请而撰写的文章。文章发表于 1983 年 8 月 20 日，原题为《大师离世十年，〈荒野大镖客〉导演回想伟大的电影一课》（Dix Ans après la mort du maître, le réalisateur de *Pour une poignée de dollars* nous rappelle une grande leçon de cinéma）。在这本访谈录中，莱昂内全文引用了这篇文章，但听录过程中有错讹。本文根据 *Il était une fois en Italie : Les westerns de Sergio Leone* 校正。Éditions de la Martinière, 2005, Paris, pp.167-169.
[2] 赛璐珞是英文"celluloid"的音译，指合成塑胶，是制作电影胶片的主要材料。

guerre de Sécession celluloïd）和"好莱坞的伤感露营"（tristes bivouaces-hollywoodiennes）中赢得了这个权力，就像他的影片中那些因在战火中冲杀而获得军衔和奖章的主人公。他的电影如此干净和质朴，如此人道和威严，给所有追随他的电影人留下了难以磨灭的印象。

回到我自己的电影，我高兴地想到《西部往事》中亨利·方达，这个优雅的人物——哪怕是凶恶的和魔鬼的——正是约翰·福特《要塞风云》（Fort Apache, 1948）中那个专权上校的合法继承人，他推翻了所有道德法则，嘲弄对待印第安人的态度，甚至率领他的军队去摧毁死亡山谷（Vallée de la Mort）。有一天，福特说："最好的电影是那些动作很长而对话很短的电影。"我深以为然。

从1930年代起，约翰·福特就拒绝在摄影棚里拍摄，喜欢把摄影机架在天空下，他懂得把西部片的题材转变成一些小的深思熟虑的寓言和道德教化故事。因此，他是现代电影之现实主义中最纯正的先锋，也正因如此，我自称为他的学生。

他以一种罕见的在默片时代腾飞、如今已成为失落艺术的现实主义，去拍摄那些充满真实的电影。因此，如果约翰·福特没有发现纪念碑山谷，以及他在那些印第安营地里的神奇经历，我们根本不知道这处对于史诗片来说完美的山地壮观景致，就更不会出现在《逍遥骑士》（Easy Rider, 1969）和史蒂文·斯皮尔伯格的《第三类接触》中。他也是第一个向我们揭示出，真正的美国西部牛仔不像是那些年令人印象深刻的汤姆·米克斯[1]或霍帕

1　汤姆·米克斯（Tom Mix，1880—1940），美国早期西部片明星，1910到1935年间拍了约三百三十六部影片，其中大多数是默片，他是好莱坞最早因扮演西部片牛仔形象而成名的演员。

隆·卡西迪[1]系列片里的那种风格，一袭黑衣骑着白马，弹着班卓琴，像小白脸一样颤动着睫毛。《侠骨柔情》开场厄普兄弟[2]穿着溅满泥浆的长风衣；蓝衣士兵在滚滚白云下纵马驰骋；约翰·韦恩衣衫不整、满身尘土，在《关山飞渡》中叫停了驿马车；一些印第安营地，它们从来不为"明信片美学"牺牲……在那个时代，对于西部片甚至电影来说，有如此多的不归路，以至于它们似乎真的要烂在舒适且如医院病房般无菌的加里福尼利摄影棚中。幸运的是，这场电影设备的革命不是来自一个高雅的知识分子或天才技术家，而是一个与形式主义有着千里之隔的简单的人，这太特别了。我让我的作品成为约翰·福特的另一句格言："我喜欢拍电影，但我不敢谈它。"然而，我可以让我的西部片中那些在遥远地平线映衬下的人物——尽管更残酷，且肯定没有他的人物那么清白和迷人——也从他的形式中获益良多。即便那并非自发。如果我没在儿时看到约翰·福特电影中展现的亚利桑那沙漠，以及那令人惊奇而纯粹的光芒中的木头城市（ville en bois），我不能拍出《西部往事》和《黄金三镖客》。

一个事实是确定的：他电影中的画面和故事永远不会老去。再过十年，我们不会为它们的逝去而哭泣。我这么说绝不夸饰，它们仍然生动感人、熠熠生耀，透明而真实，不同于那些人工雕琢、虚假的太多同时代影片，在那个时代，化装统治一切，这一

---

[1] 霍帕隆·卡西迪（Hopalong Cassidy），最早出现于1904年的小说中，在原著中，这是一个鲁莽、粗野的牛仔，从1935年起被搬上银幕，为迎合观众而被转变为外表整洁的牛仔形象，成为一系列西部片的主人公。
[2] 厄普兄弟（Brothers Earp），美国西部历史上的真实人物，尤以怀亚特·厄普（Wyatt Earp）最为知名，他在美国西部有许多牧场，曾是著名的捕牛手，同时在美国和墨西哥边境的许多小镇做过地方官。他与两个兄弟维吉尔·厄普（Virgil Earp）和摩根·厄普（Morgan Earp）是许多美国西部片的主人公，也出现在电视和虚构作品中。

点在此后很久仍可看到。比较一下《愤怒的葡萄》和《乱世佳人》就能理解我说的这一点。但是注意！福特的现实主义不是那种绝对的——或试图成为——黑帮片的自然主义。

事实上，这个爱尔兰移民是一位诗人而非编年家。他电影的真正力量，我们可以在那种对一个无可避免的失落的边疆世界的强烈怀旧中找到，更存在于每个画格流露出来的他对美国的幻想观念中。还有一次，他说："我来自无产阶级。我来自一个农民家庭，我的家来到这里并接受了教育。我的家配得上这个国家。我爱美国。"他这里所说的美国，不是那个犹太人区的美国，不是城市贫民的美国，也不是工会斗争的美国。这是一个他在格里菲斯电影里当演员的神奇美国；这是一个好莱坞所有大门都向他敞开让他执导早期作品的神奇美国。他那时只有十九岁。就像弗兰克·卡普拉，另外一个很快就被美国电影所接受的移民，约翰·福特把美国看作乌托邦之地，很久以前，人们就宣称这里会承诺自由、和平、冒险和面包。没有任何人怀疑这种承诺，在他看来，这个承诺一直在兑现。

至少，你发现福特的主人公从来都不是个人主义者或孤独者。相反，那是一些深深扎根于共同体的人，正像爱尔兰移民，满足于他们的新环境。这位《愤怒的葡萄》和《原野神驹》(*Wagon Master*, 1950)的导演，引领着他辉煌的演员和角色队伍和所有孤立的爱尔兰人，永远不可能拍出《正午》或者《荒野大镖客》。与他最相似的人物不是那些蓝衣士兵，而是像《蓬门今始为君开》中的约翰·韦恩或《双虎屠龙》中的詹姆斯·斯图尔特，那些简简单单地寻找一个屋脊，在法律的庇护下平静生活，并在弥撒之后能与好邻居喝上一杯、聊聊天的人。当然，他的美国是一个乌托邦的土地，但那是一个爱尔兰式的乌托邦！其深处是天主教式的，伴随着虔诚和真挚的友谊，充满幽默，但从不讽刺，尤其没有残酷。我非常清楚我的美国观完全是另一种。我经常看到美元的背面，被遮蔽的一面，而非正面。但正是约翰·福特那人道主义的、充满阳光的西部，引领着我在电影这个枯燥无味的牧场上一直走到《革命往事》的最后一声拍板（clap）。

现在，当我再次看着约翰·福特这张挂在我书房最显眼处的签名照，我看到这个老导演正用几乎让我害羞的坦率与纯真的目光看着我，因为约翰·福特公开表示他对"莱昂尼"的倾慕，而"莱昂尼"也会永不疲惫地带着尊重、热情和敬意看着他。最后，对"莱昂尼"来说，就像对约翰·福特一样："拍一部西部片总是像某种消遣（violon d'Ingres）。当我带着剧组出发，奔向那数周的冒险时，其余的我无所谓！"

森索洛：您怎么看今天的电影？

莱昂内：我觉得斯坦利·库布里克不错。他的作品很强，他很有天才。但是，我觉得《闪灵》（*Shining*, 1980）没有他的其他片子那么好。至于马丁·斯科塞斯，我对他始终很感兴趣，他把意大利新现实主义带到了纽约。他特别喜欢意大利世界（le monde italien）。科波拉拍《棉花俱乐部》（*Cotton Club*, 1984）时，我觉得他有点拘谨，但他拍《教父II》时则是一个非常伟大的导演。西米诺[1]改编的《猎鹿人》第一部分很成功，我认为《天堂之门》（*Heaven's Gate*, 1980）的完整版非常棒。

森索洛：而您的朋友斯皮尔伯格呢？

---

1 迈克尔·西米诺（Michael Cimino, 1939—2016），美国导演，1978年因反战影片《猎鹿人》（*The Deer Hunter*, 1978）获得奥斯卡最佳影片奖。

莱昂内：曾经，他想找我制作一个海盗的故事。但对话太长，我英语不是非常好，太多的微妙含义让我望而生畏。我拒绝了这个计划。严肃地说，斯皮尔伯格是一个摄影机的天才，但他成为金钱上帝的牺牲品。我不太喜欢《夺宝奇兵》……有一个让我钦佩的人是约翰·布尔曼，尽管我对《萨杜斯》（*Zardoz*, 1974）和《翡翠森林》（*The Emerald forest*, 1985）有所保留，但他的作品总让我着迷。但如果你问我谁是美国最优秀的作者，我会回答你约翰·卡萨维蒂，他要比罗伯特·阿尔特曼优秀多了……

森索洛：在此之外，您还有其他喜欢的人吗？

莱昂内：我喜欢彼得·威尔。还有克洛德·索泰[1]，他跟斯科拉[2]相似，但要比后者好。虽然不是我的电影类型，但我认可他作品的高质量。最后，总是有黑泽明！

森索洛：那新近成功的人呢？

莱昂内：我看着最新的电影，产生了真正的忧虑。电影人似乎失去了对电影的爱。导演们做这一行就是为了赚钱和成名。他们不再有激情。我是午夜电视的观众，我搜索黑白老片看，那些20世纪三四十年代的老电影……然后，我把它们与今天的电影做比较。这就是我为什么会说"曾经在美国：曾经有一种电影"。因为电影影像已经被电视影像殖民了，我们承受着洗脑。我们把

---

[1] 克洛德·索泰（Claude Sautet, 1924—2000），法国电影导演、编剧，作品有《生活的事物》（*Les Choses de la vie*, 1969）、《浪子》（*Un mauvais fils*, 1980）、《冬日之心》（*Un cœur en hiver*, 1991）等。
[2] 埃托雷·斯科拉（Ettore Scola, 1931—2016），意大利导演、编剧，他最为国内影迷熟知的作品是无对白歌舞剧《舞厅》（*Le Bal*, 1983）

奥斯卡奖给一些像《母女情深》[1]这样的电视电影，那不过是所有肥皂剧的大杂烩！无论是一个作者像拍电视那样拍电影，还是他因此获得了五项奥斯卡奖，都真的是电影的末日！当影片导演詹姆斯·L. 布鲁克斯[2]来欧洲时，他并不明白为什么人们瞧不起他的电影。在美国，他像一个天才，在这儿，人们给他喝倒彩，他不知道真相在何处。

森索洛：您与苏联有一个电影计划，这是真的吗？

莱昂内：是的，《列宁格勒九百天》(*Les Neuf Cents journées de Leningrad*)，这是第二次世界大战历史上的重要一页，人们不太了解它，总是跟斯大林格勒战役的许多事情弄混了。其实在列宁格勒发生的事情是令人震惊的，那就是但丁的《地狱篇》！整座城市都志愿赴死，在两年半时间里，有三百万人为了不让他们的城市失守而牺牲。那是无法想象的！

森索洛：您已经对剧本有设想了吗？

莱昂内：我不想拍一个半拉半骗的情节剧，再来一点关于勇气和恐惧的鸡尾酒。我讲一个战地纪录片导演的故事，一个美国人，一个玩世不恭的人，就像我的其他人物一样。他来到战斗中的列宁格勒，原来派驻二十天，但实际上，他在整个战役中都留在了那里，他不管那些理由，他一直留在那儿，直到死去。他跟一个俄罗斯女人产生了爱情。一段失败的爱情，就像我们在地狱

---

1 《母女情深》(*Terms of Endearment*, 1983) 是一部浪漫家庭喜剧，1984年，即莱昂内接受访谈这一年，获得最佳影片、最佳导演等五项奥斯卡奖。
2 詹姆斯·L. 布鲁克斯（James L. Brooks, 1940— ），美国导演、制片人、编剧和电视制作人，制作并参与写作了大量电视剧，曾执导《母女情深》《尽善尽美》(*As Good as It Gets*, 1997) 等电影。

中坠落一样。如果别人发现他们的关系，她就会被关到监狱里十二年。对于他来说也是一样的。他高度紧张地生活在这种失败的爱情中。在城市解放的前夜，他选择了死亡，手里拿着摄影机，拍摄这场战役最后的画面……这将比我过去的电影更加悲观。当然，我意识到这一次我将碰到一些我过去电影中没有提到的东西，在电影写作上也是如此。每次我被一个题材吸引，我知道我将能以一种不同的方式去表达。但是，我也知道，在生活中，人们说的东西总是相同的，人们只是很简单地用不同方式去说罢了，人们举不同的例子，却是相同的幻象和相同的狂热。于是，我给自己提一些问题。在《美国往事》的结尾，在德尼罗那个微笑之后，是什么能够追随这个失落的美国梦……死亡。这部片子就是关于死亡的。但我不想表现主人公是怎么死的，我们通过他爱的人才知道他是如何死的：她看着电影中的纪实片段，她在银幕上认出那些战役的画面，她知道这是他拍摄的，她认出了他探索战争的方式，就在她明白这一点时，她看到摄影机跳起来了，她知道他死了。

森索洛：您这个计划已经展开了吗？

莱昂内：是的。但我需要拍摄这部电影所需要的足够时间。为了总结我们这次漫长的对话，我给你讲讲《列宁格勒九百天》的开场……

我开始于肖斯塔科维奇[1]的手的特写，它们放在钢琴上……摄影机在直升机上，在房子外面，摄影机将穿过开着的窗户。我们看到这双手在摸索《列宁格勒交响曲》的音符，它开始于三个

---

1 肖斯塔科维奇（Dmitri Shostakovich, 1906—1975），苏联著名音乐家，在卫国战争的列宁格勒战役期间留在列宁格勒，创作了传世名作《列宁格勒交响曲》。

乐器，之后是五个，然后十个，之后二十、一百……我的开场就根据这个曲子来做，用一个长镜头，一个人们从来没做过的长镜头：

摄影机离开作曲家手的特写，它爬升，我们看到了他的房间。我们从窗户出来，来到了街道。晨曦时分，两个市民在街上走着，每个人一杆猎枪。他们上了一列区间小火车，摄影机跟着火车走，音乐继续。火车停了几次，许多市民登上火车，他们手里都拿着武器。最后，火车来到市郊，停在一个小广场上，那里停着许多相似的小火车。在火车旁边，是等待他们的卡车，火车空了，所有的乘客都变成了军人……没有女人，男人们登上卡车，摄影机跟随卡车前进。始终是同一段音乐，始终是同一个镜头，没有剪辑，没有插入。我们来到了保卫城市的最前线，音乐越来越强烈，有越来越多的乐器加入演奏。俄罗斯人在阵地上安顿下来。突然，摄影机越过草原，辽阔而空旷的草原，音乐越来越强，直到穿越草原，看到数以千计的德国装甲兵正准备战斗。第一轮排炮在音乐声中响起，我剪断画面！第二个镜头，大幕升起，肖斯塔科维奇的音乐会，大厅中坐满了五千人，一百二十位音乐家演奏，于是：

字幕开始！

附 录

塞尔吉奥·莱昂内访谈[1]

克里斯托弗·弗雷林

弗雷林：今天，许多影评家开始严肃对待您的影片了，尤其是《西部往事》，但很长时间以来，他们对您都颇有微词。

莱昂内：《荒野大镖客》在罗马上映的第二天，我读到一篇让我非常感动的影评，因为这篇文章来自我的一个敌人。这篇深入的文章提到了在我的电影与约翰·福特的电影之间存在某种关联。我给这位作者打电话表示感谢："我被您的支持深深打动了。"我说，"我很高兴您忘记了我们之间的隔阂。"然而我得到的回答是这样的："但是您跟《荒野大镖客》有什么关系？"于是我明白了，他是罗马唯一不知道躲在"鲍勃·罗贝尔森"名字背后的人就是我的影评人。"罗贝尔森"这个名字是暗指我的父亲：罗伯托·罗贝尔蒂。

但当然，按照一般标准来看，您对批评界的认识是正确的。从一开始，媒体写文章批评我在模仿美国西部片。后来，人们说我在尝试创造一种"批评电影"（cinéma critique）。尽管他们的说

---

[1] 本文译自英国学者、意大利西部片研究专家克里斯托弗·弗雷林（Christopher Frayling）1982 年作于伦敦的访谈，后被收入《意大利往事：塞尔吉奥·莱昂内的西部片》。莱昂内在这个长篇访谈中谈到了一些本书中没有提及的观点，本文摘译自该书法文版：*Il éatit une fois en Italie : Les Westerns de Sergio Leone,* Christopher Frayling, 2005, Editions de La Martinière, Paris, France, pp.75-88。

法各不相同，但都说错了。事实上，我给西部片带来了我自己的传统，这个传统与美国西部片的传统完全不同。我是一个文化的带来者，而我肯定不能忘记或否定西部片。比如说，那些意大利已经不再信仰宗教的人，也完全浸染着天主教传统。这一点毫无疑问会在我的电影中呈现出来，正如您给您的书所起的名字那样：意大利西部片。这种气氛就像我们的呼吸一样浸满了天主教主义。

当我拍西部片时，我还有一些个人的东西想说。从某种角度讲，当我筹拍《荒野大镖客》时，我感觉自己成了威廉·莎士比亚。我脑海里一闪念，莎士比亚应该能写出不错的西部片。

弗雷林：莎士比亚？为什么？

莱昂内：因为莎士比亚写出了最伟大的关于意大利的小说，却从没来过大利！他在意大利的土地上击败了所有意大利人。顺便说一嘴，一些人还认为他实际上是意大利人！（大笑）

如果我们真的在历史长河中挖掘一下，西部片最伟大的作家是荷马，因为他在神话般的故事里写了阿喀琉斯、阿伽门农这些英雄的传奇，而他们就是加里·库珀、伯特·兰卡斯特、詹姆斯·斯图尔特和约翰·韦恩所扮演的人物的真正原型。所有西部片中的大主题、战斗、个人冲突、军人及他们的家庭、远征，在《荷马史诗》中都有。我们甚至能在里面找到最早的牛仔，古希腊英雄们必须依靠对利剑和长矛的娴熟技艺才能生存下去，而牛仔必须依靠自己的射击天赋得以为生，这其实是一样的。这都是个人主义的神话，这边是靠格斗，那边是靠左轮手枪。

如果说女人在我的电影里总扮演着次要角色，是因为我的人物没时间谈恋爱或勾引女人。无论是什么样的角色，他们都太忙了，忙于生存或追求他们的目标。况且在西部片中，女性角色都是滑稽的。在《龙虎双侠》中，朗达·弗莱明有什么用？她就是用来衬托主人公伯特·兰卡斯特的。如果我们删了这个角色，影片依然成立，剧情节奏还会快点。但如果女性人物处于故事的中心就不同了，就像《西部往事》中的克劳迪娅·卡尔迪纳莱一样。我想说的是：我们可以给西部片带来一个有距离的方法，一种欧洲的方法，却保持和延续对这个电影类型的热爱。

弗雷林：在一些访谈中，您曾说您的西部片还有另外一个来源：西西里木偶戏。

莱昂内：当我拍第一部西部片时，我问自己指引我的深层原因是什么，因为我从未经历过美国西部这个环境。于是一种思考产生了：我有一点成为表演西西里木偶戏（pupi siciliani）的艺术家的感觉。西西里木偶戏是西西里的一个古老传统，表演者在整个国家流动演出，停留在每个村庄，表演那些根据《罗兰之歌》改编的历史传奇剧目。他们的聪明在于把本地性（localité）改编到剧目中，把当地贵族的优点和缺点融入传奇人物身上，以吸引当地人。所以，他们展现"善良"的罗兰和镇长的缺点，而药剂师会变成凶恶的敌人……这些木偶艺术家把传奇与当地现实糅合在一起。跟我的工作有什么关系？作为导演，我应该为成人创作一些传奇，给成年人的童话，换句话说，我变成了某个摆弄玩偶的木偶艺术家。《罗兰之歌》（*Chanson de Roland*）已经被意大利人阿里奥斯特（Arioste）用意大利的现实改编成《疯狂的奥兰多》（*Orlando Furioso*）。木偶艺术家运用同样的方式把这个故事变成对于当地人来说更有意思的故事，因为艺术家们用当地人物的性格来嘲笑一个观众不熟悉的人物。我试着在西部片里做同样的东西。在这里，西西里传统木偶剧艺术家与我的西部片之间存在着一种

"奇怪的手足关系"（étrange fraternité）。

弗雷林：您认为您的电影是"成人的童话",您是想说什么？

莱昂内：尽管我的电影是给成年人看的，但它们是童话，而且产生着童话的影响。对我来说，电影揭开了想象，而想象最好是通过寓言和童话的形式表达出来。当然了，不是沃尔特·迪士尼那种方式。迪士尼的电影因为是童话才吸引人的注意——那都是虚构的、干净的和甜蜜的，童话因此失去了一部分召唤力量。个人来讲，我认为当童话的框架限定在现实中时，才能激发更多想象。在现实的框架中讲一则幻想故事会为影片提供一个神秘、传奇的维度。"很久、很久以前"（once upon a time）……

弗雷林：您还提到您的电影，尤其是《黄金三镖客》，来自流浪汉文学的传统，比如说《堂吉诃德》。

莱昂内：在冒险片中，尤其是那些严肃的西部片里，导演害怕让观众发笑，害怕产生一种流浪汉味道而侵犯了悲剧精神。其实流浪汉这种类型不仅限于西班牙文学中，在意大利也有其对等的形式。意大利即兴喜剧（commédie dell'arte）的流浪汉类型中没有真正的英雄。比如说格尔多尼喜剧中的阿莱昆，他服务于两个主子，他就是个骗子。他不停地在两者之间出卖自己，这不是一个"真正的英雄"，跟《黄金三镖客》中的克林特·伊斯特伍德是一样的。所以，在我这里存在着另一种与西部片毫无关系的文化的影响。

弗雷林：意大利观众非常喜欢1960年代中期的西部片，您的《荒野大镖客》引发了一场真正的"雪崩"（véritable avalance）。

莱昂内：当人们对我说我是"意大利西部片之父"时，我回答说："可我酝酿了多少杂种啊！"《荒野大镖客》刺激了一场恐怖的淘金热，我感觉对这种现象负有责任。不是制片人和严肃的导演卷入西部片中，而完全是一场简单的淘金。人们在沙子上建城堡，没有任何基础。在1968年，意大利上映了一百多部西部片，有时一天之内甚至有六部西部片在同时拍摄。让人难以置信！这一切都在特伦斯·希尔和巴德·斯宾塞的"特尼达"中终结了，是如此可怖的意大利西部片产生的反应。"特尼达系列"的导演是恩佐·巴尔博尼，他的精妙在于把意大利西部片的基本人物都嘲弄一番。这些片子中有这么一部，把用手枪的对决改成扇大耳刮子。这些曾经吞下过四百多部一部比一部差的西部片的观众解脱了，就像是一种报复。"特尼达系列"的第二部《他们是神2》（*...continuavano a chiamarlo Trinità*），在观众对这种奄奄一息的类型愤怒时上映了，卖得还行……至少在一段时间里，那很容易……可是，再次放映这部片子时就失败了。

弗雷林：在《西部往事》中，您有意与这种系列拍摄方式保持了距离。

莱昂内：事实上，我当时是想拍《美国往事》，一部关于纽约的黑帮片。我正在结束《黄金三镖客》的制作，我不想再拍西部片了。骏马、左轮、服装，这一切都不再那么吸引我了。您还记得我是在三年里一口气拍了三部西部片吗？但这种成功更多地留下了失败。人们会原谅你的失败，但人们不会原谅你曾经获得的成功。所以，当我去美国筹备《美国往事》时，他们对我说："这个计划有点贵，听着，咱们先拍一部西部片，接下来，再谈这部《美国往事》……"我回答说："可以，但是我要用我的方式拍这部西部片。"我开始考虑这部西部片,诚实地讲,我根本不求任何商业成功,出发点就是美国西部片的一些传统,所以要用一系列特定经典西部片的引用,来讲述我的版本的"一个国家的诞生"。

弗雷林:您曾说《西部往事》是"死亡之舞"(la danse de mort)。

莱昂内:是的,我想拍一部成为"死亡之舞"的电影,或者说,如果您愿意的话,是一个"死亡芭蕾"。我重新用美国西部片中最典型的人物原型——新奥尔良最漂亮的妓女、浪漫的匪徒、孤独的复仇者、想成为政客的杀手和试图利用强盗的商人,来向西部片致敬,展现那个时代美国社会正在发生的变化。这是一个同时关乎生死的故事。在走上舞台以前,这些人物已经感到了死亡,生理上的和道德上的(死亡),成为前进中的新时代的受害者……我想讲述一个国家的诞生:美国。实际上,克劳迪娅·卡尔迪纳莱象征着水及西部的承诺;全部故事都围绕着她展开。而在结尾,唯有她幸存下来。查尔斯·布朗森象征着最后的边境线,边境的终结。亨利·方达既是牛仔、杀手,又是生意人,他是一个被撕扯的人。杰森·罗巴兹是最后的浪漫主义者。而加布里埃尔·菲尔泽蒂(Gabriele Ferzetti)代表着资本主义宛如压路机一样毫不容情的力量,碾碎路过的一切。

弗雷林:《西部往事》充满了对经典西部片的引用,《正午》《搜索者》《铁骑》(*The Iron Horse*)、《太平洋公司》(*Union Pacific*),甚至《西部拓荒史》。

莱昂内:是的,确实有这些引用,我们想做一种美国西部片的万花筒(kaléidoscope des westerns américains),但堆积这些经典段落不是它自身的目的，这些引用并不是被编排好的，它们服从于这个故事的背景。它们帮助我完成融合历史现实（经济爆炸中绝不宽容的新时代）和传奇的目的。"曾经在西部……"（Once upon a time in the West...），所以，口琴手就是《吉他手约翰尼》（*Johnny Guitar*）的直接后继者。

弗雷林：贝纳尔多·贝托鲁奇说他曾建议一部或两部您没想到的西部片。

莱昂内：首先，他有可能记忆力不那么好。贝托鲁奇只参与了故事策划，但没有参与剧本写作。是我，作为导演，最后对素材做的决定。但他在合作层面上确实带来了很多个人元素。我一开始是跟他和达里奥·阿尔真托在两个月里策划故事，然后根据他们的设想和建议，我与塞尔吉奥·多纳蒂创作剧本。最终成稿用了我们至少一个月的时间。

弗雷林：为什么在这部影片中采用了一种不同的风格？

莱昂内：这部影片的节奏试着让人联想起一个死者临终前喑哑的喘息。《西部往事》是彻头彻尾的死亡之舞。克劳迪娅·卡尔迪纳莱除外，所有人物都意识到了他们结局的迫近。我想让观众在三个小时里理解我的主人公是怎样活的，又怎样死去，仿佛在他们临终前，陪伴他们过了十天。比如说，开场三个枪手在火车站等待火车，他们的无聊必须是可触知的，所以我们才产生了苍蝇、掰手指和帽子上滴落水滴这些点子。这些匪徒很无聊，因为他们已经无所事事了。我们感到这些人物知道自己不能到达影片的终点。他们享受每一秒钟，就仿佛那是他们的最后一秒钟。这个节奏，断断续续的，让我想起一个垂死之人的窒息。从某种角度看，这种风格是一种反应（réaction），就像我刚才说过的那样，我首先想要让我自己满意。有一天在罗马，一个蔬菜水果商刚看完影片后出来抱怨："莱昂内疯了，他就不能说点简单的东西吗？美国没给他带来成功。"但是，最终《西部往事》与《2001太空漫游》获得了同一类成功。两部片子上映时都受到了影评人的恶意攻击，而几个月之后却开始在各大电影院校和电影界口耳相传，尤其是在法国和联邦德国，甚至在澳大利亚。差不多在世界各地，我的电影被重新评价，我都觉得很怪异。在巴黎，《西部往事》卖得真不错，在圣-米歇尔大道上的一家电影院上映了两年。当我去那里时，被许多青年导演包围着，向我要签名。除了一个人，那里的放映员，他向我埋怨说："我要杀了您！两年来始终放一部片子！而且还这么长。"一些男士用品商店的橱窗上写到："今年流行塞尔吉奥·莱昂内。"法国观众似乎更能接受这种缓慢的反思电影（cinéma lent et réfléchi）。

弗雷林：长风衣的这个想法是从何而来的？

莱昂内：当美国人问我从哪里抄来的《西部往事》里的服装，我回答说："我没发明什么，我就是回到了源头。"粗布长风衣非常实用，因为当牛仔在沙漠中生活时，它是唯一的保护，在白天抵御尘土，在夜里抵挡突降的大雨。有时，它上面布满泥浆，当我们把它放那儿时，它就会独自立在那里像个小帐篷。美国导演太依靠别的编剧，但对他们自己的历史挖掘不多。实际上，世纪初拍摄的一些西部片非常符合现实，但伴随好莱坞的发展，以及广播和西部驯马表演的影响，他们离历史现实越来越远。

弗雷林：一些影评人认为1960年代的欧洲电影与其他电影

相比，显现出对好莱坞电影的"评注"（commentaire）特征：克洛德·夏布洛尔与阿尔弗雷德·希区柯克，贝托鲁奇与黑色电影，您与约翰·福特。

莱昂内：这其中有对的地方。我非常喜欢约翰·福特的作品，超过了其他西部片导演。差不多是因为他，我才会考虑拍摄西部片。他的诚实和他直接的风格给我的印象非常深刻。作为一位美国复兴时期受到善待的爱尔兰移民，福特非常乐观。总体上看，他的人物相信一个翻天覆地的未来。即使他在解构西部的神话时，像我在前三部西部片里尝试做的那样，他也经常带着某种浪漫主义，这就是他的伟大之处。也是这种浪漫主义让他远离历史真实。我们的世界观在这点上有很大区别，因为他是乐观主义，而我则是悲观主义。但除此之外，如果说有什么人影响了我，那一定是约翰·福特。他还对我有视觉效果的影响，因为在所有这些导演中，只有他最致力于提供一个真实的西部影像。尘土、木头村庄、时代服饰、沙漠。我最喜欢的福特电影是《双虎屠龙》，因为这部电影最接近我的价值观，同时也最不煽情。在筹备《西部往事》时，我们看了很多遍这部电影。为什么？在七十岁时，福特最后转向了悲观主义，他否定了他早期对西部所说的一切。《双虎屠龙》展现政治力量与西部的孤独英雄之间的冲突。福特小心翼翼地观察这种冲突。总之，更加悲观。正因如此我喜欢《双虎屠龙》。福特热爱西部，在这部电影中，他最后展现了他所理解到的东西。有人还提醒我，《双虎屠龙》也有一个"三人决斗"，一场在斯图尔特、韦恩和马文之间的决斗，就像在我的《黄金三镖客》里一样。

弗雷林：在政治力量与西部孤独英雄之间的冲突，让人想起

了卡尔·马克思提出的那个有名的问题：在铅弹和火药的时代是否可能有阿喀琉斯？《伊利亚特》能否与印刷媒体和印刷机的时代共存？

莱昂内：我知道这句名言。我父亲是社会党员，这让我成为一个觉醒的社会主义者，这种幻灭感存在于我的电影中。但是我的电影灵感还来自一些与我世界观相似的电影，所以，查理·卓别林的电影《凡尔杜先生》影响了《黄金三镖客》。在我的电影中，两个杀手直面美国内战的战争恐怖，他们中的一个说："我从未看到过对生命的如此摧残。"在《凡尔杜先生》中，主人公，那个杀手，说出了本质相同的东西："与罗斯福、斯大林和丘吉尔相比，我只不过是个业余杀手，他们只是以更大的比例做与我相同的东西。"

弗雷林：对您来说，您的西部片最大的影响是什么？

莱昂内：在边缘部分，产生了更本质的影响。萨姆·佩金帕对我承认说，如果没我的影片，他就不可能拍《日落黄沙》。他说《荒野大镖客》催生了"一种电影类型"。在某个时期里，西部片更像孩子的游戏，当一个人在后背中枪时会向前摔倒。子弹从前面打进去，还留在身体里，却没有任何痕迹。《荒野大镖客》展现了一种对那个时代来说还是新的现实主义暴力。从这个角度讲，我的电影肯定产生了影响，而不仅仅是对西部片。如果银幕上的暴力没有发展的话，斯坦利·库布里克就不会拍出《发条橙》。同样是新东西的，还有将一种视觉真实主义（vérisme visuel）带到传奇中。在筹备《巴里·林登》（*Barry Lyndon*）时，库布里克给我打电话说："我有莫里康内的所有专辑，你能不能解释一下，为什么我只喜欢他给你的电影写的那些曲子呢？"我回答说："你不用担心。我一直不喜欢理查德·施特劳斯（Richard Strauss），直到看了你的《2001太空漫游》。"在那个时期，他拍《巴里·林登》时脑海里想的就是"英国往事"……

弗雷林：今天，似乎很难找到一个西部片题材，能反映出生活中的美国经验，西部片作为一个神话似乎陷入了困境。

莱昂内：尽管有巨大的成功，但在那些电影机构眼中，西部片始终是一个次要类型。比如约翰·福特从未因他的某部西部片而获得奥斯卡奖！现在，观众有一点放弃西部片了，这毫无疑问与好莱坞和美国电视剧在过去对西部片的所作所为有关，或者乡村题材不再让观众感兴趣……除此之外，西部片成本较高，或者说比其他影片高，所以必须用最小的成本来拍这样的影片。霍华德·霍克斯曾说，如果没有尘土，没有岩石，没有能骑马、会开枪的演员，就拍不成好的西部片。这些都需要钱。然而，西部片从来都不能赚到更多的钱，除了《乱世佳人》和那个百老汇的讽刺剧《神奇小子》（*Blazing Saddles*，1974）。今天，随着制片价格越来越昂贵，西部片不再被看作很好的投资项目。

弗雷林：我感觉，在《荒野大镖客》之前，西部片就变得不那么浮浅了，《原野奇侠》在孩子的眼中就像个神话。

莱昂内：实际上，《原野奇侠》表现了后来西部片重复的特征，对细节缺乏耐心。用今天的标准来看这不是部好片子。我在拍《荒野大镖客》时思考过很多次这部片子，在拍《西部往事》时考虑得更多。您记得杰克·帕兰斯（Jack Palance）在酒吧外面挑战那个小个子吗？当后者被杀时，他向前踉跄了六米多并摔倒在地上。这是一种非常现实主义地展现死亡的方法。这来自一种深入的思考。一般来说，除了一些罕见的例外，制片人不喜欢用现实主义的方式展现死亡，他们喜欢那些符合电视俗套的一成不变的方法。直到后来，当人们看一部西部片，就像看了所有的西部片。正是这些动作场面和暴力场面的一成不变的重复，让人们失去了对西部片的兴趣。而那些人物是多么能说！人们在开枪之前添加了太多对话，那些蹩脚对白让西部片失去了历史意义，所有这些声音都如此！人们拿这些见得光的、正面的价值开玩笑，实际上这个历史时期是美国历史上最令人难以置信的暴力时期。但人们从不相信他们看的这些电影。说话！说话！还是说话！你看，最应该以内战期间的安德森维尔为题材拍一部电影，可没有人敢做。我倒想看看谁敢冒这个险。

弗雷林：严肃西部片差不多成了伊斯特伍德的美国电影的同义词，他一个人把这个类型撑了下来，您怎么看待他离开意大利后拍摄的那些西部片？

莱昂内：我倒很想听听你怎么看。

弗雷林：我认为《不法之徒乔西·韦尔斯》(*Josey Wales, the Outlaw*) 是一部不错的电影，《荒野浪子》(*High Plains Drifter*) 像一部关于《旧约》的寓言。

莱昂内：我第一次见到伊斯特伍德时，吸引我的是他的外形和性格。我当时只看过他演的一集电视剧《皮鞭》，他只演了五十分钟的一集，那一集叫 "*Incident of the Black Sheep*"，由安东·里德（Anton Leader）导演（1961年11月）。最初，我选择他首先是因为那个时期詹姆斯·科本太贵了，片酬差不多是两万五千美元，而我们只给伊斯特伍德一万五千美元。看到这部剧集，我注意到伊斯特伍德说话不多，我被他那种松弛的状态吸引了，有那么一点懒散。开拍时，他像一条蛇，缠在自己身上，躺在距离摄影棚五十米远的汽车里睡觉。然后他醒了，从车里出来……如果你亲眼看到他拔枪射击的迅速，就会对他的表演基底有一种强烈的反差感。我们从这种反差出发塑造了《荒野大镖客》中的这个人物，然后再加点蓄了三天的胡子茬和一根他根本不喜欢的雪茄。当我们跟他提起要拍《黄昏双镖客》时，他说："我要读剧本，我肯定拍这个片子，但请有点同情心，别再在我的嘴上放雪茄了！"我回答他说："那是不可能的，克林特，雪茄才是真正的主角！"

弗雷林：您在《黄金三镖客》之后是否想过再次与伊斯特伍德合作？

莱昂内：我跟他提过一次，但他爽快地拒绝了我。我想有风度地跟《黄金三镖客》中的三个主人公道别，我也想对我创立的游戏规则告别，所以我曾希望《西部往事》开始时被查尔斯·布朗森干掉的三个枪手就是伊斯特伍德、范·克里夫和埃里·沃勒克。伊斯特伍德拒绝了我，而另外两个都同意了，但如果没有伊斯特伍德，再这么拍就没什么意思了。这完全不是钱的问题，伊斯特伍德永远看不到事物有趣的一面。

弗雷林：我们讨论过《西部往事》中的大量引用，但在你拍《荒野大镖客》和《黄昏双镖客》时，脑海中想的是哪些美国影片？

莱昂内：成长于1930年代的意大利人都热爱美国，尤其是好莱坞西部片中的美国。这些英雄比大自然还要伟大，他们的拓荒变成了我们生命中的重要事件。在拍我自己的西部片时，我试图寻找最初的爱的那种激情，我希望重现这些神话。我想起一些电影，尤其是《原野奇侠》。还有什么？我看了太多西部片了。还有约翰·福特的《侠骨柔情》，在马车掀起的灰尘中枪战，还有霍华德·霍克斯的《赤胆屠龙》，约翰·韦恩和迪恩·马丁（Dean Martin）两个人一边一个在夜晚的街上巡逻，还有巴德·伯蒂彻（Budd Boetticher），还有很多其他的片子。有人断定我之所以选择埃里·沃勒克演《黄金三镖客》是因为《七侠荡寇志》，但是错了，实际上我选他是因为《西部拓荒史》中的一场戏，我认为他能演好一个小丑。

弗雷林：如果今天您必须拍一部西部片，您会选什么题材？

莱昂内：这很难回答。《西部往事》对我来说已达到了顶峰。如果让我想拍一部西部片，我必须找到一个能产生特殊反响的话题和故事。可能是一部关于美国内战问题的史诗片，比如关于安德森维尔。

弗雷林：从1967年起，很多好莱坞导演开始引用您的电影。

莱昂内：他们甚至都不是偷着干的，他们公开说："我们是在这里找到的点子。"

弗雷林：《西部往事》似乎是让好莱坞1970年代导演印象最深的电影之一。

莱昂内：可能吧。他们的电影都发生在未来，但很多实际上是西部片。因此，看史蒂文·斯皮尔伯格《第三类接触》的开场，我对我自己说："这来自塞尔吉奥·莱昂内。"您知道，尘土飞扬、大风、沙漠、飞机、突然出现的声响。约翰·卡朋特（John Carpenter）的《逃出纽约》（*Escape from New York*）也是一样的，他似乎受到了我先前几部西部片的影响。乔治·卢卡斯（George Lucas）向我承认说他在拍《星球大战》（*Star Wars*）时，参考了很多《西部往事》的画面和音乐，那就是一部太空西部B级片。所有这些好莱坞年轻导演，乔治·卢卡斯、史蒂文·斯皮尔伯格、马丁·斯科塞斯、约翰·卡朋特，都从《西部往事》中获益良多，但他们中没有一个敢拍一部真正的西部片。这些青年导演中的一些人，当然有的不那么年轻，以欧洲视角拍美国电影，这种"传染"有时产生了杰出的效果。我尤其喜欢斯皮尔伯格的片子，他比他在处女作中显现出来的（能力）走得更远。至于我的影响……我不知道。洛杉矶两所著名电影学院的学生曾热情地接待过我，他们对我说他们在学习我的影片片段，尤其《黄金三镖客》是剪辑技术课的内容。我非常得意。

弗雷林：我跟一些美国导演谈过今天的西部片，他们中的大多数认为最大的问题在于很难找到一个主题，既让观众感兴趣，还能遵守西部片的伟大传统。

莱昂内：就像我刚才对你说的那样，这些美国导演太依赖编剧而不去探索他们自己的历史。当我筹备《黄金三镖客》时，我发现在美国内战期间得克萨斯只发生过一场战役，其关键竟然是争夺金矿。当我去华盛顿时，想找找关于这个时期的资料。在国会图书馆，世界上最大的图书馆之一，他们对我说："那不可能！先生，您是说得克萨斯吗？您肯定是搞错了。在美国从未因为争夺金矿而打过仗，更不可能是在得克萨斯。您三天之后再来吧，我给您查查看。但几乎可以肯定您搞错了。"我三天后又来了，这个家伙像看一个鬼魂似的看着我："我给你找到了八本关于这个题材的书，都是关于这个时期的。可您是怎么知道的？现在我知道为什么意大利人能拍出那么好的电影了。我在这工作了二十多年，没有一个导演来这里查找关于西部历史的资料。"今天，我有一个大大的书架。在华盛顿，只要付上八美元，就能给你复印一整本书！这是我们在那边做资料时最好的地方。我们可以复印任何一本书，我印了所有能找到的好书。

弗雷林：在您的电影中，您非常注意细节：道具、武器和布景……

莱昂内：在《西部往事》里，我对细节的关注甚至超过了维斯康蒂。比如说，我们拍内景时，我让人运来了纪念碑山谷的沙子，以做到更现实。我觉得对细节的高度重视是对演员表演的重要援助。我们经常批评维斯康蒂太事无巨细，但我们从来没有做到像他那么好。

弗雷林：您从来没有想过拍一部以当代意大利社会为背景的电影吗？

莱昂内：我喜欢拍观赏性强的片子……很不幸，尽管意大利是一个伟大的民族，从某些角度看非常知名，意大利的设计和时尚影响着全世界，但它一直没能提供一个世界性的素材。促使我拍摄西部片的一个原因在于，西部片的传统有一部分超越了美国。今天，它成为全世界的观赏题材。西部片在日本是畅销不衰的消费品，在尼日利亚、哥伦比亚、英国、意大利、德国和法国也是这样。但是意大利特有的题材在国外达不到这样的共鸣。比如说维斯康蒂的《豹》这样美的影片，在美国是不可理解的。维斯康蒂在这部影片中的表现非常出色,但是《豹》在美国非常失败。美国人说:"我们对这个19世纪末发生在意大利南部的故事不感兴趣。"当我们写一个发生在意大利的故事时,我们只能谈论意大利。然而,当我们写一个哪怕关于美国最小的小镇的故事,就可以是一个关于全世界的故事。为什么?因为美国是各种群体的聚合物,它包含全世界所有的习俗、缺点和优点。

弗雷林:您有着悲观情怀,最后,您认为《西部往事》的结局是悲观的还是乐观的?

莱昂内:从某种角度看是乐观的,因为人们目睹了一个大国的诞生。所谓"大",是因为在所有这些屠戮和尸体之后,人们终于开始去建设……这是一个艰难的诞生过程,但所有这些暴力都酝酿了这种伟大。同时,它也是一个悲观的结局,因为西部被转让给美国的母系社会,对"女性"的狂热崇拜。美国就来于此,铁路的到来宣布了一个没有雄性力量的世界的诞生。美国的伟大力量,它成功的秘密,就是"拥有西部"的女人。我相信洛克菲勒(Rockefeller)的祖母就来自新奥尔良的红灯区,在美国成功的背后,是那些女人的可怕力量。

弗雷林:比如说杰西·詹姆斯(Jesse James)的母亲?
莱昂内:是的,是的!

马丁·斯科塞斯谈莱昂内 [1]

我看的第一部莱昂内电影是《黄金三镖客》,那是1968年初,在阿姆斯特丹。我当时还没看过他的前两部电影,它们同样让我非常惊讶。我当时的反应很奇特。我热爱美国西部片。我小时候在下东区生活时患了哮喘,日子非常单调。而电影,彩色西部片甚至是黑白西部片,这些让人充满幻想的画面,那遥远而辽阔的地平线,那些骏马,对我来说就是绝对的消遣。所以,我彻底沉浸于美国西部片中,公开强烈反对《黄金三镖客》。我认识到这部电影有一些精致的构图和超凡脱俗的故事板效果,让人想起动画片或优秀的漫画,但这不是一部真正的西部片,我说不清它是什么。影片的音乐让我感觉太复杂,我不明白影片为什么那么长,我真的不理解。所以我对这部电影有着否定性的评价。还有一种地中海式的气氛,可能是这种东西让我不舒服,因为对我来说,西部片是美国的,所以我想这种片子行不通。

几个月之后,一次纽约媒体放映会的机会,我看到了《西部往事》,我再次为影片的缓慢所震惊:我不能允许我的故事如此

---

[1] 本文摘译自克里斯托弗·弗雷林与马丁·斯科塞斯的访谈,被收入 *Il était une fois en Italie : Les westerns de Sergio Leone*, Christopher Frayling, Editions de la Martinière, 2005, Paris, France, pp. 201-205。

没完没了地拉长。我不明白它到底想说什么，这片子一点也不能让我感兴趣。

之后，1972年，我在电视上重新看了《西部往事》，我感到影片的画面非常强烈，我试着时不时重看这部电影。我工作时习惯把电视开着，让画面来来回回地播放，这很有意思。《西部往事》1970年代初在电视上播过许多遍。一点一点地，我开始理解这部片子。我被影片的画面和音乐深深吸引了。我开始认识到，这不是真正的西部片，而更像是一部来自意大利的最纯正传统的意大利电影，也就是说它来自歌剧。

无可挑剔的画面、缓慢、摄影机的舞蹈都完美地结合于音乐。此外，我开始捕捉到影片的幽默感，反讽的态度：从某个意义上看，影片把意大利即兴喜剧和歌剧带到了西部片中。我们对《荒野大镖客》已有过许多争论，我们总说这片子是西部片版本的黑泽明之《用心棒》，故事结构基于巴德·伯蒂彻1958年的西部片《单骑血战》（*Buchanan Rides Alone*），而黑泽明的灵感来自哈米特1929年的小说《血腥的收获》，但似乎在《用心棒》之外。莱昂内的灵感也来自卡尔罗·格尔多尼的"一仆侍二主"的阿莱昆故事。

在意大利即兴喜剧的传统中，意大利人给每个人物戴上不同的面具，阿莱昆、波利切奈里等，这些人物中的每一个，都象征一种人性特征中令人发笑的道德态度。显然，莱昂内给西部片创造了新的面具，他为这个需要焕然一新的类型重新定义了人物原型。这是一种对西部片的"修正"（revision），或者说是一种演变，因为西部片在那个时代开始衰老了。这些面具既是简单的，也是复杂的。一个面具遮住了许多别的面具，就像俄罗斯玩偶。莱昂内喜欢让这些人物彼此之间一点一点揭开这些面具。最终，《西部往事》就像这些俄罗斯玩偶的总和。

《西部往事》已经成为我最喜欢的影片之一，真正心仪的电影。我越来越理解这种意大利即兴喜剧和歌剧的融合；我喜欢影片的镜头，强烈、视觉化，同时再现了漫画和巴洛克艺术，像处理风景一样处理面孔，在非常窄小的镜头里延伸；我对影片剪辑上的杰出处理印象深刻，它让时间时而加速、时而停住，比如说开场出字幕那场戏，莫里康内的音乐为影片提供了总的基调。我开始理解这其实来自歌剧，来自意大利即兴喜剧，这是意大利式的，它不是美国西部片，而是一种西部片的演化，一个完全新的类型。当影片在电视上播出时，是那些意大利元素而非好莱坞元素吸引了我。电视上经常播出，而每次我都看，也可能是影片的音乐帮助我理解那些画面以及导演想说的是什么。

毋庸置疑，《西部往事》影响了1970年代的导演，史蒂文·斯皮尔伯格、乔治·卢卡斯、约翰·米利厄斯，尤其是约翰·卡朋特的《血溅十三号警署》(*Assault on Precinct 13*, 1974)。但对于我，给我深刻印象的是镜头的舞蹈，及其与音乐的同步，时间的拉伸以反衬出某些戏的重要，在面孔和苍蝇之间的来来回回，水滴落在帽檐上，总之，开场字幕这场戏的所有画面。还有最后，那场精彩的在亨利·方达和查尔斯·布朗森之间的决斗，摄影机绕着他们不断旋转。我们能在《愤怒的公牛》《金钱本色》及我其他同类电影里找到相同的元素，这是无可否认的。他拍电影的那个时代，是如梦似幻的。

莱昂内的遗产是不同寻常的：他创造了一个新的类型。他创造了意大利西部片，我们叫作"意大利面西部片"。我不喜欢这种叫法，我感觉有点贬义。这个类型开创了意大利电影的一个新起点，这种朝向歌剧的电影演变也是非常诗意的、史诗般的。

我最后一次见到莱昂内是在1988年，在威尼斯电影节放映

《基督最后的诱惑》(*The Last Temptation of Christ*, 1988) 时。在那时，他变得非常瘦。他向我打听我父母的近况，他说："他们都是很善于交际的人啊，他们怎么样？"

我刚刚开拍《好家伙》(*Good Fellas*) 时，得知了他逝世的消息。1980年代初，我与伊莎贝拉·罗西里尼（Isabella Rossilini）结婚时，我在罗马经常去他家吃晚饭。我在他的家度过元旦。有一次，在吃早餐时，有二十多人在一起，那次认识了丹特·费莱蒂（Dante Ferretti），后来我们合作了《纯真年代》《赌城风云》等。

在1977年，我让父母搬到下东区格雷梅西公园（Gramercy Park）附近第十八街的公寓里，那里有电梯和看门人，那时他们爬楼梯有点困难。有一天，我的媒体公关玛丽安·毕林斯（Marian Billings）说："塞尔吉奥·莱昂内来了，你要不要见他？"当然了。当时是艾利欧·培特利陪着他。他问我："为什么不到你父母家与他们一起吃饭呢？"我当时还没去过我父母的新房子，我认为这真是个不错的想法。当我们进屋时，莱昂内问我："这真是你第一次来这儿吗？"我用眼色暗示他确实如此。"这真是一次历史性机遇啊！"他大声说道。我们跟艾利欧·培特利一起做了一大桌丰盛的菜。我母亲很喜欢莱昂内，她说："他的叉子用得真好，他是真的在吃。"他特别喜欢意大利传统菜，不是那些有名的菜，而是炖羊肉什么的，都是我父母准备的西西里菜。我母亲让他尝一道菜，他就说："哎呀！我很多年没有吃到这个味儿了！"我们那天非常开心。

从那天起，我们变成了朋友。在1980年代初，我在罗马住了一段时间，我经常去他家看他。他经常谈拍摄《美国往事》的事，但似乎那片子一直都没有拍上。有一天，阿尔农·米尔肯向我征求是否投拍《美国往事》的意见。我回答说："你绝对必须跟这个人合作，必须拍这部片子，你应该帮助这个导演。"阿尔农对罗伯特·德尼罗提到了这个计划，德尼罗让我给他看《西部往事》，因为当时他还没看过莱昂内的片子。那一次是我罕有地放映了我收藏的电影拷贝，我希望完美地保存它们。

莱昂内罗马住所的门上有个狮子形状的叩门环，意思是"Leone"。午餐经常是各种通心粉和面条。他热爱生活，一个精彩的讲故事家，并有着超凡脱俗的幽默感。他把一些人请到家，介绍他们彼此认识。我通过这种方式认识了很多朋友，尤其是意大利电影界的人。

我第一次见莱昂内是在1976年的戛纳电影节上，我还跟他在1982年一起去了戛纳，并且一起去过很多次威尼斯电影节。但在1976年，我去戛纳是为了宣传《出租车司机》(*Taxi Driver*)。那一年的评委会主席是田纳西·威廉斯（Tennessee Williams）。玛丽安·毕林斯对我、德尼罗、施拉德、朱迪·福斯特和制片人菲利普兄弟说："科斯塔-加夫拉斯和塞尔吉奥·莱昂内是评审，他们非常喜欢这部影片。他们想请我们去一间叫绿洲（Oasis）的餐馆吃晚餐。"我们坐在一张长桌前，他们非常热情。保罗·施拉德向莱昂内敬酒，感谢他拍了电影史上最伟大的一部影片《西部往事》。莱昂内和科斯塔-加夫拉斯对我们说他们非常喜欢《出租车司机》。第二天，由于那些暴力场面，评委会主席田纳西·威廉斯公开宣称讨厌我的电影，我们就结束了自己要做的工作，然后回家。几天以后，我接到电话说我获得了金棕榈奖，这肯定得益于莱昂内和科斯塔-加夫拉斯的鼎力坚持。

我第一次听到有人说莱昂内是"电影之神"，是1960年代末罗德·斯泰格在纽约组织的一场讨论会上。他让我们处于紧张的状态。他对我们谈到了好莱坞和他的工作，他说到在他合作过的人里最神奇的一位就是塞尔吉奥·莱昂内，因为莱昂内热爱演员。他向我们描述莱昂内拍他们的方式，莱昂内让他们以一种能让摄影机捕捉到眼睛细节和面部结构的方式去运动……这让我第一次明白莱昂内是谁。罗德·斯泰格还强调在意大利的戏剧中不存在真正的歌剧传统，直到那时我还不相信这一点。可能是在几年以后，当我开始理解莱昂内的电影时，我头脑中才意识到不应该用美国西部片的标准来判断莱昂内的电影。它们非常非常不同。塞尔吉奥·莱昂内对神话非常感兴趣，尤其是古代神话，这是他的人物的基本特征。在拍摄《罗德岛巨像》和《末日庞贝》之前，他在罗马曾给一些历史神话片做助理导演，他曾公开说他最重要的灵感来源是荷马。他把他的神话口味带到了美国，他所感兴趣的是美国神话。在他看来，就像我们中的很多人一样，美国历史就是一个被约翰·福特和格里菲斯修改后的美国史。在他眼中，那些电影就是历史教科书。可能他在约翰·福特的电影中看到了古典奢华的复兴。今天，我们用玩世不恭的态度看待西部神话。事实上，从某种角度看，意大利西部片是对贯穿于1970年代的意大利政治动荡和恐怖主义的无意识预言，这些电影昭示了那个时代。

在我看来，"无名客"（The Man With No Name）是"原野奇侠"的父亲，在莱昂内电影中有如此多的暴力震撼着观众，他们等待的东西总是暴力化的。在这些电影里，人物为了生存而斗争，这场战斗建立在反讽之上，也建立在武力和主人公面对死亡的内心世界上，但这种反讽的印象格外重要。《西部往事》无可非议地成为所有莱昂内电影中最"福特化"的电影。奇怪的是，他的悲观主义与福特两部晚期电影《马上双雄》（*Two Rode Together*）和《双虎屠龙》是一致的。

《美国往事》这部电影也像是俄罗斯玩偶：这是在一系列梦的内部的一个梦。他所有影片中的共同因素再次出现：死亡。我们可以说影片的真正主角是死亡。《美国往事》是一部关于回忆、魂牵梦绕和友谊的电影，或者说关于友谊之忠诚的电影。也可以说，这部电影对莱昂内来说，是他对美国电影深思熟虑的有意识的示爱。他曾对我说过好几次，影片的名字应该叫"某类电影的往事"（Once upon a time...a certain type of cinema）。

总之，他的电影印证了一种对电影、观众的真爱。毫无疑问，他创造了自己的类型和他自己的作品样式，某种对电影语言的再创造。人们试图模仿他，但独一无二且具原创性的始终是他。二十年来，甚至三十年来，我们看他的电影，因为我们深受启发，因为莱昂内是一个浪漫主义者，他爱着他所做的事，并对此深信不疑。

莫里康内谈莱昂内（篇一）[1]

当塞尔吉奥来见我，让我为《荒野大镖客》作曲时，我马上就认出他了。我们曾在同一所学校的同一个年级学习。那时我们都是顽皮的孩子。

我们用了一段时间去相互了解。塞尔吉奥不用严格的音乐方式去表达，他经常在导演和音乐家之间遇到语言问题。用一架钢琴去理解最终需要用乐队演奏出来的东西，不那么容易。

有时，我们需要好几天去理解对方，我们以两种不同的方式谈论着相同的东西。每个人都用很长时间去解释自己的观点，而最终我们达成一种妥协。反而，当我们没有争论，甚至不想试着去理解对方的观点时，比较危险。

给塞尔吉奥的电影作曲，我有意回避所有的美国西部片。美国人经常在西部片中用交响乐，而我则从未用过。我觉得交响乐的语言对于电影来说太满了，太冗余了。

对于《荒野大镖客》的中心主题，我给塞尔吉奥听我几年以

---

[1] 这篇文章来自意大利影评人 Oreste De Fornari 于 1983 至 1984 年间所做的录音访谈，后被收入《塞尔吉奥·莱昂内》（*Sergio Leone*）一书，原文题为《走向一种内在的音乐》（*Vers une musique in*érieure）。本文译自该书法文版：*Sergio Leone*, Oreste De Fornari, Gremese International, Paris, 1997, pp.154-155。

前给电视台节目写过的一首老吉他曲子,里面伴随着鞭子的响声、口哨和马蹄声……他就让我把这段曲子保存好。

有时,塞尔吉奥有一种喜欢播放那些被其他导演拒绝的老曲子的怪癖,因为他知道音乐可以把一部电影从其他的影片中区分出来。影片结尾那段喇叭的旋律,是我在电视台为尤金·奥尼尔的戏剧而作,由一位黑人歌手演唱。塞尔吉奥对我说把这段曲子加进去,再加上墨西哥哀乐,我真的不喜欢这种音乐,因为塞尔吉奥看到乔姆金在《赤胆屠龙》中用了墨西哥哀乐。在第二部影片中,我重新用了这段喇叭,加上了吉他和音乐怀表。在第三部里,又加了一些乐器。到了第四部时,我们已经烦了。

从第二部影片开始,我从拍摄之前就介入影片创作了。按习惯来讲,塞尔吉奥甚至连剧本都不给我:他给我讲故事以及他看待这些人物的方式,甚至是画面的构图。而我则给他弹奏一段曲子。我们分析一下,我们相互影响,这有点像婚姻,两种东西合二为一。

在《黄昏双镖客》里,沃伦特在他的教堂做巢穴的那场戏,我想用管风琴,因为沃伦特让我想起了米开朗琪罗。我不想用一种特别刻板的方法,我开始于巴赫《D小调赋格曲》的序曲。接替管风琴的小号的主题从"la so la"开始。我的风铃声是对李·范·克里夫怀表的变形,就像《西部往事》中的口琴。用塞尔吉奥·米切利(Sergio Miceli)的话说,这就是一种内在音乐,一种诞生于画面内部的音乐。

艾达·戴洛尔索(Edda Dell'Orso)的人声在《黄昏双镖客》里曾出现过,但在《西部往事》里成了主角。这是一种被当作乐器使用的人声。《西部往事》的音乐在影片开拍之前就做好了,并且已录音完毕。我们在拍戏时播放这些曲子,似乎能给演员许多帮助。我认为塞尔吉奥在处理克劳迪娅·卡尔迪纳莱从火车站里出来的那个上升镜头时，就参照了这段音乐中的渐强（créscendo）。夏延的主题差不多是灵光一现的产物。我们在录音棚，我用钢琴演奏这段曲子，塞尔吉奥很喜欢，我就把它写了出来。

在《革命往事》中，桥梁倒塌那场戏的温柔曲子表达了革命者对青年时代的怀念，爆炸禁闭了他对爱尔兰的回忆。

乞丐们走路那场戏中有一些非常平常的东西，比如说饱嗝（荒诞的是在这些穷鬼身上听到了肚子里的声音），我认为还应该放进一些善良的东西，比如说莫扎特。

跟莱昂内工作会带来一种非常特殊的满足。不仅因为这是非常好的电影，还因为他非常尊重作曲家和乐队。其他的导演在混音方面不行，他们保留了太多的低音，或者用其他噪音来掩盖，塞尔吉奥正相反，他知道发挥我给他提供的东西的价值。

莫里康内谈莱昂内（篇二）[1]

BBC：您是怎么进入电影作曲领域的？

莫里康内：这说来话长。进入桑塔·西西里亚音乐学院（Conservatoire de Santa Cesilia）学习时，我根本没考虑过会为电影作曲。我学习古典课程，为了在音乐知识方面进行深造。从音乐学院毕业后，我开始写一些沙龙音乐，但一点一点地，我觉得靠写当代音乐无法活下去。所以我试着在萨尔代涅音乐学院（Conservatoire de Sardaigne）寻找一个教职，但在那里等待职位的人太多了。于是我开始给一些歌曲、广播、电视和戏剧创作音乐伴奏，因此认识了导演吕奇亚诺·萨尔克（Luciano Salce），他请我写一些舞台音乐（musiques de scène），之后就有了我第一部作曲的电影《秘密任务》（*Il Federale*）。这部电影还算成功，让我有了名气。我开始为萨尔克的其他电影作曲，很快，其他导演开始找我为他们工作。

---

[1] 这篇访谈来自1989年英国BBC电视台在莱昂内逝世时在罗马对莫里康内做的电视采访，该纪录片叫《万岁，莱昂内》（*Viva Leone*）。在这篇访谈中，莫里康内更详细地谈到了他与莱昂内的创作。本文摘译自克里斯托弗·弗雷林《意大利往事：塞尔吉奥·莱昂内的西部片》的法文版：*Il éatit une fois en Italie : Les Westerns de Sergio Leone*, Christopher Frayling, 2005, Editions de La Martinière, Paris, France, pp.91-98。

BBC：您与莱昂内的合作是怎样开始的？

莫里康内：他听了我做的两部电影的音乐，一部是西班牙电影，一部是意大利电影，都是西部片。他请我为《荒野大镖客》作曲，那时候，片子还叫作《神奇的陌生人》（*L'Étranger manifique*）。克林特·伊斯特伍德扮演这位"神奇的陌生人"，他来到一个有两个对立家族的小村庄。片名是不久以后才换的。塞尔吉奥·莱昂内第一次来我家时，我通过他奇怪的抿嘴唇的方式认出了他。我们曾在同一所学校读书，我们最后一次见面是在操场上玩警察抓小偷的游戏。我甚至想起他的名字。我在他认出我之前就认出他了，已经二十五年过去了……

BBC：您读了《神奇的陌生人》的剧本吗？

莫里康内：他在剪辑结束之后给我打过一个电话。接下来，我们的合作方法发展了，塞尔吉奥变得越来越小心翼翼。我们回到罗马在一家电影院一起看了《荒野大镖客》。影片在当时很成功。走出电影院时，我们认为影片不错，但它还可以更好。我们并非完全满意。这种情感应该是有根据的，所以我们不断地完善第二部、第三部、第四部和第五部。《荒野大镖客》的成功激励着我们，我们知道影片的价值，而它会带着我们走得更远。我们想成为完美主义者。当我想起塞尔吉奥，我会自问如果能再多活一段时间，他会走到哪里，他会给电影带来太多的东西了。

BBC：在第一部电影时，您与莱昂内的合作形式是什么样的？

莫里康内：他给我讲电影，以一种他看到了的方式。我们一起去看了《用心棒》，他告诉我他的人物很像三船敏郎扮演的那个人物，并说这是一部流浪汉电影（film picaresque）。我理解了克林特的表达方式有一点像罗马小暴君（un petit tyran romain），这让我很开心。塞尔吉奥打着手势给我讲述故事。他非常确切地知道他想要的是什么，而且他在我的音乐里找到了一些滑稽可笑的元素，以及与克林特扮演的这个人物符合的轻微讽刺。我给他听一首我给美国创作的曲子，在里面我自由地运用了一些相似元素。在这些元素之中，有一种对一座城市的乡愁的音乐主题。为了唤起这座城市遥远的嘈杂声，我用了教堂的钟声、一种口哨、一些打击乐器和一把吉他。塞尔吉奥很喜欢这个音乐主题，他让我就按照这个重新写一遍。

当我们到结尾那场用长号的戏时，我们回到了《赤胆屠龙》的墨西哥哀乐。实际上，塞尔吉奥与罗伯托·钦奎尼（Roberto Cinquini）已经决定好用哪些画面来配合这段乔姆金的墨西哥哀乐。我说："塞尔吉奥，如果你在这部电影里用这段音乐，我就辞职。我对这种东西一点也不感兴趣。"我总是拒绝这类折中。他回答我说："好吧，你来作曲，但你要设法让这段音乐很像墨西哥哀乐。"因为他从来不对我说太多东西，于是我找来一首我多年前创作的摇篮曲（berceuse），这首摇篮曲是我为一个根据尤金·奥尼尔的戏剧改编的电视剧而作。这首摇篮曲由彼得姐妹（The Peter Sisters）中的一个演唱。选择这段在《荒野大镖客》拍摄前就创作好的曲子让我得以不去模仿墨西哥哀乐。这段曲子与悲歌的唯一相似之处就是用茨冈人的方式演绎了长号，以及各种为这类音乐伴奏的装饰音（mélisme）。在第二部中，还有长号，第三部也是，在第四部里，我们终于从这类东西中解脱出来……不久以后我向塞尔吉奥承认我是从自己的旧主题里选择了一个给《荒野大镖客》作曲。因此，为了接下来的电影，他开始专门找那些被其他导演放弃的主题，按照他自己的需要重新发展这些主题。这差不多成为他某种值得荣耀的东西："太好了,我要这个——这段真的很好,尽管他们没用这段。"他还用了一些不是被别人抛弃,而是被我束之高阁的主题。

BBC：什么时候产生了在拍摄之前就创作音乐的想法的?

莫里康内：从第三部电影开始的,《黄金三镖客》。《黄昏双镖客》在《荒野大镖客》之后很快就开拍了,结果我们没有时间提前界定音乐主题。

BBC：您与塞尔吉奥的关系是否随着时间而发生了变化?

莫里康内：没有什么真正的变化,但我们的决心越来越大。他的情节编得越来越复杂,越来越好笑,也越来越戏剧化。每拍一部新电影,他都引入一些新的元素：第三部电影中的美国内战、第四部电影中的铁路建设史、第五部电影里的革命。他的故事在发展,我的音乐观念也因此在完善。在《黄金三镖客》中,用野狼嚎叫的声音来界定音乐主题的想法已经是某种进步了,在这些曲子的构思和形式中有一种在《荒野大镖客》中不存在的东西。这部电影是一个新的起点。

BBC：在《荒野大镖客》之后,您是不是从剧本出发创作音乐呢?

莫里康内：不,一般来说,塞尔吉奥不给我剧本,他给我讲故事。他看人物的方式,向我描述布景和环境。然后我创作音乐。因为我非常了解他,我非常清楚应该做什么。我用钢琴向他演奏一些主题,他对我说他的观点。一般来说,都能让他满意。

BBC：人们用"内在音乐"（musique interne）这种说法来形容您为莱昂内电影创作的音乐。

莫里康内：塞尔吉奥非常清楚什么是一场戏的"内在"音乐，从一场戏发展出来的音乐，在整场戏的过程中都会保留既得表达（expression acquise）的全部力量。比如，《黄昏双镖客》中教堂决斗时怀表所演奏的巴赫的曲子，或者《西部往事》中的口琴。人们第一次听到口琴时，音乐是内在于戏的，当我们再一次听到时，它不再是内在音乐，但它保留着所有戏剧的力量、讽刺，以及从其原初的内在背景衍生的悲剧感。口琴声是偶然获得的，一个男孩用肩膀扛着他的哥哥，当他因疲惫而跌倒，就等于给哥哥执行了死刑。这个声音在观众的回忆中变成一种象征，因此也是全部故事悲剧的一种再现，这也是为什么它会贯穿影片始终。

在《黄昏双镖客》中，上校怀表的铃声是关键，参与了那场强暴戏和对影片最后的解释。铃声最早作为内在音乐出现，然后循序渐进地变成一种外在音乐。技术上讲，塞尔吉奥对音乐了解不多，但他有非凡的直觉，我从来没有用过上面所说的术语与他进行讨论，但他能凭直觉来把握这些。

BBC：对于《西部往事》，您在影片拍摄前就创作好了音乐。

莫里康内：《西部往事》的主要音乐主题在拍摄前就做好了。我录好了，塞尔吉奥听着这些音乐进行拍摄。我甚至认为他是根据音乐的渐强来调整克劳迪娅·卡尔迪纳莱从火车站里出来时摇臂上升速度的。但开始那二十分钟的寂静是非常重要的。在那之前不久，我在佛罗伦萨看了一场音乐会，一个人走在舞台上，他在一片寂静中吱吱嘎嘎地挪动梯子，这持续了好几分钟。但在寂静中，梯子挪动的吱嘎声获得了另一种维度，这种经验的哲学基础是，无论哪一种声音，在完全的寂静中从它的背景中孤立出来，会变成一种与它在现实中完全不同的东西。我把这一点解释给塞尔吉奥，他已经通过直觉了解到这一点，已经有了一些运用寂静的想法。这种观念就是《西部往事》开场那精彩的二十分钟的基础。在寂静中，水滴落在帽子上的声音、苍蝇的声音、风声和风车声、脚步的挪动声，都获得了一种非常不同的维度。从某种意义上说，这成为一种幻象，在我看来，这是影片中最优秀的段落之一。

BBC：您曾说莱昂内"尊重音乐家和乐队的工作，很多导演不太懂得混录音乐，他们经常把音乐控制在一个非常脆弱的音量，并且被其他声音覆盖"。

莫里康内：在我看来，录音是关键的。在录音过程中，主题扮演着非常重要的角色，但在哪里插入这个主题是更加至关重要的。我甚至想说音乐主题没有插入它的地方和使用的乐器背景（contexte instrumental）重要。当我工作以及塞尔吉奥小心翼翼地选择这些地方时，我确实感到了这一点。凭借他的本能，塞尔吉奥完美地知道电影和音乐有着共同的时间维度，而且电影依赖音乐而存在。电影在放映时必须经过一段时间（laps du temps）才能被看到，音乐在演奏或倾听录音中必须经过一段时间才能被听到。这不像一幅画、一个雕塑或一座建筑，我们能在几秒钟内就能评价出它的美和伟大，电影、音乐必须在它所需的转换时间中被认可，它们强化着注意力。我们只有尊重它们的时间本性（nature temporaire）才能获得最佳效果。塞尔吉奥本能地了解这一点，他给予音乐足够的时间去表达……

BBC：塞尔吉奥·莱昂内以把大量时间放在影片音轨制作上著称。

莫里康内：他坚持把所有多余的音乐从他的电影里排除出去。此外，他想把他要的声音孤立出来，并美化这些声音的质量。他以一种我在别人那里从未看过的方式刺激着混音师。我经常见到一些激烈的争吵。所以，他对批评既谨慎又开放，既谦虚又顽固。这种对批评的开放让他能不断地自我完善。有时候，他甚至会为一些批评而做一些错误的事，比如一些他从不会赞同的删减。特别是《革命往事》结尾处的那种删减。在意大利版本中，他剪掉了最后回忆爱尔兰的整个闪回段落，对那些在大银幕上没有看到这场戏的人来说是非常遗憾的。人们经常批评他做一些过于复杂的情节转折，所以，他就剪掉了。我认为他错了。他对批评非常敏感，无论是明显的还是暗含的。

BBC：在塞尔吉奥的电影中，有没有您格外喜欢的段落？

莫里康内：他的电影中已经有一些段落在电影史上获得了地位。《黄金三镖客》接近结尾时，那段图可到达埋藏黄金的墓地时的"黄金的狂喜"（extase de l'or）。这三分二十秒是剪辑和拍摄技术都完美的高度紧张时刻。我认为音乐对于这场戏的成功也扮演了不可否认的重要角色。

BBC：用英语描述西部片时，您经常说"马背歌剧"（horse operas）。

莫里康内：我不认为塞尔吉奥的西部片是"马背歌剧"。他电影的价值，尤其是后期作品，实际上在于它们完全可以不被看作西部片，它们真正的主题是人性。

BBC：你们第一部电影《荒野大镖客》的成功曾让我们很意外，您和莱昂内也是这样吗？

莫里康内：我们当时也非常意外。正如我曾说过，我们在上映后重新回到罗马的电影院去看这部片子。离开电影院时，我们说应该可以做得更好。这成为谦虚的一课（une leçon de modestie），一年之后重看这部电影在我们身上催生了一种实现完美的欲望，这种欲望从未离开过我们。我们总是想办法让工作更加完美。我们的工作关系建立在应用（application）、爱（amour）和时而发生的激烈争吵（querelles orageuses）之上，但始终是联盟（amicales）。有关塞尔吉奥，这就是我所能谈的，他是一个非凡的导演和不同寻常的朋友。

达里奥·阿尔真托谈莱昂内[1]

我与很多青年一样喜欢看电影,但没考虑过拍电影。之后,我成了影评人,在这时,我认识了莱昂内。

作为影评人,我评论过他开始的几部片子。我们在一起聊过许多,我那种对电影的激情让他印象深刻。在我那一代青年中,政治非常时髦,没有多少人喜欢美国电影或法国电影,或者知道什么才是平移镜头。莱昂内喜欢跟我一起谈论电影,而我也很喜欢跟他一起聊天,听他描述一些戏的拍摄细节。正因如此,我才想成为导演。

总是在职业生涯的开始会遇到一些让人印象深刻的人。这不意味着会接受他的影响而成为他的复制品,但可以学习电影秘密的炼金术:节奏、故事和大场面等。我觉得这对我的同行来说也差不多;这种结识可以帮助你"破冰"(rompre la glace):导师来破冰,你看看下面有什么。如果你跟一些平庸的人起步,这就比较困难了,因为你学会了很多蠢事,学会很多平庸电影的缺点。我很幸

---

[1] 这段文章来自意大利影评人 Oreste De Fornari 于 1983 到 1984 年间所做的录音访谈,后被收入《塞尔吉奥·莱昂内》一书,原文题为《节奏的意义》(*Le Sens du ryhthme*)。本文摘译自该书的法文版:*Sergio Leone*, Oreste De Fornari, Gremese International, Paris, 1997, pp. 135-136。

运地来到莱昂内周围，我不认为他想成为我的导师，他也不希望周围都是学生，但他的知识是无尽的。

莱昂内有一种发现才华的本能（他的电影非常精致，但其实也非常本能）。他依靠目光和感觉工作。这是一个伟大的灵魂捕手。为了《西部往事》的剧本，他敢于选择两个刚刚起步的人：贝纳尔多·贝托鲁奇和我。他可以请世界上最有名的编剧，但他选择了两个"错误的新手"。他明白电影正在变化，他需要一些人用不同的方式讲述不同的故事：我们，在这个剧本中，我们同时放进去画面和感性。因为我们差不多是"处子"（vierges），我们多年来在自己身上积累了很多新的东西。

枪管里的苍蝇是我的主意，那来自一部我与特萨利（Tessari）没能拍成的电影。但是，当我们三个人做剧本时，我们经常想不起来谁说过什么。从这种经验来看，我学到当我开始做一部片子时，该做些什么，以及我想表达什么。我们谈了很多，围绕一个小故事天南海北地神聊，而最后归结到一个问题：当下的电影状况，现在发生着什么，我们从最新的电影里想到了什么。我们可以在几个礼拜时间里演算这些问题，我们谈平移镜头，回想一些老电影，所有这一切就是为了给发动机预热。听莱昂内讲电影，我学会了很多东西。他讲一些具体的东西，比如谈到希区柯克：噩梦也应该是现实主义的。我那时还非常幼稚，是莱昂内让我的双脚放在了地上。莱昂内不是个理论家，他说："不行！观众不喜欢这玩意儿。"他教会我要考虑观众。我们是叙述人，不是传教士。

从他身上，我学会了电影是时间、节奏，这一点始终萦绕着我。在我的电影里，我为一切计时，尽管可能什么用都没有。我学会了用摄影机叙述，伴随着作者的意图，就像一个作家，以一种非常个人的方式,哪怕是一个标点符号。他清楚地知道一条轨道、一个平移镜头、一个背面镜头的重量和价值。他是个作者,也像一个角色,总是在舞台上,让人感到他的存在,像戈达尔一样。

我从未在拍摄时见过莱昂内。在《黄金三镖客》时,我去混音室去看他,他正在给一个山谷的画面加入狼嚎声,他试了很多次,但都不满意。

在《西部往事》的剧本之后,我开始我的第一部电影。我不认为跟着一个导演看他拍摄会非常重要。他的想法不会像字幕一样出现在银幕下面,他没有时间教你场面调度。我认为,要想学习,我们应该在写作剧本时跟随他。

当我开始拍《摧花手》(*L'Ucello dalle plume di cristallo*,1970)时,我用了从莱昂内那里学来的东西,我起用了许多新手,其中有维托里奥·斯托拉诺(Vittorio Storaro),他只导演过一部彩色片。所有人都对我说:"你是一个新人,你需要一支熟练的队伍。"我想的正相反。正因为我是个新人,我应该用一些能从我有限经验中受益的人。但相反,音乐我用莫里康内。尽可能地运用音乐,让它进入故事,在拍摄之前就进行录音,这又是一个我从莱昂内那里学来的东西。在《深夜止步》(*Profondo rosso*)里,我用了格布林乐队(Goblin),四个之前没有什么履历的青年人:他们在英国学了英语,录制过非常美的音乐,岁数最大的才二十二岁。这种大胆很值得,塞尔吉奥是对的。

我非常爱莱昂内,尽管我们不经常见面。热爱对方没必要总是在一起。

贝托鲁奇谈莱昂内[1]

我认为莱昂内是流行电影中最天才的导演,他的电影兼具最美的粗俗和无比的雄辩,在意大利电影中没有先例。我来自新浪潮时期,我感到我比其他(拍摄意大利喜剧的)导演更接近莱昂内。

我们第一次相遇是在电影院里。我赶第一场去看他的电影,罗马的第一场。他在控制间把握放映情况。他看见了我,几天以后他给我打电话,于是便开始交往。

我当时正处于一个低落时期,在《革命前夜》之后,我好几年都没拍片。我非常兴奋能跟莱昂内这样的导演合作。

我跟他说了一句话,我猜这句话吸引了他,我说我喜欢他从马的后面拍马屁股的方式,只有几个美国导演会这么拍。

他马上就对我讲他的故事。还有达里奥·阿尔真托,我们一起工作,一场漫长的旅行开始了,差不多没有对话。接下来,有人推荐我去拍《爱情与愤怒》(*Amore e rabbia,* 1969)中的一段,我

---

[1] 这段文章来自意大利影评人 Oreste De Fornari 于 1983 到 1984 年间所做的录音访谈,后被收入《塞尔吉奥·莱昂内》一书,原文题为《在维斯康蒂的符号下》(*Sous le signe de Visconti*)。本文摘译自该书的法文版:*Sergio Leone*, Oreste De Fornari, Gremese International, Paris, 1997, pp.138-139。

想拍一些我自己的东西，于是我就离开了这个剧组。

我记得看《西部往事》时，发现有一部分与我写的那段非常相似，就是爱尔兰一家人等待克劳迪娅·卡尔迪纳莱到来时，在桌上准备糕点的那场外景戏。我记得我那几页细节描写：蝉鸣突然被不安的寂静所打断，之后在玉米地里出现了几个身穿白色长风衣的匪徒。我写玉米地是把我在艾米里（Emilie）农村的经历搬到了西部。

地理方面，我在美国地图上寻找一个名字，好给影片中的村庄命名。我找到了一个：甜水（Sweetwater），这让我非常开心。去年，迈克尔·西米诺给我看了加长版的《天堂之门》，我感觉拍得非常美，有一点《西部往事》和《1900》的影响在里面。他对我说，他们是在甜水镇拍摄的，这真是一个非常有趣的巧合。

莱昂内真的非常了解美国电影，我用一些秘密的引用去填充这个故事。在那时，有一种引用经典的疯狂癖好，我对自己说：如果像莱昂内这样有才华的导演去拍一些他没有想过的经典引用一定会非常好。可能我在一些情形里也做到了这一点。

最难让莱昂内接受的是女性人物。我想起当时我正在对他讲一场戏："主人公走进妓院，他躺在床上，他对女孩说：把我的靴子脱下来！她把他的靴子脱了下来。他又说：给我揉揉脚！她开始给他揉脚。"影片将从这里开始一场情色戏。莱昂内打断我说："对！她给他揉脚，慢慢地揉……然后，他睡着了。"他总想避开性关系的可能性。

看他进行幻想是一件相当有趣的事。比如，剧本上写到：克劳迪娅·卡尔迪纳莱第一次出场，走下火车，穿着新奥尔良最新样式的服装。莱昂内说："车厢的门开了，一个细节镜头，人们看到一双脚走进画面，接下来，摄影机被一个裙子盖住，人们发现她没有穿内衣。"我认为这非常美,一个人物马上被她的性别和地域特征揭示出来。

莱昂内脑子里总是充满各种点子,他是一个不断变形的伟大专家,我跟他特别合得来,因为我们的模式或多或少有些相似。我是读安德烈·巴赞(André Bazin)和其他法国影评人的文章成长的;他比我更加直接。但我小时候为了看一部美国西部片要骑着自行车穿越乡村去帕尔马,这跟莱昂内去罗马的塔斯特韦尔电影院看西部片没什么区别,我们眼中的火焰有着相同的温度。

而且我也用了一些好莱坞的传奇人物:斯特林·海登(Sterling Hayden)、兰卡斯特……我让他们不再是所谓的符号(entre guillemets)。在我看来,拍电影总是等于拍一种对其自身产生怀疑的电影,所以对于我,很不幸,很多引用都是故意的。

我们两个人都受到维斯康蒂的影响,尽管影响我的那个维斯康蒂是比较内在的,不是那些飘动的窗帘,而是情节剧的部分,那种饱满,还有某些阶级落寞时的情感。我认为对于莱昂内,维斯康蒂是他在置景方面的参照标准,比如《革命往事》开始时那辆豪华马车。

现在有点好笑,我正在拍一部根据哈米特《血腥的收获》改编的电影,题材有点像《荒野大镖客》。我记得1969年曾向莱昂内建议过这个故事,但他那时对《美国往事》更感兴趣。

我很高兴他拍了一部黑帮片,并且像《1900》一样分为上下两部,这说明我们在选择上的相似仍在继续……

博格达诺维奇谈莱昂内[1]

一个我认识的美国演员曾与一位俄罗斯舞蹈演员有过一场轰轰烈烈的爱情,尽管他们都不会说对方的语言。他们开始能听懂对方的话时,田园牧歌的爱情便立即结束了。

在塞尔吉奥·莱昂内与我之间的语言障碍导致的后果不完全一样,但可能,如果从一开始我们能相互听懂对方,我可能对罗马的回忆就没有那么美丽了。

那是在1969年岁尾。莱昂内,意大利西部片之父和超大特写的大师,通过联艺公司,请我执导他制片的第一部电影。联艺向我承诺可以对第一稿剧本进行较大修改,而莱昂内只是做制片工作,而且会让我按照我的意图来拍摄这部片子。

考虑到这种去意大利免费旅游的可能性——我当时还没去过意大利,考虑到我有一年没拍过电影,我有三个计划都打水漂了,而且我将成为父亲,我怕再次开始影评生涯——我接受了这部片子,但没什么热情。在那时,塞尔吉奥还没有络腮胡子,而且他可以说其貌不扬,中等偏上的个头,穿一件羊绒套头衫,

---

1 本文于1973年9月发表于《纽约客》(*New Yoker*)杂志,摘译自意大利影评人 Oreste De Fornari 的《塞尔吉奥·莱昂内》的法文版:*Sergio Leone*, Oreste De Fornari, Gremese International, Paris, 1997, pp.139-141。

显露出他发福的肚子，有点能说。他到罗马机场来接我，带着罗马皇帝那种友好处理某件值得尊重的事务的尊严。在接下来的几周里，我证实了这个第一感觉。塞尔吉奥真的想让我把他看作一个伟大的导演；他没能向我证明这一点，这也是为什么他的合作者总是与他同样重要。

他的电影中只有两部让我喜欢，我很难说谎：在一段时间里，我曾经试过用说话的方式来表达对他的敬意，而不是我所说的内容。

吕奇亚诺·文森佐尼，莱昂内最好的两部电影的编剧，被聘过来为这部电影帮忙，尽管他同时做翻译、中间人和编剧，但我们的合作很愉快。与其他人相比，文森佐尼是理想的意大利人（人们可以把他作为旅游业的新奇东西引进来），富有魅力、和善、热情并充满幽默感。

出于某种我无法理解的原因，文森佐尼真的希望我来拍这部电影，甚至超过了我自己。他试着让我相信他是塞尔吉奥的外交官。我们的会议一般是在上午十一点开始，我要用一个小时到文森佐尼家去等塞尔吉奥。到下午一点时，塞尔吉奥来电话说他要迟到了，让我们可以先去吃饭。我们三点钟回来，塞尔吉奥四点半到，然后我们一起工作两个小时。

一般这些会议都是从我对影片题目的批评开始，那时候，片子名叫《趴下！你这蠢货》（*Duck! You Sucker*），塞尔吉奥说这在美国是非常流行的口头语，而我则回答说我从没听说过。我敢确认塞尔吉奥开始认为我不是个真正的美国人。不论怎么样，我们用了很长时间来讨论情节。塞尔吉奥每次开始一场新戏，都要用上一串儿英语，以一种戏剧化的方式，"Two big green eyes!"（两只大大的绿眼睛），所以他每次开始，都会用手做成画框摆在眼前，以表现人们在银幕上看到的东西：一个我非常容易就能想象得到、在他影片里至少出现二十几次的场景。他继续说，"Cut!"（停！），"一双脚向前走"，我们所有的注意力就集中在这双小心翼翼前行的脚上，他则模仿马刺的声音说，"Clink!clink!"（嘀呤！嘀呤！），之后他吼道，"Cut!"，然后，他的手突然拍在胯上："手握住枪，Cut!"之后，他再次快速用手在脸上摆起画框："Two big green eyes!"之后以此类推，直到开枪，他才会坐回到椅子上，很疲惫的样子，因这种创作方式几乎以吃饭的力气喘着粗气（在意大利，尤其在塞尔吉奥家，在一天之内的任何时候，吃饭总是很早）。他和文森佐尼看着我，等待我的反应，会议从一开始就被一种伪装的热情包裹着，但很快就转变成某种特别像愤怒的东西。

我总是相信他是一个决定如何拍电影的导演，但我怕塞尔吉奥会强迫我忠诚地完成他展现的那些戏。终于在一个充满火药味的下午，在塞尔吉奥家里爆发了（有时为了不用等上他六个小时，文森佐尼和我会坐一个小时的汽车到他在罗马附近的家里去）。塞尔吉奥刚开始"Two big green eyes!"我打断了他，我请求他跟我探讨剧本而不是镜头，而且不论怎样，我不喜欢特写镜头。当这句话被翻译过去时，我看到塞尔吉奥的脸上流露出一种失望和惊恐的表情。停了好长一段时间后，他说："如果您不喜欢特写镜头，可否用一种谦虚的口气对我说说——您喜欢什么？"我回答他说："我喜欢全景镜头。"

在回来的汽车上，文森佐尼摇着头对我说："你疯了，他把他全部的事业都建立在特写镜头上，而你对他说你不喜欢特写镜头。我感觉你根本不想拍这部电影。"

我记忆中最好的一次开会是从塞尔吉奥的隆重登场开始的

（迟到了六个小时），他告诉我们别忘了我们正在拍的电影是一部关于耶稣基督的电影。我相信是法国影评人和美国先锋派电影评论家暗示给他这一点的，比如说尝试在《西部往事》中暗暗运用一些宗教象征。所以，最少每周一次，文森佐尼和我必须听他给我们解释为什么《革命往事》中的爱尔兰人是耶稣的比喻。实际上，是文森佐尼才必须听，因为这些报告都是用意大利语，在一句话或两句话之后，他就放弃给我翻译了。一般来说，我会把一只手扶在额头上，装作思考的样子，以掩盖我偶尔会长时间闭上的眼睛。最终文森佐尼把塞尔吉奥带回到地上，谈话才继续下去。

最美妙的时候是塞尔吉奥表演他钟爱的墨西哥匪徒在屁股上点燃火柴的戏。塞尔吉奥格外喜欢瓦斯点燃瞬间的声音，然后是看得见的火柴与看不见的瓦斯相遇时的声音。在表演完这个细节之后，塞尔吉奥都坐到椅子里显得筋疲力尽和伤心，他摇着头，很遗憾不能拍出这场戏，但威胁我们至少要拍一下。

如果有一天我们都在做这种事，第二天，我们不可回避地要听到对影片之宗教含义的解释。

我是十月离开的洛杉矶，考虑到至少要留在国外直到四月才能拍完影片，我圣诞节时回家了。我对联艺公司说，这是一部莱昂内电影且应该让他来拍，况且发生了这么多的事，而且还是莱昂内先去找一个意大利青年导演来试图取代我。真诚点说，我相信塞尔吉奥是在我离开时决定辞退我的，因为他从此以后认定我会用全景镜头拍完整部片子。

无论如何，在莱昂内给那个取代我的意大利导演发电报的两个礼拜后，罗德·斯泰格和詹姆斯·科本拒绝接受这种情况，而最后，是塞尔吉奥拍了这部片子。

当塞尔吉奥给那个没有多少经验的意大利青年导演打电话并让他拍亨利·方达的《无名小子》时，同样的情况再次发生了。不多久，他就不得不介入影片拍摄，我估计这正是他想要的：如果影片没拍好，他可以借口说这不是他拍的，而他可以丢下更加重要的题材，介入进来并处理一些他能处理的东西。换句话说，正是我四年前所猜测的那样，他对我缺乏信任。

当很多影评人和观众对你喝彩时，你不要真的相信。在某些时候，人们能发现真相的想法是难以接受的，你宁愿相信面对失败，而不是你真的行。如果这种有点武断的观点是正确的，我对此感到痛心，因为莱昂内是一个杰出的导演。我跟他在一起的经历只能证明导演和导演永远不可能一起工作。导演，就像梅勒所说的那样，是一项独裁的工作。

而《革命往事》呢？在刚上映时，它没获得极大成功，名字很快就被人改成"为了一小把炸药"，但这解决不了问题。法国影评人很喜欢这部片子，无论如何，就像很多影评人一样，我除了影片中严肃的部分之外，挺喜欢这部电影。如果那些部分要是莱昂内自己来演的话，一定会非常精彩。

译后记
莱昂内的电影及其遗产

一、话说莱昂内

第一次会见博士论文导师苏珊娜（Suzanne Liandrat-Guigues），我准备了两位感兴趣的导演作研究对象：戈达尔和莱昂内。我想在他们之间选择一个做我"电影体势语言分析导论"（Introduction à l'analyse gestuelle des films）的研究对象。苏珊娜说：两个都可以，但你要注意，关于戈达尔的参考资料摞在一起有你这么高，但对莱昂内的研究几乎没有。

在学术界喜欢研究戈达尔的人多，这并不奇怪，奇怪的是在法国这个泱泱电影研究大国，居然没人研究莱昂内。其实，莱昂内这个人与戈达尔一样有趣，他曾创造了世界电影的票房神话，也深深影响了近三十年美国类型片的风格，他几乎用一个人的力量和四部电影就改写了西部片的历史，而唯一的黑帮片《美国往事》就成为黑帮片历史上的经典。莱昂内是三代西方电影观众公认的大师，也是许多晚近导演的个人偶像，影响能达到这种程度的导演并不多。可是，居然这样的导演在学院里却无人理睬。其实，研究莱昂内的学术资料并不多，除了《西部往事：莱昂内谈电影》这本访谈录外，关于莱昂内的研究资

303

料很少。直到2007年，意大利、法国、英国出版的专门研究莱昂内的专著也只有六本，博士论文才三篇。颇有讽刺意味的是，对这个世俗化的大众导演研究最有代表性的学者，居然来自最能代表高雅文化研究的伦敦皇家艺术学院（Royal College of Art of London），克里斯托弗·弗瑞林（Christopher Frayling）是该院艺术委员会主席和文化史教授，也是莱昂内的研究权威，这位大学者曾对莱昂内做过二十年的跟踪研究，他的莱昂内评传《与死亡有关》（Something to do with death）2000年在伦敦出版，是目前分析莱昂内电影最好的书。

学界对莱昂内的冷遇和忽视，印证了电影研究的某种偏见：学院研究的趣味已经按照秘而不宣的标准把不同导演分级了。如果说戈达尔在这个体系的"顶级"，那么莱昂内可能在"末位"，或者根本没有位置。一些学者下意识地认为：即使在闹市一般的戈达尔研究里挖掘一点儿新意，也比深入研究莱昂内这种"通俗导演"有所谓的"学术价值"。一些人相信，面对莱昂内这种畅销类型片，诠释者没有用武之处，他们宁愿去分析伯格曼、安东尼奥尼或库布里克，也不愿意拉片分析《革命往事》。在这种学术界的强大偏见中，莱昂内只不过是个例子，隐藏在背后的问题是学界对"电影之大众性"（popularité du cinéma）的冷漠拒绝。俄罗斯形式主义文论家鲍里斯·埃亨鲍姆很早就呼吁："电影的大众性不是一个质量概念，而是一个数量概念，与电影的本性没有关系。它是电影成功的标志，一种纯粹的社会现象，这种现象受到诸多的与电影无直接联系的历史条件的制约。"[1]诺埃尔·伯奇（Noël Burch）也强调观众"幻觉知觉"（perception hallucinée）对

---

1 鲍里斯·埃亨鲍姆，《电影修辞问题》，《外国电影理论文选》，李恒基、杨远婴主编，上册，生活·读书·新知三联书店，2006年，第105页。

电影的重要性，观众的认可程度与影片质量息息相关。之所以今天的学院研究让人感觉离电影（或电影的乐趣）越来越远，就是因为高高在上的专家们的趣味偏离了电影乐趣本身。任何一位大脑清醒的学者都会在莱昂内的电影中看到巨大的幽默与强烈的意识形态讽刺，但他们不愿意向学生和观众解释这些"肤浅的文化"。

西方的迷影文化经历过二次高潮，推动了电影语言、电影运动的进步。电影这门艺术经过了1950年代的第二次高潮，通过文化论战（以巴赞为中心）和电影学学科化（以麦茨为中心）的两大标志事件，开始在西方大学体系中的建制，走进了学术的经典殿堂。但随之而来的，却是学院研究对电影大众性的漠视。"作为高雅艺术的电影"，塑造了新一代学者的口味，他们重视默片研究和欧洲现代艺术电影，排斥好莱坞流水线电影产品。这本无可置疑，但这种趣味的趋势却导致越来越多的人忽视了大众电影的价值，甚至认为大众化的电影没有解读和分析价值，白白让那些好电影在世俗文化中活生生自我消化了。对莱昂内的研究偏见，意味着学者们对研究资源的巨大无视和浪费。从某种角度看，面对大众电影的无能为力、不屑一顾，反证了当今学界趣味的保守、僵化和分析能力的退化。电影的生命力，并不取决于它在多高程度上的经典性和纯粹性，也来自它的大众性。值得注意的是，这种学界偏见并非只存在于法国，美国、英国、日本都如此，中国学界也对莱昂内的价值置若罔闻。我们很少在正规学术刊物上读到研究莱昂内的文章，也没有杂志做过莱昂内的资料译介和专题，除了一些畅销电影杂志，为了迎合越来越多的"莱昂内迷"而制作的参考价值不太高的专号（比如《电影世界》2009年1月做过一期莱昂内的专题），此外，我们只在报刊和网络上见过零散评论。

对莱昂内的冷漠，让中国观众对这个导演非常陌生，却对他的电影耳熟能详。《黄金三镖客》《西部往事》和《美国往事》等作品是许多中国影迷的典藏影片，但他们对莱昂内的生平和风格却了解不多，更对莱昂内在电影史上的价值缺乏认识。

如此的偏见进一步证实了莱昂内自己的一个判断：人们无法接受在严肃主题上表达对世界的幽默见解。许多学者热衷于研究卓别林那种悲剧小人物的滑稽戏，刘别谦电影中苦涩而曼妙的讽刺，甚至分析希区柯克在悬疑片中淡淡的社会嘲讽，却对莱昂内在壮丽的沙漠和夕阳中大刀阔斧地讽喻美国历史无动于衷。我认识许多喜欢电影的朋友，他们来自不同的行业，有导演、作家、编剧、记者、诗人、电视编导、画家、音乐人、大学教师、医生、高中教师和政府官员，他们搜集各类电影，完全从兴趣出发，从不进行研究，但在他们的口味中有一个共同的交集，那就是莱昂内和他的《美国往事》。一位被学院派冷落，但被许多不同职业和艺术修养的人共同热爱的导演，这本身就值得研究。

与学院派态度相反的是电影导演，他们把莱昂内看作是塑造风格的一代宗师。意大利导演贝纳尔多·贝托鲁奇认为，在意大利电影的黄金时代，莱昂内是除了维斯康蒂、安东尼奥尼、费里尼和帕索里尼之外，唯一具有原创性且难以复制的伟大导演。美国导演马丁·斯科塞斯认为自己深受莱昂内风格的影响，称其为"伟大的风格革新家"。美国导演奥利佛·斯通是看着莱昂内的电影长大的，并把对黑色电影和西部片的热爱融合到《天生杀人狂》和《U形转弯》中。昆汀·塔伦蒂诺、吴宇森更不避讳他们对莱昂内的由衷热爱。莱昂内逝世于1989年，但他的风格并没有消失。当我们看到杜琪峰的《放·逐》时，清晰地感觉到莱昂内的风格依然活着。2008年，韩国导演金知云的《神偷、猎人和断指客》是直接向莱昂内致敬的电影，该片获得韩国2008年票房冠军。塔伦蒂诺2009年的新片《无耻浑蛋》的第一部分，就是直接按照莱昂内风格创作的。在影评界，2004年4月，《电影手册》杂志全部班底已换成新一代影评人，这些年轻人专门为《黄金三镖客》完整版DVD的上市，做了一期莱昂内电影回顾专题，提出了莱昂内电影的"后现代性"。今天，莱昂内有两部作品（《黄金三镖客》《西部往事》）位列美国影响力最大的IMDB网站得分最高的前三十部影片中[1]。如果说IMDB只能说明莱昂内对今天美国主流观众的影响，那么我在法国经历的两件事，证明了莱昂内对今日欧洲青年的魅力。当我住在老里尔城时，附近有一位年轻英俊的IT设计师安托万（Antoine），他很腼腆，不善言谈，却热爱摇滚，很少听他谈电影，可我第一次去他家做客时，他却热情地向我介绍莱昂内的《黄金三镖客》。还有一次，我去法国国家博士论文制作中心印制论文，负责排版的是一位摩洛哥移民的后裔，他三十出头，来自伊斯兰国家，他第一眼看到《西部往事》的剧照就脱口而出："这不是亨利·方达吗？这个是查尔斯·布朗森！我是看着这电影长大的。"一位死去二十多年的导演，仍对今天的青年有如此高的吸引力，难道不说明问题吗？

我的博士论文最后选择了莱昂内。从某种角度看，选择戈达尔与莱昂内对我来说没什么区别，我在他们身上看到了同样的价值和光辉，他们以不同的方式影响着电影和电影文化。实

---

[1] 该资料分别于2004年4月、2006年5月和2008年9月采集于IMDB网站，见：http://www.imdb.com/top_250。

际上，戈达尔在表达政治观点时，偶尔也会流露出比莱昂内更阴冷的幽默感。

莱昂内对于电影史研究和类型电影研究具有极高的代表性，在有些方面，甚至独一无二、不可替代。首先，他是"意大利黄金时代"（1944—1977）的重要导演，与费里尼、帕索里尼和安东尼奥尼活跃在同一个时期，但他全部七部作品的票房总额超过了这三位大师作品票房的总和。意大利的黄金时代是同时期各国电影"新浪潮"中持续最久、影响最大的，贯穿了整个欧洲电影的转型时期，对法国新浪潮、英国自由电影、德国新电影以及美国"新好莱坞"都产生了深刻影响。在这个风起云涌的"意大利时代"，莱昂内以大众电影的标准征服了观众，成为当时在好莱坞最畅销的欧洲导演。即便是那些终生致力于刷新票房的商业导演，也很难达到莱昂内这个成绩。在美国电影工业中，达到这种知名度的欧洲导演还有弗兰克·卡普拉、刘别谦和希区柯克，但莱昂内从未移民美国，除了《西部往事》和《美国往事》的部分外景在美国拍摄，他甚至没有在好莱坞的摄影棚里拍过戏，而是始终在罗马工作。一个从不在好莱坞工作，却创造了如此商业传奇的欧洲导演，这已经具备了相当高的典型性。其次，莱昂内独特的创作经历也对研究世界电影发展具有很高的参考性。他从1960年代饱受批评，到1970年代被逐渐认可，再到1980年代进入美国南加州电影学院的教材，莱昂内的电影在世界电影史最辉煌的时期经历了曲折的接受过程，他同时经历了最险恶的批评和最热情的赞誉。在1960年代，意大利电影面临美国商业电影的冲击，许多意大利电影人尝试各种方法来抵制美国电影，但莱昂内不但不拍摄当时的意大利社会和生活，反而只拍摄美国故事（历史），他甚至用美式英语对白拍摄美国人的故事（《革命往事》）。1968年前后，当左翼政治电影在欧洲兴起时，他不但不融入其中，反而采取了冷静的反思态度（《革命往事》）。这些行为不能不让人玩味。第三，莱昂内是历史上为数不多的勾连于亚洲、欧洲和美国三块电影大陆的导演。从创作经历上看，他成名于翻拍黑泽明的《用心棒》，灵感部分来自日本武士片，但把目光对准了虚构的美国西部世界，而他所用的创新素材完全来自意大利：西西里木偶戏、意大利歌剧、意大利即兴喜剧和南欧的音乐元素等。他坚持用意大利班底，采用意大利式制作惯例，但讲的都是"美国往事"，导致很多人认为他是一个像科波拉、马丁·斯科塞斯那样的意大利裔美国导演，其实他始终在意大利。作为一位成功的欧洲导演，他的影响更多地发生在美国和亚洲。他的电影虽然创造了意大利电影史上的票房奇迹，但他始终不是追逐名利的高产作者，他一生只创作了七部长片，他的代表作《美国往事》从最初的版权纠纷到最终上映，整整经历了十四年。这种完美主义，恐怕同时代那些意大利大师都很难做到。

所以，莱昂内的电影虽然通俗，但并不肤浅。他的博学、深刻和幽默，在这本谈话录中俯拾皆是，也在他的电影中表达得淋漓尽致。莱昂内在通俗传奇中发展了独特的风格和美学，进行深入意识形态批判，留下了让人永远难忘的画面和音乐。他有着无与伦比的幽默，但骨子里是无尽的乡愁，和对政治与科技的深深失望。法国导演、电影学者吕克·穆莱（Luc Moullet）说莱昂内是一个代表"世俗之庄严"[1]（la majesté du trivial）的导演，说得精彩。

---

1 Luc Moullet, *La Majesté du trivial*, in *Sergio Leone, le jeu de l'Ouest*, Oreste De Fornari, Gremese, Rome, 1997, p.7.

二、莱昂内的生平与电影风格来源

莱昂内电影进入中国影迷视野的过程比较曲折。中国内地没有正式引进过他的电影,华语地区最早公开放映莱昂内电影的地区是中国香港和中国台湾。1990年代,随着家庭放映设备的普及,莱昂内的电影通过录像带、VCD和DVD等载体流入中国内地。由于出版和转制这些影片的公司不同,他们的电影知识背景也有高有低,导致塞尔吉奥·莱昂内的中文译法比较混乱。有些译法与港台译法混在一起,而港台地区的人名音译体现出强烈的美语特征,比如有人把"Sergio"翻译为"塞尔乔"或"瑟吉奥",把"Leone"翻译为"莱翁""莱昂"等。根据意大利语发音和翻译惯例,我认为最合适的译法是"塞尔吉奥·莱昂内"。在莱昂内电影的DVD导评中,我们会听到有一些人称他为"莱昂尼"(Leoni),那是朋友们对他的昵称。"Leone"的原意是"狮子",这个族姓来自西班牙,显示出他的家族可能有遥远的犹太血统。但莱昂内否认了这一点,他始终自认来自一个有天主教传统的意大利家庭。下面,我主要结合他的生平经历,简单谈谈一些影响他电影风格形成的文化因素和美学来源。

1.那不勒斯人

莱昂内生在罗马,但祖籍是那不勒斯,他父亲说一口地道的那不勒斯话。那不勒斯在16世纪时是仅次于巴黎的欧洲第二大城市,这座城市曾被法国、西班牙占领,有其独特的地域文化、美酒和美食。比萨和六弦吉他最早就诞生在这里,莱昂内很喜欢吃意大利面,而那不勒斯人的标志就是正在吃意大利面的人,莱昂内也在《黄昏双镖客》中最早运用了电吉他做配乐。那不勒斯有四百多座教堂，其古典艺术以巴洛克风格著称，因而也有很多影评人把莱昂内的风格称作"西部片的巴洛克化"。那不勒斯还有一位著名导演朱塞佩·托纳托雷（Giusseppe Tornadore），（《天堂电影院》《西西里的美丽传说》和《海上钢琴师》），他在艺术野心、风格追求上与莱昂内颇为相似。当莱昂内谈到他父亲加入法西斯党时，强调了他父亲的"那不勒斯性格"，指一种外向、乐观和单纯的精神。此外，那不勒斯是意大利即兴喜剧最早出现的城市之一，莱昂内性格中的天真和幽默有着那不勒斯渊源。那不勒斯是历史悠久的海港城市，在工业、旅游业和纺织业上占有重要地位，所以，那不勒斯是仅次于西西里岛的意大利黑手党城市，意大利最古老的有组织犯罪团体格莫拉就在那不勒斯，其历史可以追溯到19世纪初。莱昂内在复杂的电影工业中善于与各色人物打交道，这符合那不勒斯人富有头脑的交际能力。在莱昂内的气质中,似乎只有对世界的悲观看法来自罗马。莱昂内成长于罗马，罗马天生的历史厚重感和厚重的艺术沉淀，培养了莱昂内的艺术趣味，他对绘画、建筑、布景、古董和细节的偏好都是罗马式的。在罗马，莱昂内结交了大量的艺术家、制片人和政客，对手工艺术的偏爱让他对艺术的未来有着悲观的看法，他对政党政治缺乏信心，这些后来都体现在他的电影中。

2.世家传统

莱昂内出生时，父亲文森佐·莱昂内已经四十岁，约翰·福特三十四岁，罗西里尼和维斯康蒂二十三岁，安东尼奥尼十七岁，奥逊·威尔斯十四岁，费里尼九岁，帕索里尼五岁，戈达尔还没有出生。他的一生贯穿了电影在欧洲最辉煌的时代。文森佐·莱昂内是意大利电影先驱，著名默片导演，在成名之前曾与意大利的诗人、戏剧家交往很密切。他做过演员、场记、编剧、剪辑和导演，是一位全面的电影人，创作的影片超过百部，涉猎的类型包括情节剧、冒险片、西部片和历史片。文森佐与意大利著名默片明星弗朗西丝卡·贝尔蒂妮合作的电影在欧洲红极一时。文森佐曾任意大利导演协会主席，是当时意大利艺术圈响当当的人物，这为莱昂内创造了得天独厚的世家传统。莱昂内以父亲为荣，从小在父亲的影响下长大，十二岁就在罗马影城看到父亲导戏，对父亲非常崇拜。当他步入电影界时，曾试图尝试父亲做过的所有工作：场记、选角、演员、摄影、助理导演，等等。世家传统除了给莱昂内带来一些职业上的便利，更塑造了他的电影观念。事实证明，那些成长于电影世家的导演因为深入地了解这个行业的兴衰成败，不会过度沉溺于自我。莱昂内的电影观从小就是与拍电影结合起来的，是通过许多电影制作的实际工作培养起来的，所以他要求电影好看，尊重观众，如果拍一部观众不喜欢的电影，则很难在这个行业中生存。莱昂内的电影知识来自观察和实践，而不是书本。莱昂内对电影制作过程了若指掌，他了解每一个型号摄影机的性能和特点，熟悉各种镜头运动的方式及效果，甚至了解每种轨道的重量和参数。扎实的技术知识是他进行美学创新的前提，大胆的特写镜头、对音乐的开创性运用、布景的创新和闪回式的蒙太奇都与他的实践经验分不开。

3.愚蠢肮脏的小人物

在整个二战时期，文森佐都处于失业状态，全家人靠他在二战前拍摄电影的积蓄生活。为了让莱昂内能远离法西斯教育，文森佐设法让他到教会学校学习，并利用学习剑术而摆脱墨索里尼对意大利少年的政治灌输。文森佐经常带莱昂内去罗马的红房子咖啡馆参加左翼艺术家的聚会，父子经常被意大利便衣警察跟踪。当时罗马有许多警卫队、巡逻队，也有许多告密者，少年莱昂内不得不面对这些人，他对这些表面凶恶，本质上微不足道的帮凶、爪牙印象非常深刻。他在访谈录中用费里尼的电影做例子，说明当时那些法西斯是多么滑稽可笑。莱昂内在西部片中喜欢用特写镜头放大反面小人物丑陋而肮脏的脸，喜欢用夸张手法描述他们的卑贱和愚蠢，描绘这些小匪徒就是表面上凶恶、其实不堪一击的小丑，这与他少年时代的经历不无关系。莱昂内喜欢情感信息比较复杂的脸，《黄金三镖客》开场，最先进入画面的三张脸在几分钟之后就被干掉了，他希望观众从这些巨大的脸上看到某种被放大的无意义，看到虚张声势者的虚弱和无能。所以，他西部片中的次要角色有着漫画化和脸谱化的特征。

4.失落的完美主义

在二战后期，文森佐家境艰苦。在最困难的时期，文森佐把家中的古玩、家具变卖，以养家糊口。这可能对少年莱昂内的心理留下了某种缺失经验。在童年时代失去美好事物，会对一个人的审美偏好产生微妙的影响。莱昂内对古董非常偏爱，喜欢搜藏古玩和古代家具，他认为自己如果不做导演，可能会做一个古董商，因为有古董和古董商的存在，人们才会拥有对历史的活记忆。他喜欢在电影中使用真正的古董道具和仿古家具，喜欢奢华的古典内景，《美国往事》中很多道具都是莱昂内的个人私藏。他总是需要一个巨大的内景空间，这些美术要求让他的合作者觉得毫无必要,其实是一种失落的完美主义表现。"我是看着这些好东西一样一样消失的,我要在电影中把它们一样一样再找回来"。怀旧情绪和完美主义也影响了他对故事的选择。他从不拍摄现实题材,喜欢拍摄历史传奇。他对技术精益求精,对细节的要求近乎苛刻,对叙事和布局有着精微的无懈可击的设计,都是极端完美主义的表现。

5.温和的无政府主义

从墨索里尼的法西斯时代到基督教民主党的长期执政,莱昂内成长在意大利政治动荡的时期。他父亲文森佐曾加入法西斯党,后来退党而加入共产党。文森佐因为拒绝改编墨索里尼的一部小说而遭到法西斯党迫害。他和妻子一度想去柏林,是莱昂内的出生让夫妇二人最后留在了罗马。受政治迫害的影响,莱昂内全家在意大利生活很艰苦,但如果他们去了柏林,命运可能比留在意大利更加叵测。文森佐的政治经历让莱昂内对政治缺乏热情,二战后意大利政坛的一幕幕闹剧加深了他的政治冷漠。他一贯用讽刺的眼光看待政党政治和政治运动,在欧洲左翼运动高潮时期,莱昂内也对左翼革命保持警惕。在《革命往事》中,他对独裁者进行了讽刺,也描述了革命理想主义者的幻灭,这种观点在当时的欧洲非常罕见。幻灭感是莱昂内的政治观的真实写照,他把自己的政治态度称作"温和的无政府主义",称自己是"不扔炸弹的无政府主义者"。事实上,他的政治观念与理论上的巴枯宁无政府主义主张差别很大,莱昂内是在通俗意义上谈论无政府主义的,本质上是政治虚无主义,是对政党政治和现代民族国家模式的不信任。恰恰是这种虚无的、温和的无政府主义思想,让人们在他的电影里看到了所谓"后现代性"。

6.男性情谊

莱昂内是家中独子，没有兄弟姐妹，小时候经常与邻家孩子一起玩。莱昂内喜欢结交朋友，他与小伙伴形成团伙，这种方式让这些孩子在压抑的法西斯统治下，还能无忧无虑地组织属于他们的社会生活。与同伴在一起，莱昂内感到快乐和安全，这满足了他对兄弟的渴望。在他的电影中，男性友谊是一个比兄弟情谊和爱情更重要的主题，男性情谊甚至超越了利益（《黄昏双镖客》）和阶级（《革命往事》），在《美国往事》中甚至超越了仇恨——面条并不杀死麦克斯。这种友谊往往来自类似少年玩伴游戏时的某种默契，比如《黄昏双镖客》中无名客与李·范·克里夫扮演的少校的友谊，是建立在比赛枪法上的。《黄金三镖客》中金毛仔和图可的友情建立在为赚取赏金的"捉放游戏"中。在《美国往事》里，当面条感到自己与麦克斯出现矛盾时，他把汽车开到了河里，以重温少年时代的情怀。相反，莱昂内对兄弟手足之情并不信任，《黄金三镖客》中图可的弟弟对图可有着深深的成见。至于女人和爱情就更不可靠，很多人批评莱昂内的电影歧视女性、贬低爱情，事实的确如此，除了《西部往事》，他的电影只拍男性人物。在他电影里，漂亮的女人是危险的、靠不住的，《西部往事》中的吉尔为了保全性命跟弗兰克同床共枕；在《美国往事》里，黛博拉最终抛弃了面条而投奔好莱坞。莱昂内认为只有家庭和友情是经得住考验的。

7.丰富的助理经验

1946年，莱昂内不顾父亲反对到制片厂打工，从龙套和场记开始，最后成为意大利最有名的助理导演，助理导演生涯长达十三年（1947—1960）。从德·西卡的新现实主义名作《偷自行车的人》到美国史诗巨片《宾虚》,从马里奥·伯纳德的意大利喜剧到奥托·普莱明哥的非洲风情片,莱昂内与许多意大利、美国的优秀导演合作,参与过许多著名影片的制作。在这个时期,意大利新现实主义、意大利喜剧和美国神话史诗片盛行,莱昂内参与过所有这些类型影片的制作,并因在美意联合制片的大制作电影中指导群众场面和战争场面闻名,很受美国导演欢迎,他也掌握了不同风格作品的拍摄技巧和实践经验,对街头拍摄、摄影棚拍摄、异地拍摄、特效拍摄都有经验。没有扎实的助理导演基础,莱昂内很难应付当时意大利电影工业复杂的环境,更难驾驭气势宏大的历史和战争场面(《黄金三镖客》),以及历史跨度较大的作品(《美国往事》)。

8.电影迷恋

莱昂内从小就喜欢看电影,美国侦探片、黑色电影和西部片塑造了他的童年幻想。少年莱昂内对西部片的热爱源于某种淳朴的英雄情结,他向往那些在山川沙漠中纵横驰骋的牛仔,和在边陲小镇匡扶正义的英雄。电影迷恋不仅来自他父亲的影响,更在于莱昂内丰富的想象力,电影满足了他的想象。在光影中,虚幻的现实比电影拍摄的俗务更能吸引他。为了逃避令人失望的社会现实,他寄希望于电影、小说和漫画,他对历史传奇的钟爱超过了对现实政治的兴趣。他有着超凡的记忆力,对热爱的影片过目不忘,把许多西部片的对白倒背如流。强烈的迷影情结让莱昂内在西部片中开创性地大胆引用经典桥段,同时颠覆美国西部片的人物原型和情节惯例,美国电影惯例甚至成为他设置悬念、创立风格的出发点。用学术术语讲,莱昂内的西部片就是带有"超文本特征"的"复调西部片",价值同时存在于显在话语（故事本身）和隐在话语（对美国西部片的引用和批评）中。如果说戈达尔的《筋疲力尽》是因其把黑色电影的类型惯例作为创作素材的名作，那《西部往事》就是把美国西部片的类型特征作为创作素材的再创作经典。莱昂内是最早有意识地把类型片的人物原型和情节模式放大，并大刀阔斧地引用和讽刺的导演之一，而这几乎成为今天类型片创新的基本策略。

9.历史怀疑主义

莱昂内上中学时喜欢历史课，但在二战期间，中学历史课本上充斥着法西斯篡改的历史，所以莱昂内从小就对所谓的"书本上的历史"充满怀疑，这种怀疑精神被后来复杂的欧洲政治所证明，这种历史怀疑主义发展为莱昂内电影的重要特征。莱昂内认为，美国西部片之所以衰落，是因为导演过于相信编剧的想象，而没有深入历史挖掘真实。意大利法西斯时期的历史书，在二战后完全被新历史推翻。莱昂内认为历史永远是胜利者写成的，而胜利者的历史必然依据胜利者的意志和逻辑，许多真相被修改和掩盖。他在《黄昏双镖客》和《黄金三镖客》中表现出对美国南方军队的同情，就是出于对美国内战时期正史的怀疑，他认为美国历史是依据北方人（内战的胜利方）的意志谱写的，这种处理，表面上看是一种历史同情，其实是一种"历史怀疑"。这些在美国本土的西部片中是很难实现的。描写美国内战的美国电影多数是失败的，但莱昂内的《黄金三镖客》非常成功。莱昂内同样怀疑暴力革命的合法性，《革命往事》中墨西哥革命者的变节与爱尔兰革命军的叛变，都证明了莱昂内这种怀疑主义历史观。尽管莱昂内电影中一些"历史现实"是想象的，有事实性错误，但恰恰是这种怀疑和想象，无意中触及历史的真实面孔。

10.意大利即兴喜剧

巴赞在谈论意大利新现实主义时,曾谈过意大利即兴喜剧的某些影响[1],其实,这种戏剧对意大利电影影响最大的是意大利喜剧和意大利西部片。意大利即兴喜剧是中世纪后期在意大利逐渐发展起来的喜剧形式,与莫里哀式的讽刺喜剧不同,这是一种以小丑为主人公的喜剧,把滑稽剧的形式融入讽刺喜剧。意大利即兴喜剧的历史上有许多经典剧目和人物形象,其中"一仆侍二主"的阿莱昆对欧洲文学的影响很大。这是一个依靠聪明和狡猾而生存在不同势力之间的仆人形象,他最著名的服饰是彩色格子组成的小丑外套,就是今天扑克牌中大王上的小丑形象。这个小丑不属于任何派别,却有着实用的生存哲学,经常是最后的胜利者。莱昂内"赏金三部曲"中的主人公无名客就是一个生活在西部世界的阿莱昆,只不过无名客要比意大利即兴喜剧中的阿莱昆更加沉默和冷酷,他在各种邪恶力量之间凭借自己的生存技能,在丧失法律秩序和道德标准的世界里活着,他表面冷漠,只对金钱感兴趣,实际上构成了对虚伪现实的嘲讽。

11.西西里木偶戏

莱昂内把欧洲的流浪汉文学、意大利即兴喜剧的人物移植到美国西部片中的做法,得益于西西里木偶戏。西西里木偶戏

---

[1] 安德烈·巴赞在《电影现实主义和解放时期的意大利流派》的注释中两次提到了意大利即兴喜剧,但仅限于举例说明和比喻的层面。详见《电影是什么》,崔君衍译,文化艺术出版社,2008年,第237—263页。

是一种以查理曼帝国（Charlemagne）的骑士为主人公的戏剧形式，人物由巨大木偶扮演。西西里木偶戏的故事主要来自法国的英雄史诗《罗兰之歌》，情节结构受到欧洲流浪汉小说的影响，尤其是《堂吉诃德》。西西里木偶戏是莱昂内在二战期间唯一能接触到的民间表演。这种西西里木偶戏主要在意大利城市和乡村流动演出，剧情最大的特点是把史诗故事与当地的人物结合起来，形成借古讽今的喜剧效果。比如到某一个市镇，创作者就把《罗兰之歌》中的人物套在当地人物身上，以引起当地人的兴趣。这种木偶戏的特点是高度的民间化，借用人们熟悉的神话传说和英雄史诗，讽喻身边的当代现实，观众经常因富有暗示的台词而发出会心的笑容。西西里木偶戏在19世纪中期的意大利非常盛行，直到20世纪初期依然不衰。许多意大利作家对西西里木偶戏的表达方式情有独钟，比如莫里亚克和卡尔维诺都写过这种木偶戏。莱昂内从西西里木偶戏中学到了如何把对当代现实的看法融入历史传说，他认为电影的真实意义与木偶戏形式非常类似。木偶戏的艺术形式非常大众化，完全利用公共空间的叙事表述深刻道理，这与电影非常相似。导演其实就是木偶戏艺术家，他躲在木偶（傀儡）的背后，用讽喻现实的情节和对白与观众进行沟通。电影叙事的本质与木偶戏是相同的，是一种隐形书写，文本的核心内容存在于隐喻之中，无心的读者看的是戏，有心的读者看的是意义。

以上就是对莱昂内电影的美学来源的简单总结，我并不认为这些混合了精神分析、生平研究和口述材料的提炼有什么普遍决定性，每个艺术家都是独特的晶体，我们能看到他的结构、颜色和表面，但无法描述它独特而神奇的形成过程。实际上，莱昂内在成为公认的大师之前，经历了相当复杂甚至残酷的批评，我觉得,要了解这位导演,有必要了解一下这个独特的批评过程。

三、对莱昂内的认可与批评

1959年,莱昂内为马里奥·伯纳德的《末日庞贝》做助理导演。拍摄开始之后,伯纳德就因病卧床,无法拍摄了,莱昂内成为影片的实际导演,独立完成了影片的全部拍摄和后期制作。但他没有在影片上署名,也没有按自己的风格去拍摄,因为他不想违背伯纳德的意愿。制片人在了解这种情况后,认为莱昂内完全有能力承担导演工作,打算请他拍摄一部当时非常火热的神话史诗片——根据古代世界的七大奇迹之一的希腊罗德岛巨像的故事拍一部史诗片,莱昂内接受了这个建议,正式成为导演。在《罗德岛巨像》中,莱昂内反对当时跟风拍摄的神话史诗片,把罗德岛巨像这个传说中最大的大力神变成主人公,实际上,影片对当时意大利的神话史诗片那种健美先生似的"肌肉型英雄"进行了讽刺。影片因惊人的特技和大场面而获得商业成功,意大利制片人纷纷来找莱昂内拍史诗片,但莱昂内对拙劣的类型片模仿失去了兴趣,对神话史诗片一律拒绝,反而转向了已经无人问津的西部片。

莱昂内的西部片影响了整个西部片类型的发展,但人们接受他的过程却非常曲折。莱昂内在西部片里的许多风格元素在史诗片《罗德岛巨像》里就表现出来了。当时,欧洲影评界对这部电影的评价是不错的。影评人菲利普·奥迪盖肯定了这部具有"史诗气质"的电影,认为影片的"镜头组接和剪辑让人印象深刻"。他预言:"塞尔吉奥·莱昂内有一天会成为另一个阿利桑德罗·布拉塞蒂,谁知道呢?"[1]米歇尔·马多尔对《罗德岛巨像》的评价有点矛盾,这种矛盾在后来人们对莱昂内的西部片的评价中变得非常典型。他认为影片本质上"有着太多像《宾虚》的虚张声势",是哄骗观众的圈钱电影,但他同时又认可"莱昂内的场面调度证明了他的天才,甚至才华横溢"[2]。影评人热拉尔·勒格朗认为影片"真正具有演员运动和空间的观念"[3]。雅克·西里埃认为莱昂内"懂得运用颜色和大银幕,以及自然景,服务于有动作的画框……一个令人印象深刻的剧本,精巧地把政治和爱情融合在一起……这是一部为成人拍摄的成熟电影,有着现代共鸣"[4]。法国著名导演贝特朗·塔瓦尼埃(Bertrand Tavernier)也认为这个剧本"聪明、漂亮而且错综复杂,有着非常值得推荐的精神",塔瓦尼埃还把莱昂内这部史诗片中的暴力场面与罗伯特·阿尔德里奇(Robert Aldrich)进行比较:"有些理念很容易就能看出施虐狂色彩,但由于强烈的黑色幽默而显得不那么俗气。"[5]

尽管人们对《罗德岛巨像》的评价不一致,但与《荒野大镖客》的评价相比,已经非常不错了。《荒野大镖客》上映后,随着票房不断上升,莱昂内遇到了一轮又一轮的批评。勒内·塔贝直接表达了他对影片的厌恶:"看到塞尔吉奥·莱昂为钱做出的妥协,让我们难以承受地反胃,必须补偿我们。"[6]在《电视全览》(*Télérama*)周刊上,保罗·桑吉森认为影片有着"一种让

---

1 Philippe Haudiquet, *La Saison cinématographique 62*, Rome, 1962.
2 Michel Mardore, *Les Lettres Françaises*, Paris, n° 890, 1961 年 9 月 6 日。
3 Gérard Legrand, *Le Peplum et le Cape*, *Positif*, Paris, n° 50-52, 1963 年 5 月。
4 Jacques Siclier, *Télérama*, n° 607, Paris, 1961 年 9 月 3 日。
5 Bertrand Tavernier, *Cinéma 61*, n° 60, Paris, 1961 年 10 月。
6 René Tabès, *La Saison Cinématographique 66*, Paris, 1966.

观众参与到杀人快感中的施虐狂意志。"[1]《新观察家》(Le Nouvel Observateur)的影评人米歇尔·库尔诺的观点就显得自相矛盾,他既认为影片像"下雨的日子一样非常普通",又认为它"比美国西部片暴力百倍、好看百倍和好笑百倍"[2]。一部比美国西部片"暴力百倍""好看百倍"和"好笑百倍"的电影,又怎么能"非常普通"呢?从《荒野大镖客》开始,莱昂内的电影就给欧洲影评界提出了难题。《正片》杂志著名影评人罗热·泰耶尔(Roger Tailleur)是西部片专家,他曾在巴赞时代就撰写过关于西部片的著名文章,系统总结西部片的模式。他对《荒野大镖客》非常不屑,认为这是一部"病态的胶片"(pellicule malade)和"银幕溢出的皮脂"(séborrhée écranique),他甚至认为莱昂内是"贴着地面飞行以抢劫工资的秃鹰"[3]。

影评人的观点分歧在《黄昏双镖客》上映后变得越来越明显。雅克·齐美尔认可《黄昏双镖客》在许多方面的特色:"对演员的选择(令人讨厌的、肮脏的、卑劣的、退化堕落的),富有跳跃性的丰富剧本,决斗中的极端暴力,矢志不渝的咄咄逼人的画框操作,伴随同义叠用的音乐的紧张决斗,以及对地方嘴脸的特写镜头"[4]。法国《正片》杂志的观点与罗热·泰耶尔相反,他们给了《黄昏双镖客》一个比较中性的评价。保罗-路易·蒂亚尔认为影片"有着比一般可笑的冒险故事更多东西,值得我们的期待"[5]。而《电影手册》杂志则明确感受到了莱昂内电影的独特之处,著名影评人帕特里克·毕荣认为,"这部西部片被还

---

1 Paule Sengissen, *Télarama*, n° 177, Paris, 1966 年 4 月 17 日。

2 Michel Cournot, *Le Nouvel Observateur*, n° 73, Paris, 1966 年 4 月。

3 Roger Tailleur, *Positif*, N° 77-78, Paris, 1966 年 7 月。

4 Jacques Zimmer, *Image et son*, n° 201, Paris, 1967 年 1 月。

5 Paul-Louis Thiard, *Positif*, n° 82, Paris, 1967 年 3 月。

原为一个不错的悲伤图景。屠杀场面就像前一部莱昂内电影那样不断出现,而且总是缺乏心理动机……没有前几部意大利'美元电影'那么虚张声势——影片的准确效果有了基础,暴力在这里剧烈、强化、聚集到难以忍受,在赏金杀手的残酷主题中找到了所有道德、所有尊严和所有尊严的人间地狱。金钱与鲜血的变体往往让人产生了与《贪婪》(*Les Rapaces*, 1924)的共鸣。"[1]毕荣的观点带有肯定的色彩,但仍有所保留。但是,对其他影评人来说,《黄昏双镖客》是无法接受的。保罗·桑吉森称影片有着"巨型木偶的独特效果",实现"某种野蛮的杀戮施虐狂。在《黄昏双镖客》里有一种刺耳的凶恶腔调,但最终完美地达到了有益健康,因为它太过火了"[2]。这种观点完全没有逻辑:一部"带着凶恶腔调"的电影是如何达到"有益健康"的呢?但保罗·桑吉森不是最自相矛盾的,居伊·布鲁库是这样评价《黄昏双镖客》的:"一部令人厌恶的电影,不只因为它的道德态度,更因为它两个小时里的舞台处理方式,对特写镜头和肮脏脸孔的偏爱,比前一部电影少了很多严谨、虐待和幽默。"[3]他对莱昂内西部片自相矛盾的态度是非常典型的,当《黄金三镖客》上映时,他又说《黄金三镖客》是"一部完整的优秀的作品,足够称得上最近几年来最优秀的非美国西部片,甚至比90%的好莱坞西部片还要好",但他坚持认为"赏金三部曲"的前两部是"粗糙的仿制品和难以接受的特技"……[4]无论如何,这位影评人在十年之后彻底改变了自己的看法,认为前两部电影有着值得宣扬

---

1 Patrick Brion, *Les Cahiers du Cinéma*, n° 184, Paris, 1966年11月。
2 Paule Sengissen, *Télérama*, n° 874, Paris, 1967年10月16日。
3 Guy Braucourt, *Cinéma 66*, n° 110, Paris, 1966年11月。
4 Guy Braucourt, *Cinéma 68*, n° 126, Paris, 1968年5月。

的价值,"无论在悬念和恐怖意义上,还是效果方面,都是天才之作。"[1]

莱昂内在商业上的成功却在影评界遭遇褒贬参半的批评,这种特殊局面直到《黄金三镖客》上映时仍没什么变化。《正片》杂志开始转向支持莱昂内,这一次撰写影评的不是罗热·泰耶尔,而是另外一位著名影评人路易·塞甘,他认为《黄金三镖客》中图可这个人物"看上去更像是个西班牙人而不是意大利人,莱昂内在他的人物里描绘了一个最能干、最怯懦、最笨拙、最能说谎、最贪财又最有运气、最狡猾又最有人情味的人物。……相比之下,克林德·伊斯特伍德和李·范·克里夫就像个木头人。"[2] 克洛德-让·菲利普也抒发了类似的"暧昧"观点:"我们不能说他(莱昂内)热衷于(表现)卑劣,他沉溺于聪明的愉悦",但又认为"这个故事不缺少创新,一种令人沮丧却全新的幽默形式:兽性幽默"[3]。《电影手册》杂志的评价始终是肯定的,西尔维·皮埃尔的观点已经开始接近莱昂内的美学个性。西尔维·皮埃尔很喜欢《黄金三镖客》那种"空间的离合,凭借强大戏剧张力精确描绘出的地形学内容的景深加速承载着意义,缺乏耐心的目光,内心震荡着对战争的抨击"[4]。这一次,莱昂内向曾批评他的影评人米歇尔·马多尔证明了自己的实力,马多尔在《黄金三镖客》中感受到"罕见的拒绝战争的真实情感……影片揭示了藏在伊莱·瓦拉赫精彩演绎的小丑背后的一个真正的人,变成了卓别林式的桑丘"[5]。观点最矛盾的是特里斯当·雷诺,他认为这部电

---

[1] Guy Braucourt, *Les Nouvelles Littéraires*, Paris, 1976 年 7 月 8 日。

[2] Louis Seguin, *Positif*, n° 96, Paris, 1968 年 5 月。

[3] Claude-Jean Philippe, *Télérama*, Paris, 1968 年 3 月 24 日。

[4] Sylvie Pierre, *Les Cahiers du Cinéma*, n° 200, Paris, 1968 年 4 月。

[5] Michel Mardore, *Le Nouvel Observateur*, Paris, 1968 年 3 月 20 日。

影"始终处于虚假的门口:一方面,我们在一个严格说来毫无兴趣的故事和一个被用滥了的情节里;另一方面,在某种动机下,多数时间是成功的,重新获得了一种只属于美国的现实主义"[1]。《黄金三镖客》在1968年上映,我们发现那个时期的影评分歧,已经不像1950年代那样会掀起激烈的论战,人们对莱昂内电影有不同的意见,但他们没有任何争论,取而代之的是某种沉默,或观点的摇摆和矛盾。我并不想说明当时影评界的绅士们变得开明和豁达,而是想说明,欧洲影评界根本对莱昂内这种电影的出现没做好充分的批评准备。

《西部往事》已经成为公认的杰作,但在上映时,不是所有的影评人都认识到了这一点。《正片》杂志的影评是由著名影评人米歇尔·西蒙主笔,他对《西部往事》的评价非常高,认为影片"艺术的深刻原创性"让"次要角色都给故事提供了意义"。米歇尔·西蒙在表达了对"赏金三部曲"的不认可之后,对《西部往事》中的严肃情感大加赞赏,认为莱昂内"这一次选择了沉重,处处体现着熠熠闪光的幽默态度"[2]。活跃于影视文化批评领域的吉贝尔·萨拉查认为,影片"为达到制作效果而太(追求)表面的搭配,是借用公式花样的精选速冻品,应用在这个时代西部片的共同底色上"[3]。萨拉查在同一年的《电视全览》上撰文说:"对不起,莱昂内先生,我知道您到美国西部拍摄是故意为您伟大的事业提供真实的维度,我赞许您的努力,我向亨利·方达致敬,我被查尔斯·布朗森沉静的面孔吸引着,但我

---

[1] Tristan Renaud, *Les Lettres Françaises*, n° 1225, Paris, 1968 年 3 月 13 日。
[2] Michel Ciment, *Positif*, n° 110, Paris, 1969 年 11 月。
[3] Gilbert Salachas, *Téléciné*, Paris, n° 156, 1969 年 10—11 月号。

不喜欢这部电影"[1]。而曾经认为莱昂内可能"成为布拉塞蒂"的影评人菲利普·奥迪盖则认为,"莱昂内给影片加入了个人调味剂",这"显然是一部聪明的作品,出自大师之手,在恶行与犯罪的图画中显得沉重而随和,但总之是不健康的"。[2]让·瓦格纳甚至怀疑"《西部往事》是西部片吗?"[3]。

真正在《西部往事》中看到价值的是《电影手册》当时的主编塞尔日·达内(Serge Daney),他是这本传奇杂志中继安德烈·巴赞之后最有影响力的影评家。达内在《西部往事》的评论中第一次主张把莱昂内的电影与其他西部片区别开。他认为这部电影不是一部虚伪的模仿之作,也不是追求感官刺激、迎合观众的作品,而是把影片放在极高的位置上进行评价,认为《西部往事》产生自"'批评电影'带来的首要愿望,也就是说,不是直接追随'现实'的线索,而是追随一个电影类型,一种电影传统,一个总体文本,即唯一在全世界传播的西部片"[4]。达内真正解读到了《西部往事》的精髓在于对美国西部片类型法则的批评和修正,影片的创作素材并不是西部现实,而是美国西部片的文本模式,借用法国叙事学代表人物热拉尔·热奈特(Gérard Genette)的术语来说,《西部往事》就是一部"二度西部片"(western au deuxième degré),一部针对西部片的西部片。

最终,影评界对《革命往事》产生了高度一致的好评,而恰恰是这种"迟到的一致"让人感觉奇怪,因为对于莱昂内本人来说,《革命往事》不是他最满意的作品,他甚至把这部电影说成

---

1 Gilbert Salachas, *Télérama*, Paris, n° 1026, 1969 年 9 月 14 日。
2 Philippe Haudiquet, *La Revue du Cinéma*, n° 234, Paris, 1969 年 12 月。
3 Jean Wargner, *La Revue du Cinéma*, Paris, 1972 年 3 月。
4 Serge Daney, *Les Cahiers du Cinéma*, n° 216, Paris, 1969 年 10 月。

"没培养好的孩子",是他拍摄最不顺利、最辛苦的一部电影。从舆论大环境上看,《革命往事》在1972年上映,当时意大利西部片已成为重要的电影现象。所以,我分析当时影评界之所以对《革命往事》一致认可,是某种角度的对意大利西部片现象的认可,那些评论并没有深入揭示"莱昂内宇宙"[1]的独特性。

法兰克福学派在批判文化工业方面的代表人物是阿多诺,他认为文化工业追求利润的最大化,抹平深度,立足于世俗,丧失了艺术的超越精神。表面上看,阿多诺这种观点总结了人们对莱昂内电影的批评。实际上,阿多诺所倡导的"艺术精神"恰恰是与莱昂内的创作不谋而合:"艺术和所谓的古典艺术恰恰在于它的无政府主义的表现形式,它始终是人类面对飞扬跋扈的制度、宗教和其他方面压力的一种抗议力量。"[2]

莱昂内逝世于1989年,三十年过去后,人们已经把莱昂内奉为大师,把他的西部片称为"超西部片"(méta-western)或"反西部片"(anti-western),意大利学者艾柯(Umberto Eco)则把他的电影称为"对西部的异教徒式乡愁"[3](nostalgie païenne de l'Ouest)。这是历史的沉淀对电影世界大浪淘沙的评价,莱昂内之所以迷人,必然因为他的电影中含有某种能穿越历史的独特价值内核。

---

1 "莱昂内宇宙"(planète leonien)的提法最早来自法国影评人、学者塞尔日·杜比亚纳(Serge Toubiana),在1989年莱昂内去世时《电影手册》杂志为莱昂内所做的个人回顾专题上。*Les Cahiers du Cinéma*, n° 422, 1989年7—8月号。
2 阿多诺,"文化工业的再思考",《文化研究》,天津社会科学出版社,2001年,第198页。
3 Oreste De Fornari, *Sergio Leone, le jeu de l'Ouest*, Gremese, Rome, 1997, p.9.

四、意大利西部片

历史地评判莱昂内电影，必须回到意大利西部片与美国西部片的关系上。如果不了解美国西部片的话语结构和历史脉络，恐怕很难读懂《西部往事》的许多细节，更难把莱昂内与当时大量粗制滥造的意大利西部片导演区别开来。今天，很多人把莱昂内的价值放在意大利西部片的背景下去估量，但无论从创作意图、个人风格还是艺术造诣，莱昂内都与当时的意大利西部片迥异其趣。

从1960年代到1970年代中期，欧洲出品了近六百部西部片，意大利人把这种西部片叫作意大利式西部片（western all'italiana），而我们所熟知的意大利面西部片是一个来自美国的称谓，这种叫法最早是美国电影工业发行这些意大利出品的西部片时贴的便签。但随着这种叫法的传播，欧洲导演认为这个称呼含有某种戏谑和嘲讽，加上这些西部片多数是成本较低、制作粗糙的喜剧和闹剧，所以当"意大利面西部片"在媒体和观众之间流传时，不可避免地被赋予"嘲讽"色彩。但对美国电影工业的人来说，这个称呼没有贬义。严格地说，意大利电影只占去了这些电影的90%，还包括德国、法国、西班牙、奥地利等欧洲国家的西部片，很多影片的制作是由多个欧洲国家共同完成的，比如《荒野大镖客》的演员来自美国、意大利、西班牙、奥地利和德国，创作班底来自意大利，拍摄在西班牙完成。因此，有欧洲学者提倡把"意大利面西部片"统称为"欧洲西部片"（European Western），但这个倡议最终没有被广泛接受，因为"意大利面西部片"的流传很早，而且已经在观众和电影工业中约定俗成，最后成为这类西部片的代名词。人们至今沿用着"意大利面西部片"，或者"意大利西部片"的称呼。克里斯托弗·弗瑞林的专著就叫"Spaghetti Westerns",法国西部片研究专家雷蒙·贝卢尔(Raymond Bellour)、让-路易·勒特阿(Jean-Louis Leutrat)和苏珊娜·利昂德拉-吉格(Susanne Liandrat-Guigues)等人都把"欧洲西部片"统称为"意大利西部片"。

1.意大利西部片的兴起和发展

欧洲很早就拍摄过西部片,欧洲人对西部片的狂热不亚于美国人,甚至比美国人更专注地欣赏和分析西部世界。从某个角度看,美国西部传奇给欧洲人提供了一个"新世界"的文化想象,那里是原始而富饶的,人们可以摆脱旧世界的困扰,一切都按照新的标准重新创立。在欧洲人看来,美国西部是一个自由、正义和平等的新社会,那里有梦想和未来。早在默片时代,法国导演路易·费雅德(Louis Feuillarde)、意大利导演文森佐·莱昂内和德国导演都拍过"准西部片"。但在1960年代前,欧洲西部片的制作数量很少,也没有形成潮流。所以,尽管莱昂内是"意大利西部片之父",可他既不是历史上第一位拍西部片的欧洲导演,也不是第一位拍西部片的意大利导演。所谓"意大利西部片之父",是指他真正在美学上和文化上推动了这个电影类型走上了广泛的商业成功,并奠定了这个亚类型的风格和意识形态批评的特点。

根据吉安·拉萨和米歇尔·莱克的说法,1960年代,意大利西部片潮流中最早的一部西部片产自意大利,是1960年乔治奥·西莫奈里(Giorgio Simonelli)指导的《美元》(*Un dollaro dis fida*, 1960)。[1] 几乎同时,西班牙人也开始拍摄西部片,1961年,美国

---

1 Ghian Lhassa, Michel Lequeux, *Dictionnaire du western italien*, Edition Grand Angle, 1983, Rome.

导演麦克尔·卡雷拉斯（Michael Carreras）在西班牙拍摄了《野蛮之枪》(*Sauvage Guns*, 1961)，影片由西班牙投资、西班牙人主演。第一部成功的欧洲西部片来自德国，1962年，德国制片人霍斯特·文德朗（Horst Wendlandt）和导演哈拉德·莱恩（Harald Reinl）合作拍摄了《银湖宝藏》(*Der Schatz im Silbersee*, 1962)，影片根据德国著名畅销作家卡尔·梅的小说改编。这部电影是与南斯拉夫合作拍摄的，由美国演员莱克斯·巴克（Lex Barker）和法国演员皮埃尔·布利斯（Pierre Brice）主演，讲述一个名叫维奈图（Winnetou）的印第安人的冒险故事。这部小成本西部冒险片在欧洲很受欢迎，刺激了意大利人把目光投向这个类型。他们学习西班牙人和德国人的做法，模仿美国西部片的样子拍摄成本较低的"伪美国西部片"，好满足意大利国内观众对西部片的热切需要。

《银湖宝藏》里有一位美国演员叫斯图尔特·格兰哥（Stewart Granger），这位不太出名的演员的本名却响当当，叫詹姆斯·斯图尔特（James Stewart），跟与安东尼·曼和希区柯克合作的美国大明星詹姆斯·斯图尔特同名。为了不让观众误会，他不得不用了艺名。结果呢，意大利人沿用了这种做法，他们把演职人员的名字都换成艺名，但他们不是为了避嫌，而是故意制造误解，他们想让观众误以为那是纯种的美国西部片，以保证上座率。这种手段，即把意大利演员和导演的名字换成假的美国名，成为意大利西部片的一大特色。在莱昂内的《荒野大镖客》里，所有演职人员都用了美国名字。这些名字都是为了糊弄观众随便乱起的，很多美国艺名都很可笑，比如曾出现过"Clint Westwood""Charles Southwood""George Eastman"等，甚至有导演把名字改为为"John Fordson"，滑稽极了。这种做法的唯一目的是保证商业发行，当意大利西部片流行之后，意大利人又用回了原名，因为意大利名字要比美国名字更有号召力。

莱昂内的《荒野大镖客》上映时，也就是1964年，意大利出品的西部片已有二十四部，那一年意大利总共上映了二十七部意大利西部片，当然，所有这些西部片的影响加起来都比不上一部《荒野大镖客》。《荒野大镖客》上映后，在意大利创造了票房连锁反应，成为当时意大利历史上最卖座的国产电影，真正开启了意大利西部片的发动机，意大利西部片因此成为潮流。在接下来的十年里，意大利、西班牙、德国、奥地利、法国等国共出品了五百四十一部西部片[1]，这些电影多数制作周期短，主要在西班牙沙漠取外景拍摄，总是由一批相对固定的演员主演，他们不是玩世不恭的流浪者，就是冷酷寂寞的快枪手，这些影片成系列化，技术粗糙，表演夸张，趣味不高，到1970年代中期开始衰落。这种西部片在1960年代后期达到了创作上的成熟，表现出与美国西部片完全不同的美学倾向，出现了许多脍炙人口的代表作。

莱昂内对这场意大利西部片的流行有着至关重要的作用。通过图1的出品数量年度统计[2]，我们就能清楚地看到他对这个潮流的影响。1964年《荒野大镖客》的成功，让那些模仿美国史诗片的意大利资本转向了西部片，西部片数量骤增。1968年，《黄金三镖客》的成功让这个类型达到了高潮。当莱昂内拍摄《西部往事》时，同时有七十四部西部片在意大利制作。之后，莱昂内宣布退出西部片，导致资本市场信心不足，制作数量回落。

1　Ghian Lhassa, Michel Lequeux, *Dictionnaire du western italien*, Edition Grand Angle, 1983, Rome.
2　Ghian Lhassa, Michel Lequeux, *Dictionnaire du western italien*, Edition Grand Angle, 1983, Rome.

但1971年《革命往事》的出现，再次掀起意大利西部片的制作高潮，晚期意大利西部片从颠覆西部片英雄原型转向闹剧般的政治讽刺，也是受到了《革命往事》的影响。到1973年，莱昂内制片了《无名小子》，此时意大利西部片已濒临终结，《无名小子》成为一部对美、意西部片之间的关系进行反思的作品。

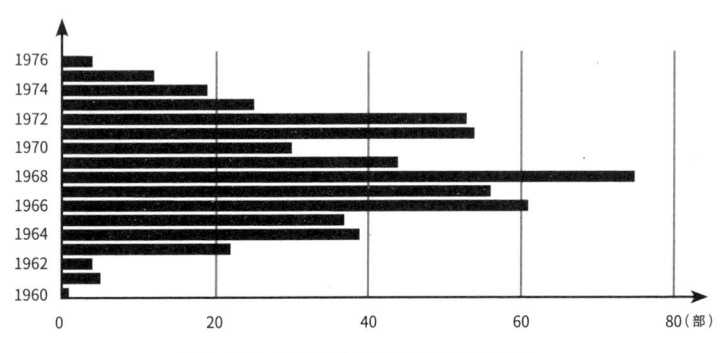

图1　1960—1976年意大利西部片出品部数统计图

很难想象有那么多名不见经传的人物粉墨登场，名噪一时，成为家喻户晓的明星，又随着这个类型的衰落而迅速在历史上销声匿迹，好像一场盛大的电影狂欢。除了莱昂内，塞尔吉奥·科尔布奇也是代表人物之一，此前他的创作已陷入低谷，后来他受莱昂内的帮助而重新崛起，成为西部片的主力导演。他的西部片以暴力和政治隐喻著称，代表作就是大名鼎鼎的《姜戈》（Django, 1966），主人公是一个拖着棺材四处漫游的黑斗篷独行侠姜戈，由意大利演员弗兰科·尼罗（Franco Nero）主演，他因救了一个女人的性命而卷入两个帮派的斗争，最后他被废掉双手，依靠十字架开枪而将匪徒一举歼灭。科尔布奇的《无情职业快枪手》(*Il mercenario*, 1968)和《伟大的寂静》也代表他的风格，匪徒、杀手与豪侠的故事里充满了政治隐喻，演员的服装和化妆都比美国西部片夸张。科尔布奇喜欢表现更复杂的枪支和武器，经常出现血腥场面的特写，并以出人意料的杀人方法著称，有满足猎奇心理的成分。《无情职业快枪手》的背景设在在墨西哥革命时期，开拓了意大利西部片的题材。《伟大的寂静》由法国演员让-路易·特立格蒂南特（Jean-Louis Tritignant）和德国演员克劳斯·金斯基（Klaus Kinski）联合主演。在视觉上，科尔布奇没有莱昂内那么严谨和完美，但他重视政治讽喻和暴力场面的推陈出新。"姜戈"系列后来被拍了近三十部电影，都是意大利人跟风拍摄的粗制滥造之作，情节越来越荒谬、诡异和暴力。与科尔布奇的暴力风格相比，杜西奥·特萨里（Duccio Tessari）与蒙特格莫里·伍德（Montgomery Wood）——原名朱利亚诺·吉玛（Giuliano Gemma）合作的"天使脸林戈"系列（Ringo）则多了一点浪漫情节剧色彩。这个系列塑造了一个年轻、英俊的快枪牛仔，他徘徊在狭隘的正义和女人之间。这个林戈系列的故事糅合了许多爱情纠葛和家族仇恨等因素，把古典戏剧的一些冲突元素放在了虚构的西部世界，并给西部片带来浓烈天主教色彩。"林戈"第一部非常成功，特萨里很快拍了续集《金枪客再闯鬼门关》(*Il Ritorno di Ringo*, 1965)，讲述林戈参加美国内战后回到小镇，因爱情失意而沉沦的故事。他被人废掉右手，最终与他的印第安朋友奋起反抗。"林戈"系列的作曲也是莫里康内，其音乐风格大量借鉴了莱昂内的西部片音乐，比如对墨西哥哀乐和口哨的运用，几乎只是把莱昂内西部片的旋律改了改而已。由特伦斯·希尔和巴德·斯宾塞主演的"特尼达"系列（Trinita）也比较著名。1967年，当朱塞佩·科利齐拍"特尼达"时，特尼达还是一个相当严肃的人物，但到了1971年，恩佐的《他们是神2》时，已经把特尼达变成一个没有过去、没有未来、没有爱情、没有仇恨的玩世不恭的流浪牛仔，他出场时甚至不是骑着马，而是被马拖着走，他的靴子和马鞍则挂在一边。"特尼达"系列的成功让特伦斯·希尔在欧洲红极一时，成为意大利喜剧西部片的代名词。

意大利西部片中，有相当数量的喜剧片，其喜剧风格得益于莱昂内西部片的冷幽默。最有代表性的是费尔迪南多·巴尔迪（Ferdinando Bardi）的《小侠丽塔》（*Little Rita Nel West*, 1967），主人公是一个女扮男装的游侠丽塔，她只为钱活着，并与印第安人是好朋友。在她的流浪中，遇到了意大利西部片的所有著名主人公：特尼达、姜戈和伊斯特伍德扮演的无名客。《小侠丽塔》可能是最早的"无厘头"电影，戏仿了许多美国西部片和意大利西部片的著名桥段，主人公甚至在剧中直接对西部片进行评论，特别有意思。当小侠丽塔与"无名客"在酒吧决斗时，两个人的子弹竟然连续三次打到一起。在这场戏里，巴尔迪直接用莱昂内两部的电影名字（"为了一小把美元"，"为了更多一点美元"）做对白。当丽塔遇到姜戈时，姜戈在坟场躲在十字架后，但不幸被小侠打中，他要求小侠让他像美国人一样死去，也就是说等他讲完自己的一生之后再死，他说："印第安人和日本人都是马上就死，但我是一个著名的美国牛仔，我必须讲述完我的一生才能死"，直接嘲讽1950年代美国西部片的"死亡陈词"。这部西部片还用了动画作为开场和结局，比那些用男声合唱做背景音乐、英雄黯然离去的假庄严更有创意。另外一位著名的意大利西部片导演是塞尔吉奥·索利马（Sergio Sollima），他的《面对面》（*Faccia a faccia*, 1967）是早期比较严肃的意大利西部片。

在这些西部片中，风格最接近莱昂内的是托尼诺·瓦莱里

（Tonino Valerii），他的《愤怒的末日》（*I Giorni dell'ira*, 1967）是一部不被人熟知的杰作。影片由李·范·克里夫和林戈的扮演者朱利亚诺·吉玛主演。这个故事像莱昂内的西部片一样，具有宽阔的历史视野和雄心，角色塑造充分，性格鲜明，并带有典型的莱昂内电影成年男人的游戏色彩。影片中许多段落堪比莱昂内的经典段落，比如把中世纪的骑士决斗形式，嫁接在牛仔决斗身上，范·克里夫和一个牛仔在飞奔的战马上，一边给来复枪上火药，一边策马飞奔对决，强烈的蒙太奇对比让时间无限膨胀。1973年的《无名小子》就是莱昂内与托尼诺·瓦莱里合作的作品，这是意大利西部片后期的名作，讲述了一老（亨利·方达）、一小（特伦斯·希尔）两代快枪牛仔的友谊和故事，后者帮助前者逃离江湖追杀，前者则让后者变成成熟老练的接班人。影片对美国西部片和意大利西部片之间的关系进行了隐喻，有某种英雄老去，日薄西山的苍凉感叹之味。

2.意大利西部片成功的原因

意大利西部片的制作水平远远低于美国，而且艺术质量参差不齐，制作粗糙简陋，常常是这部还没有上映，续集已经开拍。除了少数优秀作品，其他电影都情节夸张、逻辑荒诞，可问题是，为什么这种西部片还能在1965到1975年间火起来呢？

意大利西部片出现时，美国西部片已日趋衰落。西部片大师约翰·福特在《双虎屠龙》中放弃了西部世界的乐观精神，并展现了西部开拓史上良知的泯灭。另外一部著名西部片导演安东尼·曼曾在与詹姆斯·斯图尔特合作的五部西部片中对山川河流和西部人的探险精神进行了歌颂，但他在1960年代初退出了西部片创作。这个时期最著名的美国西部片导演是萨姆·佩金帕，他的西部片明显受到1960年代中电影愈演愈烈的暴力画面和西部历史的修正主义影响，把英雄主义与西部险恶的道德环境对立起来，拍摄了《山谷枪声》《日落黄沙》和《比利小子》等悲观的作品。1950年，好莱坞共出品了一百五十部西部片，西部片占北美上映影片总数的34%，但到了1963年则下降到9%[1]。造成美国西部片产量下降的一个原因是西部片在美国票房的下降，美国观众的兴趣转向了新的人物和类型上。此外，西部片的拍摄成本比较高，演员必须要会骑马玩枪，而且拍摄受背景限制，服装、道具和枪火的制作费比较高。1963年，美国著名影评人宝琳·凯尔（Pauline Kaer）撰文称观众之所以还去电影院看两眼西部片，完全是想看看詹姆斯·斯图尔特和约翰·韦恩这些黄金时代的老牛仔还能不能骑上马。但是，欧洲观众对西部片有着持续的热情，西部片在欧洲培养了大量影迷，是战后一代青年最喜欢的电影类型。尤其在意大利南部，西部片始终是最受欢迎的类型。当美国西部片产量下降时，欧洲观众对西部片的热情不减。同时，意大利人模仿美国史诗片拍摄的神话片耗资巨大，导致意大利电影工业出现投资信用危机。1950年代中期，意大利的年度总票房约为八亿两千万人次，但到了1963年，下降到六亿八千万人次。银幕数量还是那么多，青年人却没有电影可看，欧洲的制片人才考虑用小成本模仿美国西部片以满足意大利国内观众的需要。人们还想看，但已经没什么可看的了。当强大的市场需要指向某种生产成本极高的产品时，没有版权的粗糙仿制品就自然出现了。换句话说，意大利西部片的兴起主要是经济规律的结果，而不是自发的电影运动。用现在的话说，

---

[1] Christopher Frayling, *Il était une fois en Italie: les westerns de Sergio Leone*, Édition de la Martinière, 2005, Paris, p.171.

就是"山寨"西部片的倾销运动，当然，许多人在倾销中玩起了比原版产品更多的创意，用波德里亚的理论，这已经是"文化的后现代状态"了。所以人们在这种美国电影产品中，添加了许多欧洲口味的元素：安达卢西亚的布景，意大利木偶戏式的音乐，木吉他、长喇叭和电吉他、电贝斯的混用，化着意大利歌剧装的妓女，年轻英俊的男主人公，南欧人的玩世不恭和越来越新奇古怪的、混合着意大利街头斗殴式的打斗动作。

意大利西部片的成功，还有一层原因，就是观众越来越厌烦过于严肃正统的美国史诗片。1950年代末到1960年代初，意大利最卖座的电影是好莱坞的史诗片和神话片，主人公都是马其斯特（Maciste）、赫尔克里（Hercule）、乌尔苏德（Ursusd）、歌利亚（Goliath）这些"肌肉型英雄"，这些人物以超人的生理威力震慑着大银幕，一年十二个月，每月都能在电影院里听到他们响天震地的怒吼，这些依靠不死之身而取得胜利的强壮英雄越来越让人感到乏味。相反，意大利西部片的主人公多了一层复杂的技术因素，他们都是枪支弹药的行家，主要依靠高明的技术实力和聪明的头脑取胜，比如《黄昏双镖客》中的枪械、《黄金三镖客》中的大炮和《革命往事》中的炸药，意大利西部片的人物崇尚智慧，而身体强壮、表情凶恶的家伙往往一出现就会被干掉。史诗片的人物和故事都是人所共知的，而意大利西部片的人物是正史无名的人物，他们有着自己的代号或绰号，比如什么Ringo、Django、Rojo、Indio、Gringo，等等，这些名字毫无意义，他们在某个相对独立的地理空间有着自己的传奇，仿佛现代城市某个街区的打仔和混混。此外，意大利西部片的人物与同时期另外一个电影中的成功形象比较相似：007詹姆斯·邦德。第一部邦德电影出现在1962年。从某种角度看，意大利西部片的人物似乎是穿越历史回到美国西部的007，他们不是无往不胜的大力神，而是依靠技术和智慧的快枪手。当观众厌倦了史诗片的"肌肉型英雄"时，开始垂青西部片里敏捷、装配特种武器的"大脑型英雄"。伊斯特伍德扮演的"无名客"很快就红遍意大利，而《荒野大镖客》的开场用剪影动画效果和电子音乐，就与007电影的开场非常相似。在意大利西部片中，通常是一位孤独骑士来到一个缺乏法治和道德沦丧的小镇，这个小镇通常被两伙邪恶的歹徒占据，经常是一派墨西哥人，一派美国人，两个帮派通常做着边境的非法生意。这个孤独骑士一定是一位不死的神枪手，他通常要经过一场情感波折或遭受非人折磨（有时致残），最后凭借出人意料的技巧在一场长达十分钟的激烈火拼中干掉所有坏蛋。这种简单逻辑和幼稚的英雄主义在当时的意大利非常奏效。意大利西部片的英雄往往穿着非常特别的衣服，带着非常特别的武器（左轮枪、微型手枪、匣子枪、来复枪、机关枪和飞刀），等等。为了追求这种新奇，意大利西部片的英雄越来越超出想象，后来居然出现了独臂枪手、没有手的枪手、神父枪手、盲人枪手、哑巴枪手、癫痫病枪手、幽灵枪手，甚至某部电影里出现许多穿着同样黑色制服的同性恋枪手服从于一个名叫"佐罗"的墨西哥神经病。意大利西部片的反英雄色彩和无政府主义色彩特别受当时青年观众的喜欢，也受今天青年人的喜欢。谈到这一点，中国台湾学者郑树森认为美国西部片的没落是因为当时的"反战精神渴望和平，与西部片中的枪战杀人的情节格格不入"[1]，这似乎并不准确。美国西部片的没落，一方面是因为西部片的制作成本太高，一方面是带有传统色彩

---

[1] 郑树森，《电影类型与类型电影》，凤凰出版集团、江苏教育出版社，2006年，第39页。

的骑士英雄主义在青年观众那里失去了市场。而意大利西部片则比美国西部片更暴力（断手、断指、瞎眼、绞刑、断头、活埋和五马分尸），塞尔吉奥·科尔布奇曾在一次电视访谈中说："我会创造更多死法，我有一百万种死法"，而且更加随意和单纯，喜欢颠覆传统，百无禁忌，才受到青年欢迎。

意大利西部片的走红也与当时欧洲人特定的娱乐环境有关。在1960年代的意大利南部，电视还没有普及，电影院成为"前电视时代"青年人茶余饭后最喜爱的娱乐场所。那个时代，人们需要看电影，就像今天的人需要看电视剧，所以对影片的质量要求不高。有了电视之后，多么粗制滥造的电视剧都有人喜欢，但电影制作则被抬高到一个非常高的水平，人们对电视剧的质量从不追究，对电影却非常苛刻。电影院是意大利年轻人晚饭后和周末的主要去处。费里尼的《罗马》和托纳托雷的《天堂电影院》里表现过1960年代的意大利电影院，这些电影院主要是由古老建筑改造的，放映条件一般，设施简陋，主要面向平民阶层，不同的人怀着不同目的去电影院。而且，那个时代的观众并不遵守秩序，在电影院里随便吃着零食，大声说笑，有时纯粹就是为了消磨时间。意大利西部片特别迎合这种观影文化。莱昂内在《莱昂内谈电影》中描述的观众看他的西部片的情形，就是当时意大利影迷的真实写照。他们会在影片的好笑处放声大笑，在幼稚和穿帮的地方吹口哨，也会在精彩的决斗和结局之后长时间起立鼓掌。《黄昏双镖客》上映后，莱昂内的办公室突然闯进三个青年观众，他们带着浓重的罗马腔问莱昂内："导演，我们看你这部电影都看了二十多遍了，花掉了一百万里拉，可是您能说说那个上校与被害的女孩到底是什么关系吗？"这三位观众看了二十多遍，却始终没看明白李·范·克里夫扮演的少校与回忆中的女孩是什么关系。其实，影片中，李·范·克里夫与无名客伊斯特伍德之间有过一次短暂的对话，说道"这种事也经常会发生在兄妹之间"，暗示了他们是兄妹关系。可能这三位每次看到这段时，台词都被电影院里的口哨、尖叫和掌声淹没了。在那个时代，这种事经常发生在莱昂内电影的放映过程中。

五、西部的现实与神话

莱昂内利用西部片的规则，创造了另一个世界，这个世界简单、残酷，但在莱昂内眼中，这个简单而残酷的世界是讽刺的，它有着黑暗而可笑的秩序。如果我们孤立地看莱昂内的某部电影，不考虑历史、社会等外部背景，这些电影也是非常精彩的，观众不需要历史知识储备就能轻松愉快地欣赏《黄金三镖客》，也会认可导演的卓尔不凡，这一点千真万确，毫无疑问。如果把这种雅俗共赏的电影放在复杂的电影史、美学史的背景下分析，会被诟病为掉书袋、迂腐、学院派的大惊小怪。除非这样做真的有助于我们更好地理解莱昂内的精彩和独特，并且获得更多乐趣。

西部片的形式虽然有限，但在莱昂内手里却呈现出巨大的表现可能，甚至构成了对整个美国精神的批判。西部神话是美国核心价值观的一部分，这个价值观指挥并严密控制着好莱坞的意识形态生产，而莱昂内的创作在客观上达到了两个效果，第一是撕毁了西部片中美国历史的神圣面纱，消解、破坏了西部神话的意识形态基础，那里不都是英雄和牛仔，也有强盗和恶棍；

不都是西部拓荒的壮丽和丰功伟绩，也有阴谋和巧取豪夺。第二个效果是解除了美国人对西部片的专属权，让西部片成为普遍适用的艺术讽喻武器。套用德勒兹的一则术语来说，这就是一种西部片的"解域化"（déterritorialisation），解除某个民族对某种艺术形式的独家代理权。一直以来，西部片都是美国文化的代表，但从莱昂内开始，西部片成为一件类型的外套，能穿在不同民族文化的身体上。这种影响是隐蔽但巨大的，今天，全世界都能拍西部片，它过去用来解释美国价值观的形成，现在则可以解释世界。

要认识到莱昂内的这些成就，花费一点时间了解美国西部历史和美国西部片的模式是不可避免的。

1.美国西部大开发的历史背景

历史上真实的美国西部与西部片里展现的世界完全不同。在历史上，西部史是一个艰苦的拓荒史和殖民史，也是一部现代化的历史，这个过程呼唤某种占主导地位的道德和法律来维护其过程的历史合法性，以文学作品和西部片为主的西部文化应运而生。西部文学是一个非常大的题目，涉及的作家、作品众多，这些小说为西部片提供了广阔的题材土壤，我们主要看看西部片。美国西部片创造了荒野奇侠式的英雄主义,一个无序（或丧失秩序）世界因牛仔的到来或存在而恢复了道德和法治，西部神话中最大的神话是以牛仔为核心的；这个无序的世界就是美国扩张地理版图和工业化时期的社会象征，也就是边境，边境意味着共有土地对某一合法进步的选择，这个选择依据现代社会的标准。1893年7月12日，美国历史学家弗里德里克·杰克逊·特纳（Frederick Jackson Turner）在芝加哥的一场文化展览开幕式上，宣读了他的文章《美国史上边境的重要性》(*The Importance of the frontier in the American History*)，这不是一篇单纯的文章，它提出了美国历史研究的新角度，人们开始把美国历史与西部地理版图的扩张结合起来。特纳认为，只有西部拓荒和殖民运动才以更有力的方式解释了美国历史的形成，西部文化是塑造美国历史和美国性格的重要因素。所以，当莱昂内选择西部片时，不完全是艺术家的直觉或偏爱，而有着深刻的历史理性。

西部拓荒时期是1860到1890年，实际上，其文化心理的建构时间要更长，有的文学作品和西部片超出了这个时间范围。18世纪末的西部几乎是蛮荒之地，到处是原始的自然环境，以及与这些自然环境做斗争的印第安人。当时，美国居民只有400万。19世纪初，欧洲移民开始涌向美洲大陆，到1810年，美国居民数上升到700万。1830年代，受到封建政权鼓舞，欧洲移民达到了高潮。到1850年代，美国居民数迅速膨胀到2300万。他们主要是爱尔兰人、意大利人、德国人、波兰人和波希米亚人，到了1890年代，美国居民数达到7600万。在差不多100年中，有3200万移民来到这块新大陆[1]。欧洲移民主要在东部登陆，随着人口数量的急剧膨胀，欧洲移民越来越感到东部土地的有限，其中一些冒险家开始向西部的蛮荒之地迁移。独立战争之后美利坚合众国只有13个殖民地，但《凡尔赛合约》则把密西西比划分给美国，于是最早的西部拓荒是沿着密西西比河开始的。欧洲移民向西部迁移的时期，也是美国经济在生产技术进步和资本刺激下迅猛发展的时期，尤其是制造业和运输业获得了长足发展。1856年，美国制造业资本为5000万美元，到1900年，已达4亿

---

1 数据来自 Charles Ford, *Histoire du Western*, Albin Michel, Paris, 1976, pp.14-15。

美元，增长了八倍。1865年，全美计有铁路38085英里，到1890年已达到167603英里[1]。伴随这个过程的是西部的土地拓荒、对印第安人的战争以及美国内战，这成为美国西部片最深入拓展的三个主题，隐藏在这三个主题背后的，还有对墨西哥人的驱逐（阿拉莫战争）和反奴隶制运动。

西部移民来自不同的文化、种族和地域，他们跋山涉水来到西部，准备依靠这里丰富的自然资源和劳动重建家园。美国西部拓荒时期的生活是非常危险的，一方面要对抗恶劣的自然环境，一方面需要建立新的稳定的生活范式。美国西部社会的建立有两条线索，一条是地理意义的建立，另一条是社会意义的建立。如果前者以驱赶印第安人和扩展边境线为象征，后者则以新型社会秩序的形成为代表。让不同种族和文化的人在西部感受到一个充满希望的未来，并对这个社会有归属感，同心协力为此付出劳动和生命，要比率领骑兵护送驿马车经过印第安人聚居的山谷更艰难。在西部拓荒时期，牛仔神话适合化身为稳定社会的工具。所以，美国内战结束后，传统西部的经济结构向现代经济模式转型时，西部人呼唤一种满足社会发展的意识形态，牛仔道德与英雄传奇结合在一起，因此巴赞说"西部片诞生于一个神话与一种表现手法的结合"[2]。《复仇的山谷》（*La Vallée de la Vengeance*, 1951）的开场旁白最能表达把牛仔现实转换为西部神话的特征，影片开始介绍的是西部真实牛仔的生活（牛仔生活），但故事是从一天晚上牛仔归来开始的（神话）。在美国地理版图的扩张和合法化时期，要形成稳定的民族国家意识，需要西部

---

[1] 威顿伯格主编，《自殖民地时代迄今的美国统计史》，第683页。
[2] 安德烈·巴赞，"西部片，或典型的美国电影"，《电影是什么》，崔君衍译，文化艺术出版社，2008年11月，第205页。

神话，它让从旧大陆来的各个种族的移民形成新大陆的社会标准和道德，看护牛群的牛倌逐渐成为社会正义的捍卫者。

2. 美国牛仔的真实生活

巴赞曾总结美国西部片里的女人神话和马的神话，实际上，美国西部的历史现实，经过文学叙事和影像叙事的两个步骤，塑造的最大神话是牛仔神话。牛仔象征着美国人的冒险精神、正义和法制，是智慧、勇气和力量的化身，是平民中的神话英雄。牛仔故事不但在艰苦的拓荒时期和残酷的版图扩张时期成为西部人价值观的代表，更进化为美国精神的内在气质，美国总统竞选时都以牛仔自居，甚至牛仔神话影响了今天的美国外交政策，以及美国人对外交事务的伦理认识，比如在其他国家的土地上以拯救黎民百姓为理由的匡扶正义活动，牛仔精神最大化地象征着正义和未来。但在真实的美国西部，没有英俊潇洒、正义凛然的牛仔，没有豪情万丈的建设和战斗，美国牛仔的真实生活是非常琐碎而艰辛的。美国导演戴尔默·达夫斯（Delmer Daves）的《牛仔》（*Cowboy*, 1958）是为数不多的真实还原美国西部牛仔生活的电影，影片对牛仔这个职业进行了相对真实的描写。故事讲述弗兰克·哈里斯（Frank Harris）饰演的对西部生活充满向往的芝加哥酒店服务员，在恋爱失败后，主动跟随一队牛仔去西部生活的故事。在电影中，牛仔不像约翰·韦恩那么威风和自由，也不像詹姆斯·斯图尔特那么潇洒和浪漫，他们就像普通人一样从事着艰苦的工作。

最早来到美国西部的都是世界各地的移民，他们在蛮荒的北美洲西部进行着拓荒和农业生产。最早的西部移民建农场、开荒地，主要以猎捕野牛和放牧为生，建立以农场为核心的农业经济体系。"牛仔"一词最早来自西班牙语"vaqueros",意思是"放牛人""牛倌"的意思,是贬义。这个词后来被爱尔兰移民带到了北美洲。伴随西部放牧业的兴起和农场的出现,农场主需要有专人来看管牛群,人们才把专门看管和驱赶牛群的人叫"Cowboy",牛仔才逐渐成为一种职业。作为职业,牛仔一年四季有非常具体的实际工作,他们必须懂得喂养和放养牛群的常识,懂得基本的兽医知识,因为他们需要把成年牛群赶到数百千米甚至更远地方的城市销售,或用火车运往东部,这需要长途跋涉,克服恶劣的天气和自然环境。所以牛仔的工作非常辛苦。牛仔多数时间是与牲畜一起度过的,而不是小镇中的妓女和罪犯。春天是聚拢牛群的季节,这个过程非常艰苦,因为要把牛关起来,割去牛角,这是畜生最痛苦的时候。最难的是骟小牛,以及给牛犊接种和做记号。此外,牛仔必须要有把牛群围拢起来的能力,以免在途中让牛群分散。牛仔驱赶的牛群有时多达两千五百头牛,驱赶这么多牛跋山涉水数百千米,经常要在灰尘、泥土中生活,在奔跑的牛群后面吃灰。无论在夏天还是冬天,他们都要在山谷里露宿。当遇到暴风雨或暴风雪,他们要把牛群赶进山谷躲避寒冷。有时,他们要承受缺粮断水的饥渴,要穿越沙漠或高山。这种工作非常危险,充满不确定性。所以在美国西部,只有社会底层青年才肯做牛仔,那不是个好工作。

在西部,马是最重要的交通工具,西部人几乎都会骑马,但真实的西部人的骑马技术不像西部片里演得那样高明。牛仔不是天生的骑士,他们刚刚工作时往往是蹩脚的骑手。除非在悠闲时为了好玩,或者围赶散开的牛群,他们很少策马飞奔、纵横驰骋,因为骑马的主要目的是赶路和驱赶牛群。牛仔骑马大多数时间是正常行走,以保持马的体力。西部片中的英雄牛仔往往有非常漂亮的马具，但在现实中，马具不是为了漂亮，而是有实际用途。比如真正的西部人会给一匹只值十美元的马配上一个四十美元的马鞍，因为他们的马大多数是没有完全驯服的马，一个质量好的马鞍可以让蹩脚骑手不会轻易从马上摔下来。好的马鞍比较深，容易让骑手保持平衡，西部牛仔坐在这种马鞍里会更有安全感。所以，多数牛仔不用学习骑术，只要有好的马具就能保证不摔下来，逐渐适应野性难驯的马。西部片里的牛仔通常有自己的宝马良驹，他们在冒险传奇中相濡以沫，但在现实中，几乎每个牛仔都有两匹到八匹马，因为他不确定今天哪一匹马会驯服。当马不驯服时，牛仔们没有时间在围栏里驯它，而是马上选择另一匹马。一个经济条件好的牛仔会在早晨准备两匹马，白天准备两匹，晚上准备两匹，还需要另外两匹用来进城或替代受伤的马。

为了防备狼和野牛的进攻，牛仔们有时需要携带武器，但这些武器更多是用来杀死受伤的牛的，以使畜生尽快摆脱痛苦。与我们在西部片中看到的不同，在实际生活中，手枪可能没有绳索好用，因为牛仔主要对付的是牛，而不是人。牛仔很少开枪，也不是真正的神射手，莱昂内说比利小子在杀人时会开上一百枪，即便有些夸张，也离事实不远。牛仔最提防的人不是印第安人，而是盗马贼和盗牛贼，这些贼也是西部依靠农场生存的本地人。西部的枪支多数是美国内战后出现的。没有人培训牛仔的射击技能，手枪也没有猎枪普及。西部最流行的手枪是柯尔特0.45毫米的自动转轮手枪，柯尔特设计的这款手枪主要用在陆军。美国内战后，西部的枪支泛滥，种类很多，有的左轮枪能压上五发子弹，有的可以压到八发。左轮枪的射程不远，杀伤力不大，但装弹速度快，灵活性强，佩带方便，构造简单，对射击环境要求低，适合对付野兽和处理紧急情况。所以，美国西部片从来不把枪种、射程等看作牛仔决斗的要素，因为在美国西部片中，枪的差异并不重要，观众也不关心，重要的是决斗的结果符合正义。在西部，最好的射手都是野牛捕手（buffalo hunter），他们猎捕美国西部山脉的野牛，我们在弗里茨·朗的《西部联盟》（*Western Union*, 1941）的开场和理查德·布鲁克斯（Richard Brooks）的《最后的狩猎》（*The Last Hunt*, 1955）中可以看到这些野牛。在拓荒时代，人们大肆驱赶和猎杀这些野牛，差点导致这种野牛灭绝。美国西部文学和电影中的传奇人物，多数是历史上真正的捕牛英雄，比如传奇人物怀亚特·厄普兄弟三人都是著名的捕牛手，早年的西部片明星"野牛比尔"（Buffalo Bill）本人就是捕牛好手。在现实中，牛仔没有什么文化，在达夫斯的电影《牛仔》里有这样一个情节：一个牛仔在路上不慎被毒蛇咬伤，因为医治不及时而死去，牛仔们在为他举行简陋葬礼时，十几个牛仔，居然没人记得住葬礼的祈祷词。因为真实的牛仔都来自西部社会的底层，他们没受过教育。莱昂内的牛仔从来不会说出约翰·福特那么复杂而深奥的台词。

美国西部片中的牛仔英雄都有着非常独特的服装，这些服装随着西部片1950年代的商业成功而成为男性时尚。事实上，现实中的牛仔服装在设计上完全不是为了美观和时尚，而是方便工作。比如19世纪的大沿帽子是为了遮阳和挡雨，或者在穿越树林时保护脸部不被树枝刮伤。牛仔脖子上的丝巾是用来吸汗、遮挡灰尘的，不是为了搭配牛仔衬衫的装饰品。牛仔裤从来不是紧腿的，皮裤、皮靴不是为了好看和炫耀富裕，而为了提高裤子与马鞍的摩擦力，或在寒冷的天气里御寒，并能有效地防止蚊虫叮咬和毒蛇。牛仔长年累月地生活在路上，没有时间刮胡子和洗衬衫，牛仔通常的形象是满脸灰尘、憔悴不堪，从来不像美国西部片开场时那么精神矍铄、一尘不染。《侠骨柔情》开场时，亨利·方达扮演的怀亚特·厄普要进城，目的是刮刮胡子。而《原野奇侠》开场时，从远方走来一个穿戴整洁、英俊潇洒、满面红光的牛仔，似乎刚从洒水车经过的现代大都会出来一样，这是完全不可能的。正因如此，莱昂内批评美国西部片缺乏现实主义基础。

牛仔保证了农场主们在拓荒时期依靠农牧业生存下来，他们很少参与驱赶印第安人的战争，西部商业的繁荣需要骑兵队保护，以提防印第安人。到19世纪末，西部人对牲畜的依赖越来越少，城镇的兴起让农牧业不再是西部经济的支柱产业，牛仔们开始有更多闲暇时间，这时出现了牛仔的娱乐：竞技活动。这些竞技后来演变为牛仔竞技表演，这是世纪之交西部人主要的娱乐项目。据让-路易·勒特阿的《西部片考古学》（*Western: Archéologie d'un genre*）所述，牛仔表演极有观赏性，影响不亚于西部片，广播会直播这些表演。同时，美国兴起了音乐歌舞厅，西部的歌舞表演主要以西部生活为题材，还有杂技和滑稽剧。西部歌舞是西部人重要的民间文化。在城市化和娱乐化中，作为职业的牛仔在消失，没有人干活了，但作为演员和英雄的牛仔开始出现。

3.美国西部片的发展

巴赞说西部片是唯一与电影同时问世的电影类型[1]，西部片的历史几乎与世界电影史是同步的。第一部西部片是1903年波特

---

1 安德烈·巴赞，"西部片，或典型的美国电影"，《电影是什么》，崔君衍译，文化艺术出版社，2008年11月，第203页。

（Robbery Edwin Porter）的《火车大劫案》(*The Great Train Robbery*)，这部电影奠定了西部片的一些情节惯例：精心策划的火车劫案（或银行劫案）、对平民的野蛮杀戮、酒吧里的歌舞、惊心动魄的追捕和正义与邪恶的最终较量。波特用了每场戏一个镜头的严谨叙事方式，让影片显得非常真实，但影片最后强盗对着观众开枪的镜头还是让西部人非常不安。为了让观众对西部生活有安全感，两年后，波特又拍摄了一部喜剧版《火车小劫案》(*The Little Train Robbery*, 1905)，讲述一伙西部少年不愿意读书，去打劫运送女学生的小火车的闹剧。此后，美国出现了大量以西部为题材的默片。但直到1922年，西部片还不是一个被广泛认可的电影类型，西部题材混合在历史剧、侠义片、歌舞片和情节剧里。比如克里斯蒂·凯拜恩（Christy Cabanne）的《阿拉莫英烈传》(*Martyrs of the Alamo*, 1915)；大卫·格里菲斯的许多影片与西部历史有关（《一个国家的诞生》《党同伐异》）；道格拉斯·范朋克（Douglas Fanbinks）主演的一系列侠义片也以美国西部为背景，比如《佐罗的面具》(*The Mask of Zorro*, 1920)。西部背景在1920年代盛行一时。当时的西部片以系列的形式出现，每部的时间都不长，有点像电视剧。由于西部片诞生于牛仔竞技表演和歌舞厅出现的时期，所以，1930年代的西部片多以表现惊险骑术和动听的西部歌曲而受到观众欢迎。

这个时期的西部片明星，就像1980年代美国动作片明星多数来自健美和搏击运动员，他们都是真正的牛仔。汤姆·麦克斯（Tom Mix）在1930年代的牛仔片《奇迹骑士》(*Miracle Rider*)中，都是不用替身的真正骑术，他能在悬崖峭壁之间表演真正的惊险动作，经常因表演而受伤。在早期西部片明星中，威廉·哈特（William Hart）"毫无疑问是被人们看作最经典的明星"[1]，他本人就是一个优秀的骑士。而吉恩·欧瑞（Gene Autry）等则以主演音乐西部片闻名，在影片中弹唱西部歌曲。默片时期最重要的西部片是约翰·福特的《铁骑》（*The Iron Horse*, 1924），以现实主义手法再现了各国移民在美国西部铁路建设的艰辛历程，影片出现了经典西部片矛盾冲突的基本模式：铁路公司（代表着文明和进步）与地方势力（代表着保守）、印第安人（代表着野蛮）的冲突，资本家与自由牛仔的价值观矛盾，复仇故事，爱情纠葛，女性在西部拓荒中的地位等。

有人认为西部片是一个以"历史"为对象的电影类型，这是站不住脚的。如果说西部历史为西部片提供了背景和人物，这不能算错，但西部片并非真实地再现了美国历史。作为类型的西部片，不但没有真实揭示历史，历史学家如果不批评西部片歪曲、遗忘和篡改历史就算谢天谢地了。西部片往往从西部文学和西部传说中汲取灵感，电影中的人物多来自民间传说和故事，有些人物的名字无法考证，从史实角度看，很多影片的故事和人物都是错的，比如《要塞风云》中欧文·休斯代少校（Owen Thursday）的事迹在真实历史中应该是库斯特将军（general Custer）。西部片从一开始就回避讲述历史，而是提供想象和道德神话。

西部片的历史转折点是1939年约翰·福特的《关山飞渡》，这部电影把西部作为一个独特的社会背景来发展故事，奠定了经典西部片的叙事模式、人物原型和价值观。福特细腻地塑造了西部人的群像，以激烈的真实马车追逐和枪战场面吸引了观众，并在结尾开拓了西部世界的道德领地：一个正义的罪犯和

---

[1] Charles Ford, *Histoire Du Western*, Edition Albin Michel, Paris, 1976, p.97.

牛仔与善良的妓女结合，符合人们的愿望。《关山飞渡》开启了美国西部片的黄金时代，并在1950年代达到高潮。在这个时期，美国西部片成为一种特殊的大众文化，西部片是斯大林与丘吉尔、维特根斯坦与萨特、南意大利和北非民众唯一共同喜欢的东西。西部片发行到世界各地，牛仔精神不但塑造了美国人，也塑造了一代世界观众。如果说今天法国本土的西部片研究之所以不逊色于美国，就是因为法国的第一代电影学者是看着西部片长大的。在1960年代，约翰·韦恩的知名度和影响力堪比披头士乐队。众所周知，巴赞把西部片称作"典型的美国电影"(le cinéma américain par excellence)，实际上，从1920年代开始，法国记者、导演罗贝尔·弗洛雷就提出"在大西部策马奔腾才是真正的美国电影"[1]的论断。在很长一段时间里，西部片就是美国英雄主义、美国精神和美国道德的代名词，西部片的流行是二战后美国意识形态输出的第一场重大胜利，这个局面直到意大利西部片的出现而终结。

六、莱昂内的电影风格

很多人会觉得奇怪，莱昂内的电影这么好看，为什么还会在当时引起争议和批评，为什么人们对莱昂内的看法会出现明显的两极分化。我们不妨从这些争论的出发点来总结莱昂内的电影风格。简单概括起来，当时评论所提出的种种问题，都可归纳为五个彼此矛盾、对立的方面：

---

1 Robert Florey, *La Laterne magique*, in *La Cinémathèque Suisse*, n° 6, 1966, p.16.

第一个问题是关于"真实"（vérité）的。反对莱昂内的人认为他的西部片（甚至所有的意大利西部片）是"虚假"（faux）的，拍摄的既不是真实的西部风光，也不是真实的西部故事，比如这些人经常写到诸如"谎言"（mensonge）、"诡计"（rusé）、"虚张声势"（bluffe）等字眼；但支持莱昂内的人往往认为他的电影"严谨"（rigueur），是"史诗般的"（épique）。试问一部创作严谨的电影又怎么能给人虚假、虚张声势的印象呢？而莱昂内自己认为摆脱了意大利新现实主义的影响，认为自己比美国西部片导演更加尊重历史事实。

第二个问题集中在"道德"（morale）层面。批评者认为他的电影太"暴力"（violent）、"恶"（mal）、"令人厌烦"（suant）、"肮脏"（sale）、"卑劣"（sordide）、"坏"（méchant）、"虐待的"（sadique）、"折磨人的"（torture）；但是，另外一些批评家则认为他的电影"抒情"（lyrique）、"怀旧"（nostalgique）和"感伤"（mélancolique）。这又是一对矛盾，一部在美学和道德上给人以负面印象的电影，又如何能让另外一些观众感到怀旧和感伤呢？

莱昂内遇到的第三个"控诉"在"节奏"（rythme）上。一些人指出莱昂内的某些戏"多余"（superflue）、"冗长"（lent）、"累赘"（redondant）和"没完没了"（interminable）；正相反，还有一些人认为莱昂内的场面调度是"印象深刻的"（remarquable）、"大胆的"（bravoure）、"灵巧的"（habile）和"值得推荐的"（recommandable）。

第四对矛盾出现在莱昂内对西部片的"态度"（attitude）上。有人认为他的西部片与正统美国西部片相比是"不诚实的"（malhonnête）、"怪诞的"（grotesque）、"不健康的"（malsain）、"儿戏的"（rigolade）和"玩世不恭的"（cynique）；但是也有人评价这是一种"漫画式的"（caricatural）、"反讽的"（ironique）和"流浪汉文学般的"

(picaresque)的西部片。

最后，还有人指责莱昂内处理故事的"方式"(moyen)。有人认为他的西部片是拙劣的"模仿"(imitation)，是"抄袭"(plagiat)；但有人则认为那是一种对传统西部片的"致敬"(hommage)、"引用"(citation)和"参考"(référence)。

这些矛盾的字眼都来自当年的影评，这种现象（对某个核心问题产生的彼此对立的态度）说明了两个问题：首先，莱昂内电影有非常强烈的风格，一个平庸的导演很难让不同趣味的人都产生深刻的印象；其次，说明这种风格对当时的电影观念产生了刺激，不论这种刺激是正面的，还是负面的，都反过来证明了莱昂内的独特。

1. 反英雄叙事

《荒野大镖客》开场的第一个镜头是地面上一小块干裂的地皮，然后是伊斯特伍德的后背进入画面，我们看不到他的脸，只能看到他戴着一顶大沿帽子，披着一件墨西哥披毯，这种披毯是美国、墨西哥边境做苦工的人穿的衣服，下面穿了一双美国南方军队的靴子，这是一个高大的牛仔，骑着一匹矮马（《原野奇侠》中的阿兰·拉德则是一个矮小的牛仔骑着一匹高头大马），懒洋洋地走进了一个空荡荡的镇子。这个开场看似没有什么特别，其实奥妙很多，这个开场几乎是对美国西部片经典的开场方法的嘲笑。美国的开场通常是这样的：一个（或几个）牛仔（士兵）在原野、沙漠中飞奔，他（们）的身影映衬着天地之间的地平线，暗示着他们泾渭分明的道德原则，他们的身躯在夕阳漫天红霞中形成强烈的剪影效果，经常配有激昂的管弦乐，最后，他（们）来到一座喧闹的小镇，展开他们的故事（复仇、维护秩序、镇守边关等）。美国西部片的开场几乎都拍正面人物，而且观众从主人公的装束上就能判断他的身份（士兵、牛仔或地方官）和性格，看出他是好人还是坏人。但《荒野大镖客》的开场完全打破了通过装束对人物的判断，我们说不清穿成这样的牛仔到底是什么人：他可能是军人，也可能是来自墨西哥的流浪汉，也可能从任何地方来。而且美国西部片从来不会从背面拍摄正面主人公，经常在开场就让他的英武面容清晰地呈现在观众面前。而《荒野大镖客》不但只拍主人公的后背，而且是一派懒散模样，他没像西部英雄那样从遥远的地平线飞驰而来，而是晃晃悠悠进了空无一人的镇子。这些微妙的修正主义对于那些熟悉西部片的观众来说都会引发会心的微笑。

所以，所谓"反英雄"不一定等于简单摆脱传统形象的性格模式，更在于颠覆塑造英雄的叙事范式。

接下来的情节延续了"反英雄"的表达模式。这个高大的无名牛仔停在小镇的一口井前，突然传出孩子的哭声，一个五六岁大的小孩子被一个凶恶的墨西哥胖子从屋子里赶出来。凶恶的胖子形象在莱昂内电影中往往是愚蠢之徒的象征，他后来在藏金子的仓库前被无名客戏耍。胖子用枪驱赶孩子，把他赶回爸爸身边，窗口处走来一个神情悲伤的漂亮女人，她望着自己的孩子和丈夫。在西部片中欺负小孩，要比欺负女人更触犯道德，何况是一个肥胖的大人拿枪吓唬小孩。此时此刻，一个行侠仗义的机会箭在弦上了，如果是在美国西部片，这场"行侠仗义"是主人公出场的必要序曲，是介绍正面人物的惯例情节。莱昂内也给主人公提供了这样的机会——这是在《用心棒》中完全没有的情节，但是他的主人公对此充耳不闻，墨西哥胖子挑衅地看了他一眼，他依然面无表情地喝着水。他不但无表情，而且不作为，这在当时的西部片中是非常刺眼的：这个骑着马来的陌生人看起来不像嫉恶如仇的侠义牛仔，也不像是寻仇的硬汉，而是一个袖手旁观、明哲保身的局外人，他身份模糊、行为奇怪，他来这里的目的不是匡扶正义、为民除害，而是别有他求。所以，《荒野大镖客》用不超过五分钟的开场，总共不超过三句对白，莱昂内就打破了美国西部片的英雄主义惯例，塑造了一个奇怪的"反英雄"。

所谓"反英雄"的"反"，体现在无名客性格的"无"上。首先是没有名字：在"镖客三部曲"里，伊斯特伍德始终没有真正的名字，在《黄昏双镖客》里，他的绰号叫Mento，西班牙语指"一只手的人"；在《黄金三镖客》中，他叫黄毛仔（Blondy），这既不算真正的名字，也谈不上多么响亮的绰号。美国人把他叫作"无名客"，这不是西部片中复仇、战斗、维护法纪、扫除害群之马的英雄，而是一个历史无名、只为金钱服务的人。其次，这个人没有身份，无来处，无去处，背景神秘，命运没有起点和终点。莱昂内"赏金三部曲"的故事最终形成一个圆圈，《黄金三镖客》的结尾是《荒野大镖客》的开始，无名客穿上了南方士兵的披毯，走向了《荒野大镖客》那个小镇。另外，这个人不喜欢表达，很少说话，从不讲述过去，是西部片中对白最少的主人公。他还奉行不介入政策，不关心当地的法治和秩序，也不援助，面对匪徒欺负妇孺不会轻易出手相救。他还不结盟，匪徒也好，军队也罢，他总是处在两派之间，独立于两种势力之外。在《荒野大镖客》的开场，当几个匪徒挑衅他时，他甚至不抵抗。与美国西部片主人公积极捍卫个人道德之纯粹性相比，无名客身上的否定性因素奠定了另类色彩。

2.假象的游戏

围绕这个"反英雄",莱昂内一方面不照搬照抄美国西部片的模式,另一方面试图通过惯例模式玩弄"假象的游戏",来创造悬念和幽默。"假象的游戏"是莱昂内最喜欢的方式,他钟爱利用观众对剧情的期待,创造新颖的效果。在《荒野大镖客》中,无名客的右手被打伤,他的对手是用来复枪的悍匪雷蒙。正常来讲,一个右手拿枪都费劲的左轮枪手是很难赢得一个百发百中的来复枪手的,但莱昂内在设计决斗这场戏时,让棺材佬给无名客送去一包炸药,创造一种无名客会在决斗中使用炸药的假象,实际上,他在准备用钢板做防弹衣,而把炸药作为自己最后出场仪式的烟雾背景,这让最后决斗充满悬念,最终以换子弹的方式决斗而赢了雷蒙。而《黄昏双镖客》开场时,他的第一个镜头就是右手戴着皮护手,观众会认为他的右手有伤或者残废,他在酒吧里打牌、打架时都用的是左手,这进一步加深了假象,其实是莱昂内的游戏,无名客的右手始终握着枪,以便随时开枪。当三个匪徒在酒吧从背后袭击他时,他不用掏枪就把他们干掉了。假象的游戏既是剧情的需要,也是做给观众看的悬念。《荒野大镖客》中把士兵的尸体摆在坟墓前,乔装活人;《黄昏双镖客》中抢劫银行时匪徒们的准备也是假象;《黄金三镖客》中图可在木桶中干掉枪手的方法,也是创造一种错觉;《西部往事》中夏延在火车上干掉看守口琴手的土匪,利用的也是假象。莱昂内的假象,既是剧中人彼此设计的假象,我们称之为"内叙事假象"(le faux diégétique),也是电影给观众创造的假象,可称为"外叙事假象"(le faux métadiégétique)。内叙事假象凸显了人物性格的复杂和现实条件的残酷,而外叙事假象则通过逆反结果的荒诞强化了对传统模式的讽刺态度,让真实(réel)

与想象（imaginaire）、此在（actuel）与虚拟（virtuel）之间沟通循环，这恰好符合德勒兹在《时间—影像》中对"假象的力量"（puissance du faux）的描述[1]。

利用观众对形势判断的错误认识，不仅创造了独特的喜剧气氛，设置了悬念，也从侧面塑造了非典型人物的群像，这些人物从西部片传统范式里脱胎，形成了鲜明的个性。莱昂内最崇尚的就是反常规，他希望在相似的情境中发展出出人意料的情节和性格，在这方面他非常成功，也受到观众的欢迎。如果说他的人物有违反西部英雄之道德，那恰恰是意欲所为。莱昂内不相信道德的纯粹性，他的好人有缺点，坏人也有优点，在残酷的现实中，他们首先要做的不是行侠仗义，而是保住性命。当然，我们看到，莱昂内的人物内心深处都是有人情味的，为妹妹复仇的少校、为照顾母亲不惜做匪徒的坏人、依靠打劫养家糊口的农民，等等，莱昂内的人物从来没有大段的独白，他们都把内心的情感深深隐藏在沉默的外表后面。这样的人物更加深邃、丰富、立体、亲切。

3.特写的美学构成

人们熟悉莱昂内的超大特写镜头，但我们不一定体验到莱昂内各种特写镜头的奥妙。超大特写在1920年代的默片中已经普遍使用了，尤其是法国的让·爱泼斯坦、热尔曼·杜拉克等人带有印象派特征的实验电影，所以，莱昂内的贡献不是开创性地把镜头卡在了下巴与额头之间，而是在不断放大的镜头中，发展出独特的语法和意义。巴赞曾总结西部片的特点之一就是

---

[1] Gilles Deleuze, L'Image-Temps, *Les Éditions de Minuit*, Paris, 1985, pp.165-178.

很少有特写镜头，多数由远景和中景镜头构成，比如我们印象深刻的沙漠、森林、草原和山脉的画面。莱昂内不但把特写代入西部片，更在特写镜头的变化上产生了许多新意。

（1）快板特写蒙太奇

首先，莱昂内喜欢观察人物的脸，他对脸的复杂情有独钟，于是才有了特写镜头。德勒兹曾认为"不存在脸的特写镜头，特写，就是脸本身"[1]，他认为脸的独特属性（visagiété）奠定了特写镜头的原初动机。可能碍于影片对白的语言是英语，莱昂内偏爱让观众去看而不是去听他的人物，他那些特写镜头呼唤观众去观察电影中形形色色的人物。他在访谈里多次提到，在选择演员时，他对人的脸有独特的兴趣，比如选择范·克里夫。特写镜头有助于我们观察对话不多的人的内在性格。所以，特写镜头在莱昂内的电影中有着极强的"导论作用"，引导我们认识角色，而每个角色都因脸部的轮廓、装束、表情和神态给我们留下了深刻的印象。《黄金三镖客》结尾那个著名的"快板特写蒙太奇"中，通过特写，观众深入窥察到三个人物的不同性格，他们的犹豫、狡猾、衡量和判断，完全取代了多余的陈述和情节。

（2）渐进式心理特写

在特写镜头的搭配上，莱昂内擅长一种不断推进的特写镜头，我们可以称之为"渐进式心理特写"。在《西部往事》中，莱昂内用逐渐推进的特写镜头，放大隐藏在口琴手内心深处的秘密。每次口琴旋律响起，镜头中就会出现口琴手那张无表情的复杂面孔，他的秘密伴随着口琴和特写镜头，渐渐召唤观众看到闪回中那个虚幻的身影。当口琴手与弗兰克决斗时，弗兰

1　Gilles Deleuze, *L'Image-Mouvement*, Les Éditions de Minuit, Paris,1983, p.141.

克不知道他的真实身份，观众也不知道他的真实目的，但随着口琴声的增强，我们看到了三组不断推进的特写镜头，直到摄影机卡在口琴手那双深邃的眼睛时，我们才真正进入这个复仇者神秘的回忆中，复仇的原因被揭示了。渐进的特写和渐次闪回镜头相组合，构成了一种人物描写和叙事的手段。所以，莱昂内的特写不单纯是把面孔放大，更是通过无声的放大推进神秘人物的内心，就像德勒兹所说：大特写镜头是一个被放大的心理面孔，在特写镜头中，人物复杂的心理图景毫无遮拦地进入我们的视野。在《美国往事》中，莱昂内的特写接闪回的手法已经水到渠成、天衣无缝了，影片最后结束于对面条的渐进式心理特写的定格上，那个神秘的笑容成为解读影片意义的关键。

（3）对比性正反打

我们注意到，正反打的一般规律是保持正打镜头和反打镜头的匹配性，以传达对话双方的某种关系。西部片中的正反打几乎都遵循普通剧情片的规则，鲜有独到的运用和创新。而莱昂内的正反打镜头往往是没有对话的，他期待人的脸能在正反打中产生真正的对话。《黄昏双镖客》中，无名客与少校在深夜比赛枪法之前，无名客走上前挑衅，两个人没有说一句话，而是相互踩脏对方的靴子。对于这种"身体语言的正反打"，莱昂内也偏爱特写镜头，以把身体语言意义的明确性发挥到最大。同样的方式出现在克劳斯·金斯基扮演的驼子匪徒在酒馆里对范·克里夫的挑衅中，当然，这场戏的精彩之处还在于莱昂内大胆运用了带有喜剧色彩的大号做配乐，而大号在意大利即兴喜剧中专门用在喜剧桥段即将到来时的引子段落，更在于这场含义丰富的戏中没有一句对白，完全是靠身体对话的正反打实现的。当然，莱昂内把特写镜头运用到极致的是一种象征性的正反打。《黄金三镖客》的开场是一个空旷的全景镜头，一片空旷的沙漠，之后，一张肮脏的脸进入画面，这个动作本身构成了"特写切入全景"的转换，这种转换本身很奇特，也有喜剧效果；这个人严肃地看着某个东西，当观众期待下一个镜头能揭示他所看之物时，下一个镜头反而是另一个空荡荡的大全景镜头。这种景别搭配的错位让我们回想起莱昂内的西部片中，大全景与大特写的不断交替，都给人留下了深刻印象。在我看来，这不是孤立的全景镜头与特写镜头，而是全景镜头（自然、社会）与特写镜头（脸孔、个体）的某种对视、某种对立，构成了一种非常规的正反打。在美国西部片中，尽管英雄主义都是以个人主义形式出现的，但个人主义是西部历史运动的一个部分，个人总是渺小的、顺从的和富有牺牲精神的，正义的英雄都归顺于社会发展的规律和道德需要。但莱昂内不接受这种否定个体主义的价值观，所以"特写与全景的正反打"，看上去荒谬，逆反常规，其本质是对美国西部片价值观的反抗。美国西部片中，只有英雄才有资格获得特写，但莱昂内让许多无意义的、可能随时会死去的小人物都获得一种放大，这些特写的群像与狂野西部残酷的自然环境和社会现实构成了某种深刻的对立：个体与世界的对立。很多人批评莱昂内在电影中滥用暴力，其实他比许多美国西部片都更尊重生命。

4.含义丰富的音乐

莱昂内的电影配乐与同时期的意大利电影一样，都是通过后期合成的，包括配音，都是在后期统一完成的。正因为技术上很难实现同期录音,意大利导演更重视音乐和声音的质量。所以，在莱昂内电影中，音乐、对话、枪声、马蹄声甚至寂静，所有的音乐元素和声音元素都是创作的结果。

（1）人物主题

莱昂内在音乐上最显著的特征是追求人物的主题化，为每个主人公选择最恰当的主题是他在创作方面与莫里康内讨论最多的地方。在他的西部片里，重要人物的出场都伴随着音乐主题，《黄昏双镖客》无名客的口哨，《黄金三镖客》中图可则用了混合了狼嚎的嘶喊声，《革命往事》中墨西哥农民用了模仿了青蛙的叫声。莱昂内的人物很少说话，但有了这些生动、准确的人物主题音乐，观众对这些人物会产生更直观的认识。莱昂内是用音乐语言来介绍、描述他的人物，人物的音乐主题就是"音乐旁白"，是介绍性、描述性和评述性的，甚至创造出不同的人物气氛。音乐比任何语言都更能准确描述他的人物，这个特点与歌剧颇为相似，意大利歌剧往往通过人物独特的音质、不断出现的旋律和唱段以及前后一致的情感表达，来塑造人物性格。莱昂内对人物音乐主题的运用也不是机械的，往往会伴随情节而发生变化。

（2）内在音乐的外在化

莱昂内在音乐上的另一个特点是内在音乐与外在音乐的转化。口琴在《西部往事》的开场时是故事中的音乐，是一个沉默的复仇者表达情感的乐器。但随着剧情的深入，口琴声逐渐从文本内部延伸到文本外部，成为配乐的一部分。同样的，《黄昏双镖客》少校的音乐怀表也从最初的内在音乐，到决斗时转化为外在音乐，与背景音乐融为一体。内在音乐向外在音乐的转化是不易察觉的，把剧情中的音乐代入配乐，让音乐成为唤醒观众记忆的工具，把观众的情绪代入剧情，同时也把剧情的气氛融合到带有抒情色彩的配乐中，成为情绪的融合剂。

这一点运用最出色的是《黄金三镖客》中战俘营那场戏：军官让战俘在营地里演奏音乐，与此同时在营房拷打图可，用音乐掩盖刑罚的惨叫声。此时，战俘营里演奏的音乐迅速转化为电影配乐，其意义是非常丰富的，因为这场戏借鉴自二战期间纳粹集中营的真实经历，同时起到多重隐喻的效果。

（3）乐器的多样化

莱昂内的配乐中，有许多声音来自西部片的内在声响，比如马蹄声、狼嚎声、风声、枪声，等等，莱昂内对乐器的大胆拓展创造了电影音乐的多样性。美国传统西部片中，配乐乐器是非常单一的，多数是管弦乐。但《荒野大镖客》中，莱昂内就把风笛、军鼓纳入配乐，尤其是结尾借鉴了墨西哥长号，混合了人声合唱，创造了悲怆、凝重的仪式感。

上文提到过《黄昏双镖客》中大号的诙谐作用，其实，莱昂内与莫里康内在这场戏中还运用了犹太竖琴，范·克里夫在金斯基的肩头划火柴时的声音就是这种琴声。这种琴声比较干涩，类似人的说话声，在这场戏中起到了画龙点睛的作用，既化解了紧张气氛，又带来了难以预料的喜剧效果。在《黄金三镖客》中，莱昂内乐器的观念进一步开放，把许多非乐器声响代入配乐，比如决斗时用的电吉他和弦配合军鼓创造一种紧张的气氛，而当时的电吉他刚刚出现，还很少有人把电子乐器运用到电影配乐中，而人声合唱也比《荒野大镖客》中更加丰富。据当时参加人声合唱的意大利歌唱家介绍，他们没有什么具体的唱词，只有简单唱腔的变化，但听上去仿佛有具体的歌词变化。《黄昏双镖客》结尾，怀表的音乐声与钟声混为一体，从复仇到死亡，完成了意象的转移，莱昂内的变化是非常细微而精确的。莱昂内的音乐时而提示我们西部世界的残酷，比如口琴，时而起到间离化效果，用幽默感让我们忘记这个残酷的世界。

莱昂内的音乐观念是非常现代的，在他的电影里，甚至寂静也是一种音乐。在《西部往事》那个传奇开场中，没有用任何乐器，所有声音都是自然的声音：风车旋转发出的吱呀声、皮鞋踩在地板上的声音、电报机的嗒嗒声、风声、落在帽子上的水滴声、苍蝇的鸣叫，仿佛一曲自然的交响乐，这些最终被刺耳的火车汽笛声取代。之后是一场寂静，三个枪手寻找神秘人，直到口琴声响起。这个段落的声音运用在整个电影史上都是独树一帜的。

5.时间的膨胀与压缩

（1）仪式的时间

在莱昂内电影的决斗中，为了展现十秒钟的情节，他需要五分钟的剪辑。当电影时间与故事时间比差扩大时，我们感到了时间的膨胀，这种膨胀就是"仪式的时间"。把决斗仪式化了，拉伸了情节体验的心理时间量。用莱昂内的话说：把见证真相的关键时刻放大了，观众强烈地感到了危急关头生死莫测的悬念。用决斗取代法律和道德判断，是美国西部片最激动人心的价值观，当人们把期待寄托于代表正义的牛仔时，忽视了决斗形式本身的残酷性和不可预测性。所以就像《双虎屠龙》最后的三人决斗一样，美国西部片的决斗是短暂而没有悬念的，正义通过生死抉择得到伸张，通过牛仔的枪法和信念来完成。莱昂内则通过时间的膨胀，把决斗的残酷性和不可预知性放大了：《黄昏双镖客》中少校与对手的决斗发生在一截低矮土墙围成的圆中；《黄金三镖客》的决斗发生在巨大的圆形坟场的中心；《西部往事》口琴手与弗兰克的决斗，周围的树枝和石头也呈现出清晰的圆形；《革命往事》中胡安与贵妇也是在虚构的圆形平台上完成了闹剧般的"决斗"。在莱昂内电影中，为了这种仪式感，决斗的牛仔就像罗马时代的角斗士，决斗发生在虚拟的圆形竞技场里，目睹生死瞬间的见证人不再是躲在窗户后面的小镇居民，而是坐在银幕前的观众，时间的膨胀伴随仪式化的空间转移，加速了观众的心跳、遏制了观众的呼吸，使观众承受这种通过古老方式决定个人命运和时代命运的事实。《黄金三镖客》结尾的决斗部分，莱昂内在近七十二个镜头中仔细地过滤时间，并通过控制时间流速的精确美学掌控着蒙太奇的节奏，使其成为电影史上的典范段落。

所以，当有影评人批评莱昂内的电影节奏缓慢时，马丁·斯科塞斯却看到了一个"歌剧时间"，一种意大利歌剧节奏向美国西部片中的移植。意大利歌剧往往通过人物的咏叹调拉伸关键情节的时间，凸显命运无情，因此，莱昂内的改良不但不是在消解西部片的意义，反而利用意大利文化传统给西部片增添了史诗的维度，放大了命运抉择中时间的膨胀和仪式感。也正是出于这个原因，莱昂内才会在决斗时除用强化悬念的电吉他、鼓点等音乐元素之外，还加入墨西哥长号和女声吟唱，凸显了膨胀时间的歌剧色彩和史诗色彩。

（2）音乐化的节奏

莱昂内电影的叙事节奏与音乐息息相关，他甚至用音乐来构思剧情。观众们喜欢把莱昂内电影音乐的美感归功于作曲家莫里康内，这无可厚非，但莱昂内电影音乐之所以能与故事、画面创造出无以比拟的节奏，是莱昂内独特的电影观念的结果。莱昂内对待节奏的态度与摩西纳克（Léon Moussinac）是一致的，认为最终确定影片特殊价值的是节奏。描述性固然重要，电影主题是首要的，也就是阐明动作和讲述情节，但"电影能出色地阐明人的精神状态"，才让电影"具备了音乐的游移性"[1]。莫里康内认为，莱昂内是少数懂得用音乐去创作电影的导演，他对电影音乐的选择具有清晰的叙事性（每个主人公都有凸显人物性格的、反复出现的音乐主题）和抒情性（关键段落的抒情）。同时，在乐器的选择上烘托了或紧张、或舒缓的气氛，比如《西部往事》中夏延的主题是轻松的印第安弦乐，给人以质朴、平和的感觉，而在《黄金三镖客》结尾决斗时用了凝重、紧张的电吉他音乐。有时，舒缓的音乐发生在紧张的段落造成强烈的反差复合效果，比如《黄昏双镖客》决斗时使用的怀表铃音。音乐的质感和节奏总是呼应着观众的情绪起伏，以渗透和强化电影自身的气氛和节奏。

（3）慢板平移与快板平移

前面谈莱昂内的特写镜头时，我们谈到了蒙太奇，其实，莱昂内的特写镜头也经常出现在平移镜头中。莱昂内平移镜头的特写往往展现西部世界中无辜的居民和受害者，《黄金三镖客》中，地方官要绞死图可时，宣读了他长长的罪行，这时，一个平移的特写仔细地划过参加行刑仪式的小镇居民，这时的平移特写镜头非常缓慢，以让观众看清那些无关紧要的人的脸，他们的身份、表情和命运处境。同样的"慢板平移特写"镜头还出现在战俘营中那些战俘的脸上，我们看到了那些忍受折磨和痛苦的南方士兵。美国西部片则很少把人的目光集中在这些无意义的人物上，而莱昂内则通过缓慢（慢板）和放大（特写），把

---

[1] 莱昂·摩西纳克（Léon Moussinac），《电影的节奏》（*Le Rythme du Cinéma*），中译本见《外国电影理论文选》，李恒基、杨远婴主编，吕昌译，生活·读书·新知三联书店，2006年，第69—75页。

一种人道主义关照带给那些处于西部残酷世界边缘的微小个体。所以，当《革命往事》中的胡安在山洞里看到那些惨死在独裁者手下的无辜民众时，莱昂内依然用这种慢板的平移镜头展现那些死者的脸，镜头的移动仿佛庄严的吊唁，镜头运用已经不仅仅是节奏问题，而是伦理问题：它的安静与缓慢生怕惊动死者，而它的特写和细腻则给予每个在历史运动中消逝的人足够的尊严。

莱昂内的移动镜头以缓慢为主，在一些通过镜头运动来揭示某种喜剧场景时，他仍然不希望打破这种缓慢，比如当图可被三个赏金杀手在沙漠上拦住时，镜头懒洋洋地向后拉，我们看到了螳螂捕蝉黄雀在后的黄毛仔无名客。但这不意味着莱昂内不擅长表现快。因为对显现暴力有所顾忌，美国西部片的枪杀镜头往往被分解，在枪战中，往往开枪的镜头和中枪倒地的镜头是分开的，我们在一个镜头中看见有人开枪，在下一个镜头中看到有人应声倒地（往往是缓慢地向前倒地）。莱昂内对这些美国电影工业的禁忌不屑一顾，他为了表现枪手的敏捷，往往让观众在同一个画面里看到闪电般的掏枪、射杀和倒地的连续动作。这种设计增强了真实感，强化了动静相宜的反差，也让人感受到人物动作之凌厉和生死取决于瞬间的社会环境。莱昂内的电影再慢，都不会影响人物掏枪的速度。这就是他的节奏的哲学。

当然，在《黄金三镖客》的结尾，图可终于找到那个巨大的埋藏黄金的坟场时，莱昂内用了一次他电影中罕见的快板平移镜头，摄影机跟随着图可在圆形坟场疯狂地飞奔和旋转，速度越来越快，那些死者的墓碑在加速度中渐渐虚化为背景，我们看到图可在黄金的诱惑下在死亡之地拼命地奔跑。这组快板平移镜头的妙处不仅是为情节发展压缩时间，突显人物性格，更强化了死亡暗示和对西部世界生存模式的象征。这个"快"是献给图可的，也是献给那些死者的，在被高速的镜头运动压缩的时间中，渐渐虚化的墓碑就像那些在桥两侧像蚂蚁一样盲目送死的士兵，成群结队地为了某个目的做毫无意义的牺牲，他们的名字却在历史中被遗忘。所以，莱昂内的每一种镜头、每一种风格，都离不开对人物、对西部片模式和历史的个人态度。

（4）间断式闪回与揭示性闪回

闪回是悬念的安全阀，在必要的时刻打开闪回，缓解或强化悬念，以达到叙事效果，这是闪回的基本功能。莱昂内对闪回的运用——这里指全部意义的时空跳转——在电影史上是独树一帜的，这让雅尼克·穆朗（Yannick Mouren）在他专门阐述闪回的著作中不得不用去整整一节来分析《美国往事》在闪回运用上的独特性。《美国往事》的时空构成是相当复杂的，故事在不同时空渐次发生，而且并不连贯，所以闪回（包括闪进）起到了至关重要的作用。

在《黄昏双镖客》《黄金三镖客》《西部往事》和《革命往事》中，莱昂内都用了闪回。我们会发现，莱昂内的这些闪回都是间断式的，每段闪回不是一次完成的，其功能也不仅仅是揭示情节的因果关系。比如《黄昏双镖客》《西部往事》中的闪回交代复仇动机，但是动机在每次闪回中都无法明确，不但没有解决悬念，反而增添了人们对悬念的好奇心，间断式闪回最终在决斗时刻完成。如果说闪回情节是决斗情节的原因，那么莱昂内这种间断式闪回在最后一刻完成的方式，达到了同一时间揭示因果的效果,因果的共时化创造了激动人心的高潮。同时，莱昂内也注意到闪回这种时间结构的本体意义，闪回意味着与此在相关，但被遮蔽的东西，闪回不仅仅揭示叙事性因果，也可以揭示被遮蔽的真相。《西部往事》最后的决斗中，弗兰克这个隐蔽在历史中的真正凶手通过闪回呈现出来，而《革命往事》的闪回则揭示了爱尔兰革命中的爱情和背叛，这种闪回揭示了命运、历史中被遮蔽的真相。

6.儿童视点与成人童话

几乎每部莱昂内电影里都有孩子，也有很多孩子在他的电影中被杀，这并非偶然。无论从形象、叙事还是视觉风格上，不论是出于理性的选择还是本能，莱昂内始终在延续一种与孩子有关的表达体系。

在《荒野大镖客》中，男孩成为两个匪帮争夺的直接牺牲品，这只是个开始。在《黄昏双镖客》中开始出现典型的莱昂内式"儿童视点"，当无名客与少校在深夜的街道上比赛枪法时，两个孩子躲在木屋下偷看，这场戏的镜头逐渐从成人视点（正常机位的中景平视）转换为儿童视点（超低机位的远景仰视镜头），不知不觉的视点变化把我们的观看还原为孩子的目光，我们从范·克里夫的两腿之间望过去，就像趴在那里的孩子。还是在《黄昏双镖客》中，无名客到达墨西哥小镇时，对面出现了三个村民，一个孩子在远处摘树上的苹果。无名客为了警示那些笨手笨脚的村民不要轻举妄动，所以用枪打掉树上的苹果。这组镜头再一次转换为儿童视点，摄影机从无名客的腰间拍过去，恰好是一个站在他身后的孩子的视点，而这个视点是不存在的、虚拟的，目的只是把观众变成一个躲在无名客身后、观看他奇妙枪法的孩子，就像莱昂内小时候在电影院里看西部英雄的神奇枪法一样，强烈的胆怯和无比的好奇混杂在一起。带着这个特殊的视点，我们会发现在《黄金三镖客》中，这个"不存在的孩子"视点反复出现，直至最后一场戏，这个"虚构的孩子"依然躲在无名客的身后见证了这个惊心动魄的时刻。

如果说视点的变化在莱昂内电影中有些短暂、偶然，那么通过布景、机位而创造的儿童视觉则是千真万确的。在《黄金三镖客》开场时，李·范·克里夫为了打探黄金的下落，来到一个退伍军人家里。当他走进屋时，镜头从房间另一端远远地拍过去，范·克里夫的身影出现在远处的门口，在摄影机与范·克里夫之间是一个巨大、宽阔的内景，这个空间比一般西部片中的民房要大很多。类似的宽大、夸张的内景在莱昂内电影中出现过多次，《西部往事》中宽大的火车、《革命往事》中宽大的马车、《美国往事》中面条通过缝隙看到黛博拉跳舞的宽大仓库。这些特别宽大的内景，并不是要表达宽大本身，而是反衬观看者自身的矮小，而只有在一个孩子的眼中，正常的房间才会显得如此宽大，这样的视觉形态只能呈现在一个孩子的眼中或记忆中。换句话说，视点的变化和超常规的空间感知说明了莱昂内希望观众有时能像孩子一样观看他的故事，这是隐藏在他视觉风格背后的另一个秘密，我认为，这就是莱昂内的内心世界始终有着儿童的纯真和顽皮，他对待人物的方式、处理枪战场面的手法，以及对观众施展的弄假成真的小把戏等，其中儿童视点和顽童心态始终存在。也正是这个原因，莱昂内才把电影说成是拍给"成人的童话"，似真非真、似戏非戏。

7.美国梦与电影梦的终结

如果说莱昂内的幽默感与他的顽童心态有关，那么，他为什么还要在电影中杀死那么多孩子呢？《西部往事》开场，麦克拜恩的两个孩子惨遭杀害，《革命往事》中墨西哥土匪约翰的孩子惨遭独裁军队屠杀，《美国往事》中也一样，那一伙孩子中最小的那个被匪徒杀害。在美国西部片的传统中，杀害孩子是禁忌。展现那么多针对孩子的暴力，与莱昂内的幻灭感和悲观主义有关，也是他电影观的体现。

意大利影评人吉尔·塞伯（Gilles Cèbe）认为，莱昂内认识美国的方式就像罗西里尼（Roberto Rosselini）《游击队》（*Paisa*, 1947）中的那个男孩，它"不仅是一个消费的美国，一个被1945年的意大利所发现的派送着数不清的口香糖和巧克力棒的美国，更是一个好莱坞梦的美国，带着明星和胶片上的英雄"[1]。少年莱昂内心中有一个纯洁、自由和英雄的美国，是约翰·福特和霍华德·霍克斯西部片中的美国。经历法西斯统治和德国占领之后，这个美国成为少年莱昂内心中最美的幻想。莱昂内说："在我的童年，美国就像一个宗教，一个巨大的熔炉，这是由全世界的人建立的第一个新型国家。笔直宽阔的马路，泥泞而尘土漫天，无始无终，穿越整个大陆。"[2] 在欧洲人眼中，美国就是正义、希望、幸福、事业和自由的同义词，欧洲人幻想的新世界。像在二战中度过童年的许多欧洲人一样，他对美国充满了希望，通过美国的漫画、小说尤其是西部片，莱昂内对这个迅速发展的新大陆充满幻想。

莱昂内的电影中经常出现"目光"，人们在专心地看着一样事物，他们独特的目光填满整个画面，尤其是眼睛的特写："赏

1　Gilles Cèbe, *Sergio Leone, ou la triomphe d'Arlequin*, Henri Veyrier, Paris, 1984, p.61.
2　Gilles Cèbe, *Sergio Leone, ou la triomphe d'Arlequin*, Henri Veyrier, Paris, 1984, p.68.

金三部曲"中无名客那令人捉摸不定的眼神，《西部往事》中吉尔对陌生西部世界的遥望，铁路大亨莫尔顿对火车里一幅大海绘画的凝视，《革命往事》里爱尔兰革命者透过火车对墨西哥革命的注视，《美国往事》中面条穿越缝隙对往事的追忆……这种"目光"成为"莱昂内笔触"的重要部分，揭示了莱昂内电影的内在特征。这些目光中都孕育着梦想：东部人对西部的梦想、知识分子对革命的梦想、土匪对银行的梦想、移民对美国社会的梦想、铁路大亨对穿越大陆的梦想……在目光与梦想之间，莱昂内创造了一个情感空间，交融着电影、历史、梦境、回忆和现实，他的电影是对人的梦想深度的探索，探究那些塑造历史的梦如何残酷地改变了现实：这就是莱昂内电影中"目光"的深意。

作为影迷，少年莱昂内的美国梦是电影化的，或者以电影为载体的。黑色电影、西部片和史诗片……成为他梦想美国的内容。他对电影的迷恋巩固了对美国的幻想，他始终把约翰·福特、霍华德·霍克斯等西部片大师作为创作的参照系。他发现约翰·福特电影中的人，总是站在窗口或门前向远方观看，这种看塑造了美国西部片的乐观精神：人们对这个世界充满希望和信念。目光意味着梦想和期待，意味着对理想的坚持。《黄昏双镖客》中的少校，《西部往事》中的口琴手，《革命往事》中的约翰和《美国往事》中的面条，莱昂内的主人公的目光中混杂着神秘的、难以启齿的往事，这种目光与约翰·福特电影中的期待的目光相映成趣，而创造这种目光的化学物质就是"美国梦"。

随着对美国内战、西部历史的深入了解，莱昂内发现了梦想对面的现实：美国内战并非像书本上描述的那样是为了平等和自由的斗争，西部历史的背后也不完全是牛仔和英雄。梦想引领着莱昂内探究美国梦和电影梦的本质，从而发现了历史残酷的一面。莱昂内否定了福特的乐观主义，像他说的那样，他要在西部片里展现人们一旦打开窗，眉心就会多一粒子弹。美国历史的真相是残酷无情、生死瞬息万变的，他的人物生活在谎言、暴力和背叛中。尽管如此，莱昂内依然坚持表现目光中的希望，只是在目光中还有阴谋、虐待和屠戮。

《西部往事》开场时，有着天使般笑容的弗兰克杀害了那个小男孩，也终结了莱昂内通过西部片建立的美国梦，枪声响起时，冒着浓烟驶出画面的不是子弹，而是火车。在莱昂内看来，枪口—火车是一种隐喻，火车是摧毁这个少年的真正凶手，而蒸汽机车正是现代社会的象征。这个剪接的力量，不亚于库布里克《2001太空漫游》中被黑猩猩抛向空中的骨头转接为宇宙飞船，骨头—宇宙飞船与枪口—火车的寓意是相同的，进步（科技的和历史的）否定和忽视人的意义。于是我们在莱昂内电影中看到了美国内战中士兵像蚂蚁一样死去，看到了无数由"无名客"的墓碑形成的死亡森林，看到了机关枪进行的漫无边际的扫射，看到了独裁者对民众的野蛮屠杀，看到了黑帮与政治的肮脏交易……

莱昂内在电影中做着那个美国梦，也在电影中摧毁这个梦。对莱昂内来说，电影成为梦想的机器。这架机器的使命是重构和幻灭。他对西部片模式的套用、对西部片经典段落的模仿和引用，都是在通过电影完成美国梦的重构，讽刺仅仅是一种手段，在莱昂内强大讽刺的背后是对政治的幻灭感和悲观主义。莱昂内把《西部往事》叫作"死亡之舞"，在这部关于美国西部片的集大成作品中，命运、气氛、镜头语言、音乐甚至剪辑都贯彻了死亡舞蹈的色彩。莱昂内希望在胶片上重现西部片的经典场景和人物，把胶片变成"可复写羊皮纸"（palimpseste），所谓的戏仿还是模仿、致敬还是批评，都只是手段和过程，无论英雄、复仇者还是凶手，在现代化的过程中，其终点都是死亡。

莱昂内在访谈中提到电影就像水晶球中的微缩雕塑，它是奇异而不真实的，但它模仿着现实，带着人们梦想另一个世界。他也提到了大烟梦，那是一个否定现实、逃避现实的快乐世界。纵观莱昂内的七部电影，他终其一生的创作都没有离开美国梦和电影梦，他通过电影幻想着美国，也通过电影揭示着美国。他的电影精致、奇异，就像水晶球，但里面是对现实的精微模仿，那不再是美国西部片式的英雄主义和理想主义，而是伪善、阴谋、背叛、贪婪和屠杀。即便如此，这个水晶球仍是虚幻的，它吸引人们追逐是因为电影有着大烟梦品质，那些颠覆传统、精妙的讽刺和男性友情，让人忽略现实与梦幻的界限，让这个梦幻世界变得快乐、迷人而难忘。

补记：

《莱昂内访谈录》最早是以法文出版的，因为该书作者诺埃尔·森索洛主要以法语写作。该书由电影手册出版社出版后，立即成为电影类图书中的热销书，再版数次，被翻译成多国语言，是莱昂内影迷的珍藏，也是研究意大利西部片和莱昂内电影的必读书目。感谢雅众文化慧眼识英，把这本书引进给中国影迷和读者。莱昂内的爱好之广不亚于其他电影大师，绘画、漫画、音乐、建筑、政治、历史、枪械常识，他往往如数家珍，这给翻译工作增添了难度。尤其是书中援引了大量电影陌生作品和人物，如若不添加注释，恐国内读者难解其妙，译者勉为其难做了这项画蛇添足的工作，希望能让人满意。此外，莱昂内自由、大胆、风趣的口语风格，经常让我在夜深人静中读到开怀大笑，又踯躅于寻找最精妙的译法，在这方面，肖熹女士、Magasa先生、周彬先生对译稿有诸多贡献。经典影片的意义是难以穷尽的，卡尔维诺曾认为经典的标志之一就是派生无数的评论话语，译者凭浅薄学识斗胆在译后记中展开的粗浅分析，就是莱昂内电影次生话语中较为寒酸的一部分，言难尽意，加之译者在学养上的孤陋，翻译中也难免有错讹疏漏，愿躬身向各位专家、读者虚心请教。译后记的部分观点来自我在法国戴高乐大学的博士论文，所以务必要感谢Suzanne Liandrat-Guigues教授、Jean-Louis Leutrat教授和Joëlle Caullier教授当时对论文的关怀和指导。在翻译过程中，家父因病去世，望这本浅陋译作的出版能对老人家做一个交代。

李洋